아산재단 연구총서 제393집

사회복지사의 사회복지 가치 지향

아산재단 연구총서 第393집

사회복지사의 사회복지 가치 지향

김용석

집문당

김용석(金容奭) 연세대학교 사회복지학과 졸업
Grambling State University School of Social Work 졸업(M.S.W.)
University of Texas at Austin School of Social Work 졸업(Ph.D.)
가톨릭대학교 사회복지학과 교수

아산재단 연구총서 제393집

사회복지사의 사회복지 가치 지향

2015년 9월 30일 1판 1쇄

저 자 | 김용석
발행인 | 임동규
발행처 | **집문당**
등 록 | 1971. 3. 23. 제300-2012-69호
영업부 | 10881 경기도 파주시 광인사길 85
(02)743-3192~3 팩스(02)742-4657
전자우편 | sale@jipmoon.co.kr
편집부 | 03134 서울시 종로구 돈화문로 82
(02)743-3096~7 팩스(02)743-0227
전자우편 | edit@jipmoon.co.kr
홈페이지 | www.jipmoon.co.kr

편 집 | 심하나
디자인 | 임용우

ISBN 978-89-303-1702-3
978-89-303-1500-5(세트)

가격 11,500원

이 도서의 국립중앙도서관 출판시도서목록(CIP)은 e-CIP홈페이지(http://www.nl.go.kr/ecip)와
국가자료공동목록시스템(http://www.nl.go.kr/kolisnet)에서 이용하실 수 있습니다.
(CIP제어번호: CIP2015023309)

머리말

사회복지 연구는 사회복지사보다 클라이언트를 연구 대상으로 하는 경우가 더 흔하다. 클라이언트들의 욕구와 문제의 탐색 및 분석에 초점을 두기도 하고 그들의 사회적 기능 향상을 목표로 하는 정책, 제도, 프로그램의 개발과 평가에 목적을 두기도 한다. 사회복지가 클라이언트의 삶의 질 향상에 일차적 목적을 두기 때문에 클라이언트가 연구의 중심이 되는 것은 당연하다. 그러나 사회복지 정책, 제도, 프로그램, 서비스의 개발과 집행에 직간접적으로 관여하는 사회복지사에 관한 연구를 수행하고, 그 연구결과를 사회복지실천에 반영하는 것도 클라이언트의 삶의 질 향상을 위해서 반드시 필요한 요소이다.

사회복지사를 대상으로 다양한 주제의 연구가 가능하겠지만 본 연구는 사회복지사의 사회복지 가치 지향에 초점을 두었다. 사회복지 가치는 사회복지의 근간이자 사회복지사의 실천을 인도하는 역할을 담당하기 때문에, 사회복지사는 사회복지의 핵심가치를 충분히 숙지하고 의미 있는 실천행위로 전환할 수 있도록 노력해야 한다. 그러나 지금까지 사회복지 가치의 중요성은 당위적으로 받아들였을 뿐 사회복지사의 가치 지향은 경험적 연구의 주제가 아니었다. 사회복지 가치가 실천에 미치는 영향력을 고려한다면 일선 현장에서 사회복지 가치를 다양한 형태의 사회복지 활동을 통해서 표현하는 사회복지사의 사회복지 가치 지향은 중요하고 시급히 연구되어야 할 주제이다.

사회복지사의 사회복지 가치 지향을 연구하기 위해서는 사회복지 가치를 측정할 수 있는 척도의 개발이 선행되어야 한다. 표준화된 척도의 개발은 가치와 같은 추상적 개념의 측정을 가능하게 하여 관련 분야 연구의 활성화에 기여하는 장점을 갖는다. 본 연구는 사회복지 가치에 관한 실증적 연구의 절대 부족을 인식하고 사회복지 가치 척도를 개발하고자 하였다.

본 연구를 통해서 개발된 사회복지 가치 척도는 몇 가지 장점을 갖는다. 첫째, 사회복지 가치 척도가 측정하는 3가지 가치는 자율성, 평등, 온정적 개입이다. 자율성과 온정적 개입은 개인의 권리 및 안녕과 관련 있는 가치들이고 평등은 사회 전체의 복지와 관련 있는 가치임을 고려할 때 사회복지 가치 척도는 전통적이면서 핵심적인 사회복지 가치들을 포함하는 장점을 갖는다. 둘째, 사회복지 가치 척도는 국내의 다양한 실천 분야의 실천상황을 담아낸 진술문을 기반으로 개발되어 다분히 한국적 실천상황을 담고 있다. 즉 사회복지사들이 국내의 실천 현장에서 활동하면서 직간접적으로 경험하는 실천 상황들과 국내에서 관심 받는 이슈들로 구성되어 있기 때문에 국내 사회복지사들에게 대체로 친숙한 내용들이다. 셋째, 사회복지 가치 척도에 대한 평가방법도 장점 중 하나로 들 수 있다. 사회복지 가치 척도의 개발을 위해 탐색적 요인분석과 확인적 요인분석을 모두 사용하였다. 특히 두 가지 요인분석 방법을 위해 각기 다른 표본을 사용하였으며 탐색적 요인분석을 통해 도출된 요인구조가 확인적 요인분석을 통해 확인되어 사회복지 가치 척도의 요인구조에 대한 신뢰를 높였다.

본 연구를 통해서 개발된 사회복지 가치 척도가 사회복지 연구에서 널리 활용되기를 바란다. 사회복지 가치 척도를 사용하여 사회복지사의 사회복지 가치 지향성을 파악할 수 있다. 실제로 본 연구에 참여한 사회복지사의 사회복지 가치 지향을 측정한 결과, 자율성을 지향하는 정도가 가장 높았고 온정적 개입을 지향하는 정도가 가장 낮았다는 것을 알 수 있었다. 또한 사회복지사의 사회복지 가치 지향에 영향을 미치는 요인들의 탐색도 가능하며, 사회복지사의 사회복지 가치 지향이 사회복지사의 윤리적 실천에 미치는 영향에 대한 분석도 가능할 수 있다. 비단 사회복지 가치 척도가 사회복지 연구에서만 활용되는 것이 아니라 연구결과가 사회복지실천에 반영되어 클라이언트의 삶의 질 향상에도 기여되길 기대한다.

본 연구는 많은 분들의 도움이 있었기에 마무리 지을 수 있었다. 먼저 바쁘게 돌아가는 직장생활 속에서도 본 연구를 위해 귀한 시간과 조언을 기꺼이 제공해주신 실천현장의 사회복지사들에게 감사드린다. 사회복지 가치 척도가 그들의 노고에 작은 보답이라도 되길 바란다. 익명의 자문위원님들께도 감사드린다. 연구의 방향을 바로 잡아주시고 연구자가 간과한 부분을 일깨워주셨기에 본 연구가 세상의 빛을 접할 수 있었다. 더불어 연구 시작부터 끝까지 함께 고민해주고 세심하게 챙겨준 가톨릭대학교 박사과정 이재완 제자에게도 고마움을 전한다. 마지막으로 이 연구를 지원한 아산사회복지재단 관계자 여러분, 이 책의 출판을 맡아주신 집문당의 임동규 사장님과 편집을 위해 수고해주신 심하나 선생님께 감사를 드린다.

2015년 7월

김용석

| 차 례 |

제4장 연구결과

제5장 결론 및 함의

| 표 차례 |

| 그림 차례 |

제1장

서 론

제1장 서 론

제1절 연구의 필요성

사회복지연구는 클라이언트를 대상으로 수행되는 경우가 더 흔하다. 사회복지 연구는 노인, 장애인, 여성, 이주민, 아동, 청소년의 욕구와 문제의 탐색 및 분석에 초점을 두기도 하고 그들의 사회적 기능 향상을 목표로 하는 정책, 제도, 프로그램의 개발과 평가에 목적을 두기도 한다. 사회복지가 인간의 삶의 질 향상에 일차적 목적을 두기 때문에 클라이언트가 연구의 중심이 되는 것은 당연하다. 그러나 사회복지 정책, 제도, 프로그램, 서비스의 개발과 집행에 직간접적으로 관여하는 사회복지사에 관한 연구를 수행하고 연구결과를 사회복지 실천에 반영하는 것도 클라이언트의 삶의 질 향상을 위해서 반드시 필요한 요소이다.

사회복지사를 대상으로 다양한 주제의 연구가 가능하겠지만 본 연구는 사회복지사의 사회복지 가치 지향에 초점을 둔다. 가치란 "어떤 사물, 현상, 행위 등이 인간에게 의미 있고 바람직한 것임을 나타내는 개념(브리태니커, 2011)"으로 '세상은 어떠해야 한다, 인간은 어떻게 행동해야 한다'거나 선호하는 삶의 조건 등에 관한 신념을 의미한다(Hepworth, Rooney and Larsen, 1997). 가치는 사회현상이나 사물에 대해 선호하는 생각이기 때문에 개인의 가치는 그 개인의 행동에 많은 영향을 미치게 된다.

사회복지에서 가치는 매우 중요하다. 사회복지 가치는 사회복지 사명의 토대이며 사회복지사가 클라이언트와 관계 형성하는 방법, 클라이언트를 위해서 사용하는 개입방법, 윤리적 딜레마를 해결하는 방법에 영향을 미친다(Reamer, 2013). 즉 사회복지 가치는 사회복지의 근간이자 사회복지사의 실천을 인도하는 역할을 담당한다고 할 수 있다. 사회복지사는 사회복지의 핵심가치를 충분히 숙지하고 핵심가치를 의미 있는 실천행위로 전환할 수 있도록 노력해야 한다. Reamer(2013)는 이를 사회복지사의 핵심 과업으로 규정하였다. 더불어 인구사회학적 요인과 사회담론의 변화로 인해 사회복지의 다양성이 더욱 분화하고 있고, 그 속에서 표출되고 있는 주제와 쟁점들이 변화하며, 새로운 형태로 나타나고 있는 현 흐름을 감지해 보면, 사회복지사들이 지향하고 있는 가치를 탐색하는 것은 중요한 작업이 된다. 왜냐하면 가치는 변화에 대해 적절한 원칙을 세우고 접근방향과 대응전략을 선택하는 데에 근간이 되기 때문이다.

이상과 같이 사회복지에서 가치가 갖는 위상과 역할을 고려할 때 일선 현장에서 사회복지업무를 수행하는 사회복지사의 사회복지 가치 지향에 관심을 기울일 필요가 있다. 지금까지 사회복지사의 사회복지 가치 지향은 경험적 연구의 주제가 아니었다. 사회복지 가치의 중요성을 당위적으로 받아들였을 뿐 실천현장의 사회복지사들이 사회복지에서 강조하는 가치를 실제로는 얼마나 지향하는지에 대해서 알려진 바가 거의 없다. 이런 현실은 미국의 1960년대 사회복지 커

리큘럼을 그대로 직수입한 국내 사회복지교육이 그동안 실천의 방법과 기술의 교육에서는 큰 발전을 해왔지만 실천의 궁극적인 목적을 제시하는 사회복지의 가치의 문제는 별로 다루지 않았다(이봉주 · 김기덕 · 유태균, 2014)는 것에도 원인이 있을 것이다.

그러나 앞서 언급하였듯이 사회복지에서 가치가 실천에 미치는 영향력을 고려한다면, 사회복지 가치를 다양한 형태의 사회복지 활동을 통해서 표현하는 사회복지사의 사회복지 가치 지향은 중요하고 시급히 연구되어야 할 주제이다.

사회복지사의 사회복지 가치 지향을 연구하기 위해서는 사회복지 가치를 측정할 수 있는 도구의 개발이 선행되어야 한다. 사회복지 가치는 상당히 추상적이어서 측정하기 어려운 개념이지만 국외에서는 이미 50여 년 전부터 사회복지 가치를 측정하려는 노력이 시작되었다. 사회복지 가치 척도의 효시라고 할 수 있는 Varley(1963)의 척도에서부터 가장 최근에 개발된 Social Work Values Inventory(Pike, 1994)에 이르기까지 다수의 사회복지 가치 척도가 개발되어 왔으며 후속연구는 이 척도들을 사용하여 사회복지 가치를 실증적으로 연구해 오고 있다.

반면에, 국내 사회복지연구에서 사회복지 가치의 측정은 최근에서야 시도되었다. 첫 번째 시도는 전선영(2005)의 연구에서 볼 수 있다. 이 연구에서는 사회복지 가치를 미국사회복지사협회의 윤리강령이 제시하는 6가지 핵심가치로 정의하였고, 그것을 반영하여 Crabtree (2000)가 개발한 사회복지 가치 척도의 일부를 사용하여 사회복지사의 사회복지 가치 지향을 측정하였다. 두 번째 시도는 김용석 외(2011) 연구에서 볼 수 있는데 이 연구는 사회복지 가치 척도 중에서 가장 널리 사용되는 Professional Opinion Scale(POS)(Abbott, 1988)의

한국어판을 평가하였다. 두 연구를 통해서 사회복지 가치의 측정과 실증적 연구의 가능성을 확인할 수 있으나 두 연구는 국외에서 개발된 척도를 사용하였다는 한계를 갖는다. 국내에서 개발된 사회복지 가치 척도가 없고 사회복지의 주요 가치(예: 자기결정 존중, 사회정의 등)가 여러 문화권에서 공유되는 점을 고려하면(Abbott, 1999) 다른 문화권에서 개발된 척도의 사용도 일면 타당해 보인다.

그러나 앞의 두 연구에서 사용된 척도를 국내에 그대로 적용하기는 어렵다. 첫째, 가장 뚜렷한 이유는 척도를 구성하는 문항들의 내용과 관련이 있다. POS가 측정하는 사회복지 가치(예: 기본권, 자기결정, 사회적 책임감, 사회정의)는 POS가 개발된 미국만이 아니라 한국의 사회복지분야에서도 주요 가치로 고려되지만, 가치를 측정하는 문항들은 POS가 개발된 미국 고유의 사회상과 관심사를 반영하고 있어(예: 가족계획 서비스는 모든 청소년에게 제공되어야 한다) 국내 사회복지사에게 적용하는 데 문제가 있다. 둘째, 두 연구는 이미 개발된 척도를 사용하였기 때문에 사회복지 가치에 대한 정리와 분석 없이 국외 척도에 담겨 있는 가치만을 수동적으로 고려하는 한계를 갖는다. Crabtree의 척도는 미국사회복지사협회의 윤리강령이 제안한 6가지 핵심가치(서비스, 사회정의, 인간의 존엄과 가치, 인관관계의 중요성, 성실, 역량)에 기초하고 있고 POS도 미국사회복지사협회의 공공정책 진술문을 토대로 하여 개발되어 두 척도는 특정 국가(미국)의 사회복지분야에서 특히 강조되는 사회복지 가치를 담고 있다. 이상과 같이 지금까지 국내에서 사용되어 온 사회복지 가치 척도는 특정 국가의 복지환경과 사회복지 가치를 반영하여 개발되었기 때문에 그 척도들을 사용하여 국내 사회복지사의 사회복지 가치 지향을 제대로 측정하기에는 다소 부족해 보인다.

국내 사회복지사의 사회복지 가치 지향을 측정할 수 있는 도구의 개발은 다음과 같은 연구를 가능하게 만든다. 첫째, 사회복지사의 사회복지 가치 지향에 관한 실증적 연구가 가능해진다. 실제로 사회복지사의 사회복지 가치 지향에 관한 실증적 연구는 국내에서 수행된 바가 없다. 모든 사회복지사가 학교교육, 보수교육, 또는 슈퍼비전을 통해서 사회복지 가치에 관한 교육을 받고 그 가치를 지향하도록 훈련받지만, 개인의 가치, 성장배경, 인생경험 등 다양한 요인이 사회복지사의 사회복지 가치 지향에 영향을 미칠 수 있다. 다시 말해서 사회복지 전문직 종사자들이기에 사회복지사들의 사회복지 가치 지향 수준이 높을 것으로 기대할 수 있지만, 이들의 사회복지 가치 지향성은 다양한 요인의 영향을 받을 수 있어 일반적 기대와 차이를 보일 수 있다. 사회복지 가치 척도의 개발은 사회복지사의 사회복지 가치 지향의 차이뿐 아니라 그에 영향을 미치는 요인을 밝히는 연구도 가능하게 한다.

둘째, 사회복지사의 사회복지 가치 지향의 결과에 관한 연구도 가능해진다. 사회복지 가치 지향은 여러 가지 결과를 가져올 것으로 예상되는데 대표적으로 직무만족과 이직의도를 들 수 있다. 인권과 사회정의 증진, 클라이언트의 자기결정 존중, 사회적 안녕 촉진과 같은 사회복지 전문직의 가치를 지향하는 정도가 높은 사회복지사는 사회적 취약계층의 복지 증진을 목표로 하는 사회복지조직에 애정을 가지고 그 조직에서 수행하는 자신의 직무에 만족할 것으로 추정된다. 사회복지사의 직무만족과 이직의도에 관한 다수의 연구(배의식 · 류지선 · 박해긍, 2013; 표갑수 · 김혜정, 2012; 이인재 · 김성우, 2012; 문영주, 2010; 김경호 · 방희명, 2010; 강현주 · 조상미, 2010; 김선희, 2014; 성희자 · 권현수, 2013; 최소연 · 장현숙, 2012; 문영주, 2011)가 수행되어 왔으나 아직까지

사회복지 가치 지향이 직무만족 및 이직의도와 어떤 관련이 있는지에 대해서는 알려진 바가 거의 없다.

제2절 연구목적 및 연구문제

그동안 사회복지 교육과 실천 현장에서 사회복지 가치의 중요성이 이론적 수준에서만 역설되었을 뿐이다. 본 연구는 사회복지 가치에 관한 실증적 연구로서 다음과 같은 목적을 갖는다. 첫째, 사회복지 가치 연구의 활성화에 기여하기 위한 첫 단계로 사회복지사의 사회복지 가치 지향을 측정하기 위한 사회복지 가치 척도를 개발하는 데 목적을 둔다. 국내 사회복지사의 사회복지 가치 지향을 제대로 파악하기 위해서는 사회복지의 주요 가치에 관한 충분한 이론적 검토를 토대로 하면서 국내 사회복지 환경을 최대한 반영하는 척도의 개발이 필수적이다. 이는 국외에서 개발된 사회복지 가치 척도의 사용으로 인한 한계를 극복하는 데 기여할 것이다. 둘째, 개발된 사회복지 가치 척도를 활용하여 사회복지사의 사회복지 가치 지향 수준을 파악하고 셋째, 사회복지사의 사회복지 가치 지향과 직무만족 및 이직의도와의 관계를 제시한다.

이와 같은 연구목적을 달성하기 위해 본 연구는 다음과 같은 연구문제를 갖는다.

연구문제 1. 새롭게 개발한 사회복지 가치 척도는 신뢰할만하고 타당한가?

연구문제 2. 사회복지사의 사회복지 가치 지향 수준은 어떠한가?

연구문제 3. 사회복지사의 사회복지 가치 지향은 직무만족 및 이직의도와 관련 있는가?

제2장

이론적 배경

제1절 일반적 가치

제2절 사회복지 가치

제3절 사회복지 핵심가치

제4절 사회복지 윤리의 구성요소

제5절 사회복지 가치 지향 관련 선행연구

제2장 이론적 배경

제1절 일반적 가치

1. 가치의 정의

인간의 '가치(values)'는 개개인의 의사결정의 동기를 설명해주는 것은 물론, 인간과 사회의 역동을 예측하고 설명할 수 있는 요인으로 여겨져 옴으로써(Cheng and Fleischmann, 2010) 사회과학을 비롯한 다양한 학문분야에서 주요하게 다루어져 왔다. 사회과학에서 "가치는 다양하게 사용되어 왔는데, 예를 들어 관심, 즐거움, 좋아함, 선호, 임무, 도덕적 의무, 욕망, 원하는 것, 목표, 욕구, 혐오와 매력, 기타 여러 종류의 선택적 지향 등으로 사용되어 왔다(Williams, 1979; Cheng and Fleischman, 2010: 22, 재인용)".

〈표 2-1〉은 다양한 학자가 내린 가치의 정의들이다. 인간의 삶의 가치를 측정하는 도구를 개발하고자 한 Rokeach(1973)는 가치를 개인적・사회적으로 바람직한 행동의 구체적인 방식 또는 더 좋은 존재의 목적 상태에 대한 지속적인 믿음이라고 정의한 바 있으며, 모든

행동의 결정 요인이라고 보았다. 보편적 가치를 연구한 Schwartz(1994; Cheng & Fleischmann, 2010: 23, 재인용)에 따르면, 가치는 바람직한 목적상태 또는 행동의 구체적인 양식에 대한 믿음으로, 특정한 상황을 초월하며, 행동과 사건의 선택이나 평가의 지침으로 정의된다. Sheafor와 Horejsi(2008)는 가치는 사람의 결정과 행동에 영향을 미치는 지속적인 선호이고 개인의 깊은 신념과 헌신에 기초를 둔다고 보았다. 이는 증명할 수 없고 주관적으로 선호하는 기준이라는 점에서 증명할 수 있는 것을 객관화시킨 사실을 의미하는 지식과는 다르다(Gordon, 1965; 엄명용 · 김성천 · 오혜경 · 윤혜미, 2011). Kluckhohn(1951),

〈표 2-1〉 가치의 정의

연구자(연도)	가치의 정의
Rokeach(1973)	"특정한 행동양식이나 존재의 목적 상태에 대한 지속적인 믿음 또는 상태보다 개인적 · 사회적으로 선호하는 지속적인 신념" (p.5)
Schwartz(1994)	"특정 상황을 초월하고, 행동 · 사람 · 사건의 선택과 평가를 인도하며, 가치의 우선순위 체계를 형성하기 위해 상대적 중요도에 따라 배열된 바람직한 목적 상태나 행동양식과 관련된 신념"(p.20)
Kluckhohn(1951)	"개인이나 집단을 특정지어 주는 것으로서, 행동의 양식, 수단, 목적의 선택에 영향을 주는 바람직한 것에 대한 명시적 · 묵시적 개념"(p.395)
Guth and Tagiuri (1965)	"개인 또는 집단이 행동의 양식 · 수단 · 목적을 선택할 때 바람직하다고 고려하는 것에 대한 명시적 · 묵시적 개념"(pp.124~125)
Hutcheon(1972)	"이상, 규범, 바람직한 대상 또는 '선(善)'에 관한 신념이 아니라 행동을 위한 기준"(p.184)
Braithwaite and Blamey(1998)	"행동을 위한 원칙, 이 원칙은 개인이나 집단이 모든 맥락과 상황에서 선호되는 행동양식과 삶의 목표를 포함"(p.364)
Friedman, Kahn, and Borning(2006)	"개인 또는 집단이 인생에서 중요하다고 고려하는 것"(p.349)

출처: Cheng, A., and Fleischmann, K. R., 2010, Developing a meta-inventroy of human values, ASIST, October: 23.

Guth와 Taguri(1965)는 가치를 행동의 양식, 수단, 목적의 선택에 영향을 주는 바람직한 것에 대한 명시적・묵시적 개념으로 정의하였다.

2. 가치의 분류

가치를 연구한 학자들은 가치를 분류하기 위한 노력을 기울여왔다. 가치를 분류하는 방식은 학자마다 차이를 보이는데, Rescher(1969; Cheng & Fleischmann, 2010: 23, 재인용)는 가치의 분류를 위해 사용할 수 있는 기준을 다음과 같이 제시하였다.

첫째, 가치의 주체에 따라 개인적 가치, 전문직 가치, 국가적 가치로 구분된다.

둘째, 가치의 대상에 따라 상황적 가치, 환경적 가치(environmental values), 개인적 가치, 집단적 가치, 사회적 가치 등으로 분류할 수 있다.

셋째, 이익의 종류에 따라서 물질적, 심리적, 경제적, 도덕적, 사회적, 정치적, 심미적, 종교적(영적), 지적, 전문적, 정서적 가치로 구분할 수 있다.

넷째, 자원의 배분 또는 주장에 대한 설득과 같이 중요하다고 판단되는 상황을 구현하려는 목적에 따라 분류될 수 있다.

다섯째, 제공자와 수혜자 간의 관계에 따른 분류로 자기 지향적 가치와 타인 지향적 가치로 분류된다.

마지막으로 가치와 다른 가치와의 관계에 초점을 맞추는 관점에서 다른 가치에 종속되는 가치가 존재하는데, 이때 도구적 또는 방법적 가치가 종속되는 가치에 해당하고 종속되지 않은 가치가 본질적 또는 궁극적 가치로 분류된다.

사회복지 가치 연구에서도 Rescher가 제시한 바와 같이 가치 간의 관계에 주목한 가치 유형화 방식이 존재한다. 이러한 기준에 따르면 사회복지 가치를 궁극적 가치(ultimate values)와 도구적 가치(instrumental values)로 구분할 수 있다. 궁극적 가치는 사회나 시대 상황에 관계없이 불변하고, 가장 추상적이고 대다수의 사람들이 가장 쉽게 동의하는 가치를 의미하며, 자유, 인간존엄, 진보, 정의 등이 여기에 해당한다. 도구적 가치는 궁극적 가치를 달성하기 위한 수단이나 방법으로 일종의 행동 방식을 의미한다. 이는 구체적인 행동지침이나 윤리로 나타나며, 개인의 자기결정권이나 비밀보장을 인정하는 가치는 인간의 존엄성이라는 궁극적 가치를 달성하기 위한 수단으로서의 가치에 해당된다(Lowenberg and Doloff, 1996). 〈표 2-2〉는 Rokeach가 제시한 궁극적 가치와 도구적 가치의 목록으로, 최종가치와 수단가치의 관계를 알 수 있다.

이와 같은 가치의 위계적 개념을 활용하는 것은 추상적인 가치를 구체화함으로써 가치 측정도구를 개발하는 데에 유용한 수단이 될 수 있다(Rokeach, 1973). 본 연구의 목적 중 하나는 사회복지 가치 척도의 개발이다. 사회복지 가치는 사회복지 전문직이 달성하고자 하는 목표로 궁극적 가치에 해당하며 다소 추상적인 가치로서 측정하는 데에는 한계가 있다. 사회복지 가치 척도의 개발을 위해서는 사회복지 핵심가치를 측정 가능한 수준으로 범주화하는 작업이 요구된다. 도구적 가치는 궁극적 가치를 달성하기 위한 바람직한 수단이자 사회복지 실천의 목표를 달성하게 하는 과정상의 가치로, 보다 구체적이며 실천행위와 직접적인 관련성을 갖는다. 예를 들면, 자유나 인간의 존엄성 같은 추상적인 가치는 자기결정과 같은 도구적 가치를 통하여 달성된다(한인영 · 장수미 · 최종숙 역, 2006). 이와 같이 가치의 상대적 중요성을 고려한 위계적 유형화 개념을 활용하는 것은 추상적 가치를

〈표 2-2〉 Rokeach의 가치목록

	최종 가치	수단 가치
1	안락한 생활(번창한 생활)	야심적인(열심히 일하는)
2	흥미진진한 생활(활동적인 생활)	관대한(모든 사람에게 마음을 여는)
3	성취감(지속적인 공헌)	능력 있는(유능한)
4	세계평화(전쟁과 충돌이 없음)	즐거운(기쁨이 있는)
5	아름다운 세상(자연의 아름다움)	단정한
6	평등(모든 사람에게 평등)	용감한(신념을 끝까지 밀고 나가는)
7	가족의 안전(사랑하는 사람을 돌봄)	용서하는
8	자유(자유로운 선택)	도움이 되는(타인을 위해 일하는)
9	행복(만족)	정직한(진지하고 성실한)
10	내적조화(심적인 갈등이 없음)	독창적인
11	성숙된 사랑(성적이고 정신적인 친밀감)	독립적인(자신을 신뢰하는)
12	국가의 안전	지적인(영리하고 자기반성적인)
13	기쁨(즐길만하고 여가 있는 생활)	논리적인(합리적인)
14	구원(영원한 삶)	사랑하는(감정 있고 부드러운)
15	자존	순종하는(의무적이고 존경하는)
16	사회적인 인정(존경)	정중한(공손하고 예의바른)
17	진정한 우정(밀접한 친구관계)	책임 있는(신뢰적인)
18	지혜(인생을 성숙하게 이해함)	자기통제적인(자기 수양적인)

출처: M. Rokeach, Op. Cit., p.28.

구체화함으로써 측정도구 개발에 유용한 수단이 될 수 있다(Rokeach, 1973).

제2절 사회복지 가치

1. 사회복지 가치의 역사

사회복지에서 중요하게 여겨지는 가치는 각 시대의 사회정치적 구조와 경제적 환경에 따라 그 우위를 달리해왔지만(Gibelman, 1999; 김인숙, 2004, 재인용), 사회복지의 역사는 가난하고 어려운 사람들에 대한 사회적 책임과 관련된 가치의 맥락을 확인하지 않고는 논의하기 어렵다(전재일, 1998; Ambrosino et al., 2001). 즉 무엇이 개인이 아닌 사회적인 문제인가에 대한 가치판단의 차이가 사회복지와 관련 정책의 차이를 가져온 것이다. 그리고 이러한 사회복지의 발달은 서구 자본주의 사회를 배경으로 출현하였으며, 실제 국내 사회복지에도 큰 영향을 미쳐왔기 때문에 사회복지 가치가 어떻게 발달해왔는지 또한 서구 역사를 중심으로 살펴보는 것이 적절하다고 볼 수 있다.

Reamer(2000)는 다음과 같이 미국의 사회복지 역사를 중심으로 역사적 변천을 4단계로 구분하고 있다.

1단계는 사회복지가 전문직으로 출발한 19세기 후반이다. 이 시기에는 사회적 문제로 인식되던 클라이언트의 도덕성에 많은 관심을 가져왔으며, 그들의 도덕성과 정직성을 회복하여 가난으로부터 벗어나도록 돕는 온정주의적 실천 형태를 취해왔다. 이는 빈곤에 대한 접근이 이루어진 초기인 16세기 종교적 가치의 영향을 받은 것이다(오혜경, 2004).

2단계는 인보관 운동이 시작되고 진보적 가치가 대두되던 20세기 초반으로 주택, 보건 문제, 위생, 고용, 빈곤 및 교육과 같은 광범위한 사회문제의 개선을 위해서 사회 개혁적 실천 형태를 취하게 된다. 이에 따라 전문가의 개인치료는 물론 사회문제에 대한 적극적인 개입 활동을 위한 교육과 훈련이 강조된 시기이다(오혜경, 2004). 특히 이 시기에는 도시의 가난한 사람들에 대한 중류층의 인식 변화 또한 중요하게 다루어졌다(홍선미, 2011).

3단계는 전문직에 대한 관심이 대두되던 1940년대 후반에서 1950년대 초반이다. 이 시기에는 전문가로서 사회복지사의 가치와 윤리적 실천 문제가 강조되면서 전문직의 윤리적 지침이 개발되기 시작한다. 미국의 경우 사회복지사 윤리강령을 1947년에 채택하였으며, 사회복지 교육 내용에서도 실천 가치와 윤리가 중요하게 다루어져야 한다는 인식이 생겨나게 된 시기이다(오혜경, 2004).

4단계는 사회정의, 권리, 개혁 등 윤리적 구성물에 관심을 가지게 된 1960년대 전후 기간으로 구분된다. 당시 미국 사회에서는 인권운동과 인종차별 문제에 따른 흑인해방운동이 나타났는데, 이에 따라 사회복지 훈련이나 실천에서 사회적 평등, 복지권, 인권, 차별, 억압 등에 초점을 둔 가치가 도입된다.

오혜경(2004)은 Reamer(2000)의 시대 구분에서 나아가 1970년대를 전환기적 단계인 5단계로 구분하고 있다. 이 시기는 모든 전문분야에서 전문적 윤리문제에 대한 관심이 활발해진 시기로, 의료기술의 발달에 따른 클라이언트 생명과 관련된 문제, 클라이언트 학대 문제, 전산 및 정보통신의 발달에 따른 개인정보 보호와 법률적 대응의 문제 등이 새로운 윤리적 문제로 대두되었다고 보고 있다.

이러한 역사적 변천을 중심으로 변화한 사회복지의 기본 가치와 윤리는 다음과 같이 6가지로 정리된다(Reamer, 2000).[1]

---

1) Lowenberg와 Dolgoff(1996)은 전문직 윤리가 강조되는 것에 초점을 두고, 임상적

첫째, 19세기 말에서 20세기 초반까지는 온정주의적 지향(paternalistic orientation)이다. 이에 따르면 사회복지 전문직의 사명은 클라이언트의 성실성과 도덕성을 회복하고, 원조 없이도 스스로의 삶을 살아가도록 자립시키는 것이 전문직의 사명이라고 보았다. 이 시기의 사회복지실천은 전문적인 자선을 제공하고자 하였던 자선조직협회(charity organization society) 활동으로 대표된다.

둘째, 사회정의 지향(social justice orientation)으로 인보관 운동(20세기 초반), 뉴딜정책(1930년대), 빈곤과의 전쟁(1960년대)에 강조되어 왔다. 사회에서 혜택 받지 못한 사람들의 의존성은 1차적으로 사회·문화·경제 환경의 구조적 결함에서 야기된 것이며, 차별은 심리적 손상과 낙인을 가져오기 때문에 근본적인 사회변화를 위한 노력이 요구된다고 보았다. 따라서 차별철폐조처(affirmative action), 평등한 기회, 부의 재분배, 비처벌적이고 인도적인 복지급여와 서비스의 추구 등이 강조된다.

셋째, 종교지향(religious orientation)으로 온정주의보다는 종교적 의무감에서 비롯된 것으로, 사회복지 전문직의 사명은 종교적 확신을 의미 있는 사회적 서비스로 제공하는 것이라고 보았다.

넷째, 임상지향(clinical orientation)으로 1970년대 말부터 강조된 가치로서 현재까지도 미국 사회복지 실천의 특징적인 측면이다(홍선미, 2011). 이는 사회복지실천의 윤리적 딜레마에 대한 관심에서 비롯되었으며, 클라이언트의 비밀보장, 충분한 정보에 근거한 동의, 서비스의

실용주의(clinical pragmatism), 방어적 지향(defensive orientation), 초도덕적 지향(amoralistic orientation) 등으로 분류하고 있으며, 홍선미(2011)의 연구에서는 Reamer(1995, 2000)의 분류와 Lowenberg와 Dolgoff(1996)의 분류를 기반으로 온정주의적 지향, 사회정의적 지향, 초도덕적 지향, 인본주의적 지향, 인식론적 다원주의 지향으로 재분류하고 있다.

종결, 경계의 문제, 이해의 갈등 등이 중요한 이슈로 드러나게 된다.

다섯째, 방어 지향(defensive orientation)으로 클라이언트를 위한 윤리적 실천이 강조되는 임상지향과 달리 실천가들의 보호에 초점을 맞춘 것이다. 이는 다양한 형태의 직무 태만이나 업무상의 과실을 둘러싼 해명과 책임, 소송의 문제가 대두됨에 따라 나타난 가치이다.

여섯째는 초도덕적 지향(amoralist orientation)으로 도덕과 가치가 배제된 과학으로서 전문화된 사회복지를 강조한다(홍선미, 2011). 이는 1920년대 정신의학, 심리치료 기술, 손익분석과 같은 가치중립적 기술[2)]을 전략으로 삼는 실천가들에게 나타나는 특징이다.

이와 같이 전통적으로 강조되어 온 사회복지 가치는 지속성과 비지속성을 가지며 변화되기도 한다. 이는 추상적인 형태를 가지기 때문에 최근과 같은 계약 전문화나 탈전문화 현상 속에서도 지속적인 영향력을 발휘하기도 하며, 구체적인 실천 맥락에 따라서 시간(역사성)과 공간(지역성)에 따라 지속되지 않기도 하기 때문이다(Dominelli, 2007). 예를 들어 인간 존중이라는 가치는 서구의 계몽운동을 통해 구체화된 것이지만, 유럽과 기독교 문화권만이 아니라 다양한 국가에서 핵심 가치로 강조되고 있다(Banks, 2001). 또한 사회정의의 가치는 역사적으로 반복되며 강조되어 왔으며, 현재 각국의 윤리강령에서 공통적으로 제시되고 있는 핵심 가치 중 하나이다.

사회복지 가치 발달에서 최근의 변화는 많이 언급되지 않지만,

---

2) Lowenberg와 Doloff(1996)에 따르면 가치중립(value neutrality)은 과학적 원칙에 근거하여 실천하고자 하는 전문가들이 주장하는 것으로 전문가는 자신의 개인적 가치를 클라이언트에게 부여해서는 안 되며, 가치 판단이 요구되는 경우에도 클라이언트에 대한 판단을 보류해야 한다는 것을 의미한다. 그러나 이들은 전문가의 결정은 항상 가치를 포괄하기 때문에 가치중립적 치료가 어려우며, 가치중립 자체도 하나의 가치라는 점을 함께 제시하고 있다.

1970년대 이후의 변화에도 주목할 필요가 있다. 1980년대 초반 페미니스트나 반인종주의자에 의한 급진적인 사회복지 문헌(radical social work)에서는 반억압적 실천이 주요한 가치로 논의되어 왔다(Banks, 2001; Thompson, 2000). 이는 전통적 사회복지 실천이 개인의 자유라는 가치에 기반하여 개개인의 삶의 존중을 강조해온 것을 넘어서서 인간의 자유는 사회에서 실현되는 사회적 존재임을 가정하고 인간의 사회적 삶을 존중하는 것을 중요하게 여기는 가치로, 다양성 존중, 불평등에의 도전, 개별적이며 집합적인 임파워먼트 실천을 강조한다. 또한 1980년대에는 공공영역의 입법과 정책에서 신우익(new right) 이데올로기의 영향이 강조되면서 전문가 그룹이나 복지국가의 역할이 약화되고, 서비스의 소비자로서 개인의 권리가 강조되는 등의 변화가 나타나기도 하였다.[3)]

이와 같이 사회복지에서 주요하게 지향하는 가치는 사회복지 실천 현장의 시간적·공간적 변화에 따라서 달라져왔다. 그리고 이는 각 시대별 주요한 사회복지 정책 형성은 물론 사회복지 전문직의 가치 형성에 영향을 미침으로써 사회복지사에게 요구되는 역할이나 실제로 수행하게 되는 역할의 변화를 야기하였다(홍선미, 2011). 따라서 인간과 사회를 둘러싼 다양한 환경의 변화와 그에 따른 사회복지 역할의 변화를 고려할 때, 현재 중요하게 여겨지는 가치와 지속적으로 중요하게 고려되어야 하는 가치를 파악하는 것은 보다 나은 사회복지 실천을 위해서 중요하다.

---

3) 홍선미(2011)의 연구에서는 1970년대 이후 사회복지 실천에서 나타나는 이러한 변화를 '인식론적 다원주의 지향(epistemological pluralist orientation)'으로 분류한다. 그 흐름의 주요한 부분으로 급진적 사회복지 실천, 근거기반 실천의 대두와 포스트모더니즘의 영향 등을 언급하고 있다.

2. 사회복지 가치의 역할

최근 사회복지에서 가치의 역할에 주목하여 사회복지 전문직이 지향하는 핵심 가치를 파악하거나 실천과의 관련성을 논의하는 연구(전선영, 2004, 2005; 김용석 · 하지선 · 이은영 · 서정민 · 김종필, 2011; 김용석 · 김석준 · 손동균 · 김한욱 · 조윤령, 2013)가 진행되고 있다. 그러나 일부 연구에서 지적한 바와 같이(이효선, 2002; 김인숙, 2004; 엄명용 · 김성천 · 오혜경 · 윤혜미, 2011) 아직까지는 한국이라는 정치사회적 구조 내에서 형성된 사회복지가 기반해야 하거나 기반하고 있는 핵심 가치를 명확하게 논의하고 있지 못하다. 국내 관련 교재에서는 서구에서 비롯된 사회복지 핵심 가치를 소개하거나, 실천에 있어서 중요성을 논의하는 차원(노혜련 · 김수영 · 양민옥 · 이호경, 2011)에 머무르고 있는 것이 현실이다. 무엇이 사회복지의 기본 가치이며, 그 속성은 무엇인가를 연구하는 것은 사회복지 실천 현장에서 전문가가 직면하는 다양한 윤리적 갈등의 원인과 양상을 분명하게 드러내며, 나아가 실천 현장에서 직접 활용될 수 있는 윤리적 원칙과 지침을 발전시키는 것과 밀접한 관련성을 갖는다(김기덕 · 최소연 · 권자영, 2012). 사회복지 교육 또한 현장에서 요구되는 전문적인 가치를 갖춘 사회복지사를 양성하는 것을 목적으로 하고 있다(노혜련 · 김수영 · 양민옥 · 이호경, 2011). 즉, 사회복지 기본 가치에 대한 연구는 사회복지 실천에 맞닿아 있기 때문에 중요하다.

사회복지 가치는 다음과 같은 역할을 한다.

첫째, 그 사회에서 사회복지 전문직의 임무와 목표를 제시한다(Levy, 1973; Reamer, 1999; 김기덕, 2002: 167, 재인용). 지속적으로 변화하는 사회 속에서 사회복지사가 실천에서 어떠한 역할을 수행하는가는 곧 가치의 문제이며(김인숙, 2004), 그 사회에서 사회복지사가 담당하는 역할을 통해서 그들이 전문직으로서 공유하는 가치가 드러난다(Reamer, 1999; 김기덕, 2002: 168, 재인용). 이는 윤리강령으로 성문화되어 전문가의 행동을 통제하며, 사회복지사가 자신의 권력을 남용하지 않도록 한다(BASW, 1996).

둘째, 가치는 사회복지 전문가로서 정체성을 가지고 일하는 근간이 된다(노혜련 · 김수영 · 양민옥 · 이호경, 2011). 사회복지 실천의 정체성은 가치 기반을 명료화하는 것(김인숙, 2004)에서 비롯되며, 가치야말로 사회복지 전문직을 다른 전문직과 구별 짓게 해주는 기준(Bisman, 2001; 김인숙, 2004: 34-35)이자, 그 사회에서 전문직으로 인정받는 기본 조건(권육상, 1999; 김기덕 · 최소연 · 권자영, 2012)이 된다.

셋째, 가치는 전문직으로서 사회복지사가 사회복지사를 둘러싼 환경과 관계 맺는 방식이나 개입방법에 영향을 미친다(Reamer, 2000; 오혜경, 2004). Reamer(2000)는 사회복지사가 특정 클라이언트와 일하는 것을 선호하는 것, 함께 일하고 싶은 동료들을 선택하는 것과 같은 실천 활동 내에서의 관계는 물론, 동일한 클라이언트에 대해서도 실천가에 따라서 효과적인 개입방법 차이 등의 중심에 가치가 영향을 미친다고 보았는데, 전문직의 가치가 그들이 형성해야 하는 사회적 관계나 바람직한 개입방식에 대한 방향을 제시한다(Reamer, 1999). 소수이지만 국내 연구에서도 사회복지사의 가치 지향성이 그들의 개입 행동에 영향을 미치는 요인임이 보고되고 있다(전선영, 2004).

넷째, 가치는 사회복지 실천의 기본적 지침과 방향을 제공한다(노혜련 · 김수영 · 양민옥 · 이호경, 2011; 장수미 · 최정숙 · 박형원 · 김주현 · 홍현미라 · 이혜경 · 이영선 · 한인영, 2010). 이는 사회복지 학문, 교육, 실천현장을 포괄함으로써 사회복지사가 직면하는 복잡한 상황 속에서 실질적인 개입과 활동을 안내하는 역할을 하게 된다(김기태 · 김수환 · 김영호 · 박지영, 2005). 이와 같은 맥락에서 Levy(1973)는 가치가 곧 해당 전문직 활동의 평가와 책임소재의 근거가 된다고 보았다.

다섯째, 가치는 사회복지 실천에서 대립되는 가치들 사이에서 윤리적 딜레마 또는 갈등(ethical dilemmas or conflicts)을 해결하기 위한 방안이 된다(Reamer, 2000). 사회복지사는 실천 현장에서 적절하고 공정하게 결정하고 행동해야 하는 상황에 직면하는데, 사회복지 가치는 이러한 결정을 견인하는 역할을 하게 된다(Abbott, 1988, 2003; 오혜경, 2004). 실천에서 윤리적 의사결정을 위해서 가장 우선적으로 검토되어야 하는 부분이 바로 사회복지사의 가치인 것이다(Congress, 1999).

따라서 사회복지 가치는 사회복지의 역할을 암시하고, 사회복지사가 직면하는 다양한 실천 상황에서 구체적인 방향을 제시함으로써 사회복지를 조형하는 핵심적인 기준이 되며, 사회복지사가 전문직으로서 그 사회에서 인정받을 수 있는 근거가 된다.

제3절 사회복지 핵심가치

1. 국내외 교재 분석

가치는 지식, 기술과 함께 사회복지 실천의 3대 요소로 실천의 기반이 되는 주요한 요인(김인숙, 2004)이자, 사회복지가 독자적 전문직으로서 사회적으로 승인받을 수 있는 조건(김기덕 · 최소연 · 권자영, 2012)이다. 그렇다면 사회복지 전문직이 추구하는 핵심적인 가치는 무엇인가? 다양한 학자들의 연구와 각국 사회복지 윤리강령에서는 사회복지의 핵심 가치를 제시하고 있지만 이들 간에도 차이가 존재하기 때문에 명확하게 정의하는 것은 쉽지 않다. 가치라는 것은 다양한 실천의 맥락에 내재되어 있기 때문에 전문직이 추구하는 핵심가치는 해당 사회와 시기에 따라 다를 수 있으나(Clark, 2000; Leiby, 1985), 실천 영역과 국가와 무관하게 추구되는 공통의 가치가 존재한다(Abbott, 1988; 김기덕 · 최소연 · 권자영, 2012). 그리고 이러한 전문직의 가치(professional value)는 전문직의 독특한 실천 활동과 관련되어 요구되는 가치들로(Levy, 1973) 개인적 가치(personal value), 사회적 가치(social value), 클라이언트의 가치(client value)와는 구분된다(김기덕, 2005).

Rescher(1969)가 제시하는 가치 개념의 분류 기준에 따르면 이와 같은 구분은 가치의 주체에 따라서 범주를 구분하는 것과 같다. 김기덕(2005) 외에도 다양한 학자들이 사회복지 실천 현장에서 주요하게 다루어져야 할 가치의 범주로서 클라이언트의 가치, 사회복지사가 종사하는 기관의 가치, 사회복지사 개인의 가치 등을 제시하고 있으나(Levy, 1984; Congress 1999), 본 연구에서는 실천 현장의 결정은 전문직의 가치에 기반해야 한다(Congress, 1999)고 보고 전문직으로서 사회복지사의 핵심가치에 초점을 맞추었다.

기존의 학자들은 사회복지의 핵심 가치를 다음과 같이 제시하고 있다.

Varley(1963)는 사회복지의 핵심 가치로서 동등한 권리, 서비스, 보편주의, 정신역학적 관심을 제시하고 있다. 동등한 권리(equal right)란 민주적 원칙에 기초하는 사회복지 전문직은 모든 클라이언트는 인종, 피부색, 종교적 신념, 믿음, 또는 다른 어떠한 특성에 상관없이 서비스에 대한 동등한 권리를 갖는다는 깊은 확신을 가져야 한다는 것을 의미한다. 이것은 클라이언트의 기본적인 권리는 당연하고 합법적이라는 것을 말한다. 서비스(service)란 사회복지는 사회복지사 개인의 혜택이나 이득보다 우선적으로 클라이언트의 복지에 헌신하도록 돕는 전문직이라는 것을 강조하는 것이다. 보편주의(universalism)란 전문적인 관계는 기술적·분절적인 것이므로 사회복지사는 그들의 책임을 효과적으로 이행하기 위해서 과업지향적이고 문제중심적이어야 한다는 것을 말한다. 이는 전문적인 행동은 그의 개인적 특성보다 역할에 의해 행해져야 함을 의미한다. 정신역학적 관심(psychodynamic-mindedness)이란 사회복지사는 클라이언트를 보다 효과적으로 치료하기 위해서, 사람은 보편적인 인간적 욕구는 물론 개별적인 욕구가 있다는 점을 반드시 인정해야 한다는 것을 의미한다. 그리고 모든 사람이 사회복지를 필요로 하는 동등한 상황에 있는 것은 아니지만, 기관에 오는 클라이언트들은 스트레스와 같이 풀리지 않는 문제를 가지고 있는 경우가 있고, 이것은 대부분의 클라이언트가 성격 이상의 문제를 가지고 있을 수 있음을 의미한다.

Gordon(1965)은 6가지 가치에 기반한 개념이 사회복지실천의 기초를 구성한다고 주장하였다. 6가지 가치에서는 우선 개인의 특성을 강조하는데, 개인은 사회의 일차적 관심사이고, 상호의존적이면서 서로에게 사회적 책임을 갖는다는 것이다. 또한 개인은 남들과는 다른 존재로서 사회는 개인의 자아실현을 돕기 위한 책임이 있다고 주장한다. 6가지 개념의 구체적인 내용은 〈표 2-3〉 사회복지의 핵심 가치에 제시되어 있다.

Lewis(1972)는 사회복지의 핵심 가치로 신뢰, 분배정의를 주장하였다. 이 중 신뢰는 공정하고 평등한 서비스 접근에 관한 실천원칙을 말하는데, Lewis(1972)는 신뢰에 대해서 구체적으로 아래와 같이 설명하고 있다.

- ○ 서비스의 이용가능성을 결정하는 조건들은 참가한 모든 집단들에게 동일하게 적용되어야 한다. 조건의 차이는 그것이 모든 사람들에게 이익이 된다고 평가될 때에만 정당화된다.
- ○ 서비스 이용자에게는 서비스를 시행하는 데 필요하고 충분한 만큼 이상의 것을 요구해서는 안 된다. 자신이나 타인을 보호하기 위해서 이용자가 내키지 않는 관여를 할 때에는, 해당 서비스의 제공자나 관여를 강요하는 세력의 통제를 받지 않는 개인이나 절차가 이용자의 권리를 지켜준다는 조건을 만족시켜야 한다.
- ○ 서비스에 대해 이의를 제기할 수 있는 조건에 내재해 있는 제한요소들이 어떤 위협이 되어서는 안 된다. 서비스 관계에 수반되는 위험이나 의무가 어느 한쪽에게 불공평하게 부담을 주어서는 안 된다.
- ○ 중요한 실제적 서비스를 제공할 때는 이용자를 위한 다른 대안들이 포함되어야 한다. 대안이 부족한 경우에는 서비스 제공이 가능한 한 조건부 심사로부터 자유로운 권리로서 제공되어야 한다.
- ○ 서비스 이용자는 서비스의 공정성을 나타내주는 지표로서 공급과정에서 자신의 역할을 경험해 볼 기회를 가져야 하며, 서비스 수혜의 필수조건으로 공정성을 그냥 가정하도록 기대되어서는 안 된다.
- ○ 사회복지사는 이용자가 제안한 것과 서비스 제공과정에서 새로 개발된 것을 포함해서 이용자가 선택할 수 있는 범위를 넓혀주

기 위해 노력해야 한다.

- ○ 잠재적인 이용자에게도 그들이 받을 자격이 있는 프로그램에 대한 정보를 주어야 한다. 약속했던 자원을 더 이상 구할 수 없게 되면 참여하고 있는 이용자들에게 그 사실을 알려야 한다. 자원의 이용가능여부를 몰라서 서비스나 프로그램에 참여하지 못하는 일이 있어서는 안 된다.

또한 Lewis(1972)는 사회복지 핵심 가치로서의 분배정의는 다음과 같아야 한다고 주장하고 있다.

- ○ 전문직과 관련 기관들은 업무와 태도에 있어서 불공정하고 차별적인 일체의 실천에 맞서 싸워야 한다. 만일 그렇지 않으면 그런 실천이 수반하는 불이익을 행한 것으로 간주될 것이다.
- ○ 프로그램의 목적과 목표를 선택할 때, 불우한 계층의 사람들의 경우 기회는 적게 주어지지만 능력과 하고자 하는 동기는 보다 광범위하게 존재한다는 사실을 전제로 하여야 한다.
- ○ 클라이언트의 선택권을 축소시키는 개인적 약점들과 마찬가지로 기회를 제한하는 제도화된 제안들도 변화시켜야 할 훌륭한 표적이 된다.
- ○ 자신들의 생활에 직접적으로 영향을 미치는 실천상의 결정뿐 아니라, 프로그램의 개발과 정책 및 절차의 형성과정에 불우계층이 참여할 기회를 주어야 한다.

Levy(1973, 1976)는 가치의 기능적 측면을 기준으로 사회복지 핵심 가치를 전문직이 가져야 하는 인간 자체에 대한 개념, 목표로 하는 결과에 대한 개념, 인간을 대하는 방법 등을 제시해 줄 수 있는 범주들로 구별하였다. 그는 사회복지 전문가가 인간에 대해 가져야 할 태도로서 개인의 타고난 가치와 존엄성에 대한 믿음, 건설적 변화 의지와 능력에 대한 신념을 강조하면서 사회복지 전문가는 인간 상호 간의 책임, 소속의 욕구, 인간 개개인의 독특성, 일반적인 인간의 욕구 등에 대해서 관심을 가져야 한다고 역설하였다. 또한 사회복지 실천 결과는 인간을 위한 바람직한 결과로서 사회가 개인의 성장과 발전을 위한 기회를 제공하고, 개인의 욕구를 충족시켜야 하며, 굶주림이나 부적절한 교육, 주거, 질병, 차별 등을 피할 수 있게 해주는 자원과 서비스를 지원하고, 사회형성에 참여할 평등한 기회를 제공할 의무가 있다는 믿음에서 이루어진다고 강조하였다. 그리고 사회복지 전문가들이 클라이언트를 대할 때는 인간의 존경과 존엄성을 인정하고, 클라이언트는 자기결정의 권리를 가졌으며, 클라이언트가 사회변화에 동참하도록 격려해야 하고, 클라이언트를 고유한 한 개인으로서 인정하여야 한다고 주장하였다.

Friedlander(1976; 이준우 · 이화옥 · 임원선, 2006, 재인용)는 사회복지의 핵심 가치로서 인간의 존엄성, 인간의 자율성, 기회의 균등성, 사회적 책임성을 강조했는데, 그가 강조한 핵심 가치는 사회복지의 기본 가치로서(양옥경 · 김정진 · 서미경 · 김미옥 · 김소희, 2005; 이준우 · 이화옥 · 임원선, 2006), 미국사회복지사협회의 윤리강령 또한 이를 기반으로 하고 있다(NASW, 1995). Zastrow(1995)가 제시한 사회복지의 핵심 가치는 인간의 존엄성과 개인의 독특성에 대한 존중, 클라이언트의 자기결정에 대한 존중, 비밀보장 등인데 Friedlander가 주장한 내용과 거의 비슷하다고 볼 수 있다.

McMahon(1996)은 사회복지 전문직 가치의 뿌리로서 모든 인간의 존엄과 가치에 대한 신념, 민주적이고 보호적인 사회에 대한 욕구의 인정을 주장하는데, 두 가지 기본 가치는 인간과 환경의 상호관련성을 강조하며 서로 다른 것으로 간주될 수 없다고 말한다. McMahon은 사회복지 전문직의 가치는 행동과 상호작용으로 설명해야 하고, 이러한 두 개의 기본가치를 발판으로 기본적인 실천원리와 윤리강령이 규명되어 왔다고 말한다. 즉, 가치는 전문직의 궁극적 목표를 반영하는 한편, 실천원리와 윤리강령은 전문직의 목표를 성취시킬 전문적 활동을 방향 짓는 분류기준으로 작용한다는 것이다. 그리고 이러한 가치를 기반으로 하는 실천지침(Biestek, 1957)으로서 개별화, 의도적인 감정표현, 통제된 정서적 관여, 수용, 비심판적 태도, 자기결정권, 비밀보장의 원칙을 제시하고 있다.

Wakefield(1998a)는 사회복지라는 존재의 독자적인 정당성을 제시할 수 있는 조직화 가치로 '최소한의 분배정의'를 제시하였다. 그리고 그 외의 가치는 다른 전문직에서도 추구하는 것으로 사회복지만의 정당성을 갖지 못한다고 보았다. 그의 주장은 사회복지의 독자적 정체성을 제시하거나 가치 간의 위계질서 정하는 데 이점이 있으나, 사회복지의 현실을 고려하지 못한 선언적 분류라고 볼 수 있다(김기덕, 2005).

Reamer(2000)는 사회복지의 핵심 가치를 사회복지 전문직과 클라이언트의 관계, 사회복지사의 역할과 자세 등을 중심으로 폭넓게 제시하였다. 그는 구체적으로 사회복지 핵심 가치는 개인의 가치와 존엄성, 개인 존중, 개인의 변화가능성 중시, 클라이언트의 자기결정, 개인에게 잠재력을 실현할 수 있는 기회 제공, 모든 사람에게 공통적인 인간적 욕구 충족, 개인의 기본적 욕구를 충족시키기 위해 적절한 자원과 서비스 제공, 클라이언트의 임파워먼트, 평등한 기회, 비차별, 다양성의 존중, 사회변화와 사회정의에의 헌신, 비밀보장과 프라이버

〈표 2-3〉 사회복지의 핵심 가치

연구자(연도)	핵심 가치
Varley(1963)	동등한 권리, 서비스, 정신역학적 관심(psychodynamic-mindness), 보편주의(universalism)
Gordon(1965)	개인은 이 사회의 일차적인 관심사이다. 이 사회 안의 개인들은 상호의존적이다. 개인들은 서로에게 사회적 책임을 갖는다. 모든 사람에게 공통적으로 인간적 욕구가 있는 반면, 각각의 사람은 본질적으로 독특하고 남들과는 다른 존재이다. 민주사회의 본질적인 속성은 각 개인이 가능성을 최대한 실현하고, 적극적인 사회참여를 통하여 자신의 사회적 책임을 수행하는 것이다. 사회는 이러한 개인의 자아실현에 방해가 되는 것들(예를 들어, 개인과 환경 간의 불균형)을 극복하고 예방할 수 있는 방법을 제공할 책임이 있다.
Harold Lewis(1972)	신뢰(trust), 분배정의(distribution)
Levy(1973, 1976)	인간 자체에 대한 개념: 인간이 타고난 가치와 존엄성, 건설적인 방향으로의 변화 가능성, 상호적 책임, 소속의 욕구, 개별성에 대한 인정, 보편적인 인간 욕구 등 목표로 하는 결과에 대한 개념 : 인간의 기본 욕구 충족, 사회문제의 제거, 평등한 기회의 부여, 차별 금지 등 인간을 대하는 방법: 자기결정의 존중, 비판단적 태도, 사회변화에 동참하도록 격려해야 한다는 믿음 등
Friedlander(1976; 이준우 외, 2006: 42, 재인용)	인간의 존엄성, 인간의 자율성, 기회의 균등성, 사회적 책임성
Zastrow(1995)	인간의 존엄성과 개인의 독특성에 대한 존중, 클라이언트의 자기결정에 대한 존중, 비밀보장 등
McMahon, Maria O'Neil (1996)	모든 인간의 존엄과 가치에 대한 신념, 민주적이고 보호적인 사회에 대한 욕구의 인정
Wakefield(1998)	최소한의 분배정의(the minimal distributive justice)
Reamer(2000)	개인의 가치와 존엄성, 개인의 존중, 개인의 변화가능성을 중시하기, 클라이언트의 자기결정, 개인에게 잠재력을 실현할 수 있는 기회를 제공하기, 모든 사람에게 공통적인 인간적 욕구를 충족시키기, 개인의 기본적 욕구를 충족시키기 위해 적절한 자원과 서비스를 제공하기, 클라이언트의 임파워먼트, 평등한 기회, 비차별, 다양성의 존중, 사회변화와 사회정의에의 헌신, 비밀보장과 프라이버시 보호, 전문적 지식과 기술을 기꺼이 타인에게 전달하려는 의지
김융일 · 조홍식 · 김연옥 (1997)	개인의 존엄성과 독특성에 대한 존중, 클라이언트의 자기결정에 대한 신념
엄명용 · 노충래 · 김용석 (2005)	개인의 존엄성, 자기결정의 원리, 사회적 형평성의 원리, 개인의 복지에 대한 사회와 개인의 공동의 책임
백은령 · 김선아 · 양숙미 · 엄미선 · 윤철수(2006)	인간의 존엄성, 배분적인 사회정의

시 보호, 전문적 지식과 기술을 기꺼이 타인에게 전달하려는 의지 등이라고 보았다.

국내 학자의 경우 김융일 · 조흥식 · 김연옥(2000)은 개인의 존엄성과 독특성 존중, 클라이언트의 자기결정에 대한 신념을 사회복지 핵심 가치로 제시하였고, 엄명용 · 노충래 · 김용석(2005)은 개인의 존엄성, 자기결정의 원리, 사회적 형평성의 원리, 개인의 복지에 대한 사회와 개인의 공동의 책임이 사회복지의 주요 가치라고 말하고 있다. 그리고 백은령 · 김선아 · 양숙미 · 엄미선 · 윤철수(2006)는 인간의 존엄성, 배분적 사회정의를 사회복지 가치로 정의하였다.

이상과 같이 각각의 학자들이 제시하는 사회복지의 핵심 가치를 살펴보면, 인간의 존엄성, 자기 결정권, 복지에 대한 사회적 책임 등과 같이 공통적인 부분이 있지만, 그것을 도출함에 있어서 근거가 부족하다는 점, 그리고 Rescher(1969)가 제시한 가치 간의 관계를 고려할 때 서로 다른 가치의 수준이 혼재되어 있다는 점에서 한계가 존재한다고 봐야할 것이다.

2. 국내외 사회복지사 윤리강령 분석

사회복지의 가치는 전문직의 궁극적 가치를 반영하며, 윤리강령과 실천 원리에 공식적으로 반영되어 왔다(Loewenberg and Dolgoff, 1996; Sheafor and Horejsi, 2008). 따라서 각국의 윤리강령을 비교, 분석하면 사회복지사가 전문직으로서 지향해야 하는 핵심 가치가 무엇인지 파악할 수 있을 것이다.

윤리강령 분석을 위한 국가 선정은 복지국가 유형화 기준에 따라 자유주의적 복지국가(미국, 캐나다), 보수주의적 복지국가(호주, 일본, 싱가포르), 사회민주적 복지국가(스웨덴) 등으로 분류하였다(Esping-Anderson, 1999). 그리고 일반적으로 지향해야 하는 사회복지 전문직의 핵심 가치를 파악하기 위하여 국제사회복지사협회(International Federation of Social Workers, 이하 IFSW)의 윤리강령을 포함하였다. 또한 한국사회복지사협회 윤리강령에서 제시하는 핵심 가치들을 포함하여 우리나라가 지향하는 사회복지 실천 전문직의 가치는 다른 나라와 어떤 차이가 있는지, 그리고 공통적으로 지향하는 가치는 포함하고 있는지를 알아보고자 하였다.

각국의 윤리강령을 분석한 결과, 각국의 윤리강령이 제시하는 핵심 가치는 IFSW가 핵심 가치로 제시한 전문직으로서 사회복지사가 공통으로 지향해야 하는 가치를 포함하고 있었다. IFSW에서 지향하는 사회복지 전문직의 핵심 가치는 인간의 권리와 존엄성, 사회정의 두 가지이다. 이 두 가지를 자유주의적 복지국가인 미국은 인간의 존엄성과 가치 및 사회정의로, 캐나다는 인간의 타고난 존엄과 가치 존중 및 사회정의 추구로 표현하였다. 보수주의적 복지국가들도 두 가지를 윤리강령에서 핵심 가치로 제시하였는데, 호주는 인간 존엄과 가치 및 사회정의라고 제시하였고, 일본은 인간의 존엄과 사회정의로 표현하였다. 싱가포르는 모든 인간의 가치와 존엄에 대한 신념, 모든 인간의 사회적 안녕에 대한 관심으로 IFSW가 추구하는 핵심 가치를 표현하였다. 사회민주적 복지국가인 스웨덴은 인간 존엄의 권리, 사회정의라는 두 가지 가치 외에도 인권, 인도주의, 민주주의와 참여, 평등 등을 핵심 가치로 제시하고 있다.

국내 사회복지의 핵심 가치는 한국사회복지사협회 윤리강령을 통해서 파악할 수 있다. 한국사회복지사협회 윤리강령은 사회복지사(전문직)와 사회복지사업(기관)의 윤리강령을 구분하여 제시하고 있으며 핵심 가치를 구체적으로 설정하고 있지 않다. 그러나 김혜영 · 석말숙 · 최정숙 · 김성경(2010)은 한국사회복지사협회 윤리강령의 핵심 가치들이 〈표 2-4〉에서 제시한 바와 같다고 말하고 있다. 한국사회복지사협회 윤리강령의 핵심 가치들 중에서는 인간 존엄성의 가치 및 클라이언트의 권리 옹호, 사회정의와 평등이 포함되는데 이것은

〈표 2-4〉 나라별 사회복지사협회* 윤리강령에 제시된 사회복지 핵심 가치

구 분	핵심 가치
국제사회복지사연맹 International Federation of Social Workers	인간의 권리와 존엄성, 사회정의
한국사회복지사협회 Korea Association of Social Workers	인간 존엄성의 가치 및 클라이언트의 권리 옹호, 클라이언트의 주체성과 자기결정권, 사회정의와 평등, 자유와 민주주의의 가치, 사회복지사의 성실성 및 공정성
미국사회복지사협회 National Association of Social Worers	서비스, 사회정의, 인간의 존엄과 가치, 인간관계 중요성, 성실, 역량
캐나다사회복지사협회 Canadian Association of Social Workers	인간의 타고난 존엄과 가치 존중, 사회정의 추구, 인도주의적 서비스, 전문적 실천을 위한 성실성, 전문적 실천을 위한 비밀보장, 전문적 실천을 위한 역량
호주사회복지사협회 Australian Association of Social Workers	인간 존엄과 가치, 사회정의, 인도주의적 서비스, 성실, 역량
일본사회복지사협회 Japan Association of Social Workers	사회정의, 인간의 존엄, 인간의 존엄과 사회정의 실현을 위한 전문직의 공헌, 윤리강령 준수를 위한 성실성, 전문직의 전문적 역량
싱가포르사회복지사협회 Singapore Association of Social Workers	모든 인간의 가치와 존엄에 대한 신념, 모든 인간의 사회적 안녕에 대한 관심
스웨덴사회복지사협회 Akademikerförbundet SSR	인간 존엄의 원리, 인권, 인도주의, 복지, 자원, 안전, 자유와 자기 결정, 민주주의와 참여, 사회정의, 평등
영국사회복지사협회 British Association of Social Workers	인권, 사회정의

* IFSW에서 제시한 나라별 사회복지사 윤리강령에서 발췌, 요약한 내용이다. 스웨덴의 경우 사회복지사를 비롯한 사회과학, 행동과학 등을 전공한 전문가 단체가 IFSW에 가입되어 있다. 본 연구에서는 IFSW에 가입한 스웨덴 유일의 사회복지사 회원단체라는 점을 감안하여 '스웨덴사회복지사협회'로 표기했음을 밝힌다(참조: ifsw.org, www.academssr.se).

IFSW가 추구하는 사회복지 핵심 가치와 같다는 것을 알 수 있다(김혜영 · 석말숙 · 최정숙 · 김성경(2010).

이상과 같이 IFSW가 제시한 핵심 가치인 인간의 권리와 존엄성, 사회정의는 표현이 다를 뿐 각국의 윤리강령에 모두 포함된 핵심이자 공통된 사회복지 가치임을 알 수 있다.

각국의 윤리강령에서 제시하는 사회복지 핵심 가치는 IFSW가 제시한 핵심 가치를 포함하면서 약간씩 다른 특징을 보이고 있다. 먼저 자유주의적 복지국가인 미국과 캐나다의 경우 서비스, 인간관계 중요성, 역량(미국), 인도주의적 서비스, 전문적 실천을 위한 성실성, 전문적 실천을 위한 비밀보장, 전문적 실천을 위한 역량(캐나다)과 같이 사회복지 실천을 위한 전문직의 자세나 역량을 강조하고 있다. 보수주의적 복지국가에서 호주는 인도주의적 서비스 · 성실 · 역량을, 일본은 인간의 존엄과 사회정의 실현을 위한 전문직의 공헌, 전문직의 전문적 역량을 핵심 가치에 포함하고 있다. 이것은 전문직의 자세나 역량을 강조하는 미국과 캐나다의 핵심 가치와 비슷하다고 볼 수 있다. 반면 사회민주적 복지국가인 스웨덴은 인권, 인도주의, 안전, 자유와 자기결정, 민주주의와 참여, 평등을 제시하여 사회복지 실천 서비스 이용자들의 권리나 이익이 중요한 사회복지 핵심 가치라고 보고 있다.

국내의 경우 핵심 가치에 클라이언트의 권리 옹호, 클라이언트의 주체성과 자기결정권, 사회복지사의 성실성 및 공정성을 포함하여 사회복지 서비스 이용자들의 권리와 전문직의 역량을 모두 강조하고 있다.

각국의 윤리강령을 보면 복지국가 유형에 따라서 약간의 차이는 있지만 거의 모두 사회복지사의 핵심 가치를 강조하고 있음을 알 수 있다.

3. 국내외 사회복지 가치 척도 분석

가치는 사회복지에 직접적으로 영향을 미치는 요소로 주요하게 연구되어야 하는 분야이다(Reamer, 1994; 김기덕 · 최소연 · 권자영, 2012). 특히 가치는 실천의 맥락과 함께 작동한다는 점(Pike, 1994)을 고려할 때, 가치가 사회복지 실천 현장에서 어떻게 드러나는지 파악하는 것은 해당 사회에서의 사회복지의 역할을 보여줄 수 있으며, 실천 현장에 적용할 수 있는 윤리적 지침이나 원칙을 발전시키는 데에 기여할 수 있을 것이다. 또한 가치를 측정하는 것은 사회복지사들이 어떻게 전문직의 가치에 기반하여 결정하게 되는지를 이해하기 위한 노력의 하나가 될 수 있다(Greeno et al, 2007).

그러나 가치를 측정하는 것은 어려운 시도로 인식되어 왔다. 국외는 물론 국내에서도 사회복지 가치에 대한 연구는 활발하게 이루어지지 못하고 있다. 한국적 상황에 따른 실천 가치 파악의 중요성이 제시되고 있지만(김인숙, 2004, 2005; 엄명용 · 김성천 · 오혜경 · 윤혜미, 2011), 국내 학술지나 사회복지 실천 관련 교과서 등에서 기존의 가치를 소개하고 있는 것이 대부분의 현실이다. 이에 따라 사회복지 핵심 가치를 측정하는 것 또한 소수의 연구에서만 진행되고 있다(전선영, 2005; 김용석 · 하지선 · 이은영 · 서정민 · 김종필, 2011; 김용석 · 김석준 · 손동균 · 김한욱 · 조윤령, 2013).

1) 국외 사회복지 가치 척도[4]

국외의 경우 Abbott(1988)의 연구 이전에 사회복지 가치에 관한

---

4) 이 절에서 소개하는 국외 사회복지 가치 척도는 국내에서 사용되거나 인용된 적이

경험적 연구는 거의 이루어지지 않았으며, Abbott 이전의 대부분의 사회복지 연구자들은 전문직의 가치와 책무를 측정하기 위해서 사회심리학자들에 의해 개발된 도구에 의존해왔다(Abbott, 2003).

일부 연구자들은 사회복지사의 가치를 실증적으로 측정하기 위한 측정도구를 개발하고 이를 타당화하는 작업을 진행해왔는데, 이중 사회복지 척도 개발에 영향을 미친 연구로는 Varley(1963; Abbott, 2003: 643, 재인용)과 McLeod와 Meyer(1967; Abbott, 2003: 643, 재인용), Howard와 Flaitz(1982)의 척도가 대표적이다.

Varley(1963; Abbott, 2003: 643, 재인용)의 척도는 가치를 4가지 차원으로 정의하였는데, 경험적인 연구가 아닌 연구자의 관념적인 인지에 의해서 구성한 것이며, 연구자 스스로도 척도에 대한 추가적인 개발과 시험이 요구된다고 보았다.

McLeod와 Meyer(1967; Abbott, 2003: 643, 재인용)의 척도는 사회복지 실천 문헌으로부터 10개 차원의 주요 가치를 뽑아내고, 사회복지 교육자와 연구자들로 구성된 패널로부터 수백 개의 진술문 중 100개(각 가치별 10개)를 선택하도록 하였다. 또한 척도의 타당성을 검증하기 위해 사회복지와 관련된 훈련을 받지 않은 집단, 훈련 중인 집단, 훈련된 집단의 점수를 비교한 바 있다. 그러나 이는 타당도나 신뢰도에 대한 엄격성이 다소 낮으며(Abbott, 2003), 두 척도 모두 실천현장과 관련된 구체적인 서비스 전달 이슈보다는 포괄적인 가치의 개념을 측정하고 있다는 점에서(Howard & Flaitz, 1982) 한계를 지닌다.

Howard와 Flaitz(1982)는 사회복지 전공생들의 인본주의 태도를 측정하기 위해서 40개 문항으로 된 Social Humanistic Ideology

---

없는 척도로서 본 연구에서는 원문 그대로 인용하였다.

Scale(〈표 2-5〉)을 개발하였다. 이들은 기존의 척도가 실천현장의 구체적인 이슈를 포착하고 있지 못하다는 점을 고려하여, Meddin의 가치범주 도식을 활용하여 가치의 추상적인 개념 수준을 먼저 정의하였다. 그리고 인간의 보편적인 관심으로서 가치 차원(사회정의, 사회행동/사회적 책임, 인간본성, 인권, 시민권, 개인의 자율성과 자유), 사회복지 이슈(빈곤, 의료, 고용, 옹호행동, 공적지원, 사회서비스의 개발), 클라이언트 집단의 구체화(빈곤한 사람, 범죄자와 비행행동을 저지른 사람, 여성, 동성애자, 한부모, 장애인, 근본적인 소수집단, 복지 수혜자 등)의 세 가지 범주로 골라서 매트릭스를 구성하여 리커트 5점 척도로 150개 문항을 선별하였다. 그 중 47개의 문항은 제시된 3가지 범주에 따라서 이전에 사회복지사의 이데올로기적 지향을 측정하는 연구의 척도를 참고하여 채택하였다. 이때 참고한 척도는 McLeod and Meyer의 the Social Value Test, Wrightman의 the Wrightman Philosophy of Human Nature, Robinson and Shaver의 Christie's New Left Scale, Peterson의 Statement about the poor, E. H. Fisher의 Humanitarian Attitude Scale, Robinson and Shaver의 Perloe's Social Value Questionnaire, Robinson and Shaver의 Traditional Family Ideology Scale 등이다.

선별한 150개의 문항은 각각의 가치차원에 대해 지지하는 정도로 측정하였고, 초기 검사와 요인분석을 통하여 최종으로 40개 문항이 선택되었다. 요인 분석 결과 네 가지 하위 개념은 사회정의, 개인의 자유, 인간 본성, 인권으로 분류되었다. 그러나 각각의 가치 차원 내의 문항 간 유사성이 낮은 것으로 드러나거나 근본적인 가치구조를 공유하고 있는 것으로 드러났으며, Abbott(2003)는 이 연구의 표집규모(N=110)가 작고, 더 정교한 요인분석이 요구된다고 보았다.

〈표 2-5〉 Social Humanistic Ideology Scale

1. In a country like the United States, where millions of dollars go to people on welfare, it is hard to be sympathetic toward persons who claim they do not get enough to eat.
2. Even today, women live with unfair restrictions that ought to be done away with.
3. Considering past injustices suffered by blacks, efforts to increase the percentage of minority enrollment in professional and vocational schools only seem fair.
4. It is only fair that physicians reserve the right to refuse seeing poor patients whose health care is paid for by the government.
5. What people achieve in life is entirely a product of their own determination.
6. In my opinion, every human service worker has a professional responsibility to engage in political acitvity on behalf of his or her clients.
7. I would be alarmed to discover that my child's teacher was a homosexual.
8. Most welfare recipients are not really honest; they're afraid of getting caught.
9. It is more important to make a person well than to worry about the cost.
10. I favor the policy of subsidized housing for the poor in middle-class neighborhoods.
11. Only rarely can a single parent successfully raise a child as well as can an intact family.
12. Even if more tax dollars have to be spent, special job opportunities should be created for unskilled black Americans.
13. It can be a real cruelty when attendants in mental hospitals do everything for the patient and ignore his ability to do some things for himself.
14. To prevent hard feelings in difficult economic times, programs benefiting the poor should not be expanded.
15. If need be, I would contribute money to help appeal the death sentence of a retarded man convicted of rape.
16. Homosexuals should be able to do whatever they wish as long as the welfare of others is not jeopardized.
17. All in all, I feel this country is humanely responsive to the physical and social needs of its citizens.
18. I have no hesitation about people of any race living next door to me as long as they are good people.
19. A guaranteed income would be an acceptable alternative to our present welfare system even if taxes had to be increased.
20. The people who want equal rights for others are usually secure in their own jobs and are not personally affected.
21. In my opinion, some homosexual can be as emotionally healthy as are "normal" people.

22. It seems unfair to invest thousands of dollars in theaters and gymnasiums for people such as mental patients and retarded persons, who contribute nothing to society.
23. Because of the way women are brought up, they fail to realize the extent of discrimination they face every day.
24. If things come too easily for people, they won't appreciate them.
25. We can't afford to entrust something as improtant as medical care to the hands of free enterprise, which operates on supply-and-demand principles.
26. As far as I'm concerned, unrelated people living together can be as real a family unit as those who are kin to one another.
27. It is up to the poor to take advantage of opportunities around them to advance themselves in life.
28. There is something wrong with a governmental policy that withholds funds for abortions for women on welfare because some taxpayers oppose abortion.
29. It would be too difficult to do away with poverty if fundamental changes have to be made in our social and economic system.
30. It does little good to worry about today's social problems because the average person can do little about them.
31. It is disturbing to realize that some people are easily expoited and taken advantage of, even with all our laws to protect citizens.
32. Many homosexuals are talented people who should be allowed to make a contribution to society, regardiess of their sexual preference.
33. Most people seeking public assistance exaggerate their troubles to get more sympathy.
34. One of the great injustices of racial discrimination is that it perpetuates an inferior life for members of the minority.
35. Generally, we are spending too little on welfare programs in this country.
36. In many cases, convicted criminals are victims of harsh circumstances and need help rather than punishment.
37. Although there are conditions in the world today that seem unfair, there is probably a divine plan behind them.
38. Massive economic reform ought to be undertaken to lift the poor from poverty and significantly improve their quality of life.
39. We should try to help people who are in difficulty, regardless of wheter they are making an effort to help themselves.
40. It is disturbing to me to realize that many handicapped persons do not lead productive, useful lives.

출처: Howard, T. U., and Flaitz, J., 1982, "A Sclae to Measure the Humanistic Attitudes of Social Work Students", Social Work Research and Abstracts, 18(4): 11-12.

Abbott(1988)는 앞에서 언급한 바와 같은 기존의 사회복지 가치 척도 개발의 한계점을 보완하고자 Professional Opinion Scale(POS)을 개발하였다. Abbott(1988)는 어떤 전문직이라도 그들이 가지고 있는 가치는 공공 정책이나 전문직의 주요 기관의 성명서에 반영된다는 가정에 따라서 NASW의 공공사회정책 진술문(Public Social Policy Statements of the NASW)을 선택하여 POS 개발의 기반으로 삼았다. 이 진술문의 내용은 주요 전문 사회복지 기관의 160,000명 이상의 회원의 견해가 반영되어 있다.

공공사회 정책 진술문은 관련 조직과 소속된 구성원들의 행동을 안내하기 위하여 디자인되었으며, NASW 윤리강령을 검토해 보면 공공 진술문들의 목적은 근본적인 전문적 가치 기반과 정치적 철학이 반영되어 있음이 드러난다. 초기 200개의 진술문은 전문가의 검토를 통해 121개의 항목으로 선별되었고, 3개의 집단[5]에 대한 설문조사 결과를 비교 분석하였다. 요인분석을 실시하여 4개 하위요인의 40개 문항으로 구성된 척도를 개발하였다.

POS 척도의 4개 요인은 '기본 권리에 대한 존중', '사회적 책임에 대한 의식', '개인 자유에 대한 책무', '자기결정에 대한 지지'로서 개념은 다음과 같다.

첫째, 기본 권리에 대한 존중은 인간 권리에 대한 존중과 평등의 개념을 완수하는 것이다.

둘째, 사회적 책임감은 사회가 사회구성원들의 안녕을 향상시키고 진전시키는 프로그램들과 예산지원, 입법을 전개할 책임감을 갖는다

---

5) 총 조사인원은 508명으로 세 개의 집단(203, 155, 150명)으로 구성되었으며, 이때 편의 및 눈덩이 표집을 활용하였으며, 조사 대상의 다양성을 확보하기 위하여 지역적 위치, 연령, 인종 및 민족적 배경, 정치 철학, 교육, 종교, 혼인여부, 젠더, 경력 등을 고려하였다. 최종 분석 대상은 508명 중 494명이었다(Abbott, 2003).

는 개념과 연결된다.

셋째, 개인 자유(사회정의)는 바라는 행동을 촉진시키기 위해 수단으로써 징계 또는 규율의 사용에 대한 승인(또는 비승인)을 측정하는 것을 포함한다.

넷째, 자기결정은 삶의 대안들에 관하여 그들 자신의 결정을 하는 데 있어 개인의 능력을 존중하는 것과 관련된다(김용석 · 하지선 · 이은영 · 서정민 · 김종필, 2011).

POS는 2003년 Amos를 활용한 확인적 요인 분석을 통하여 보다 정교하게 강화되었는데, 그 결과 일부 문항의 하위요인이 변동되었고 8개 항목이 삭제된 32개 문항의 척도로 정리되었다. 4가지 요인은 여전히 구분되지만, 그 구성요소는 관련성을 가짐을 알 수 있다(Abbott, 2003).

이와 같이 개발된 POS 척도는 미국에서 사회복지 전문직과 다른 전문직(법, 의료, 교육, 기업 등)과의 차이를 검증하거나, 사회복지 전공생들의 가치 변화, 상이한 방법론(직접 실천인 상담 vs 행정)을 사용하는 사회복지사 간의 가치 지향 비교 등의 연구에 사용되어 왔다(Abbott, 1999). POS 척도는 26개 국가(128명) 사회복지사를 대상으로 조사한 결과 문화적 다양성에도 불구하고 전문직의 공통의 핵심가치를 측정할 수 있는 연구임이 검증된 바 있으며(Abbott, 1999), 조사 대상의 연령, 교육수준, 실천 경험을 다양화한 조사 결과를 확인적 요인 분석을 실시한 결과 또한 사회복지 실천 가치를 측정하는 데 유용한 척도임이 검증되었다(Greeno et al, 2007).

Pike(1994)는 사회복지 가치 측정을 위하여 Social Work Values Inventory(SWVI)를 개발하였다. 이 척도는 실천에 있어서 결정은 가치를 반영한다고 가정하였다. 또한 참여자들의 교육적 수준이나 실천

〈표 2-6〉 Professional Opinion Scale

Respect for Basic Rights	Retirement at 65 should be mandatory. Abduction by parents who do not have custody should be viewed as a family, not a legal, matter. The government should not subsidize family planning programs. The mandatory retirement age protects society from the incompetence of the elderly. Mandatory retirement based on age should be eliminated. The aged require only minimum mental health services. Only medical personnel should be involved in life and death treatment decisions. Pregnant adolescents should be excluded from school. Students should be denied government funds when they participate in protest demonstrations. Juveniles do not need to be provided with legal counsel in juvenile courts.
Sense of Social Responsibility	There should be a guaranteed minimum income for everyone. The federal government has invested too much money in the poor. The government should not redistribute the wealth. The government should provide a comprehensive system of insurance protection against loss of income because of disability. Local governments should be monitored on their enforcement of civil rights statutes. Unemployment benefits should be extended, especially in areas hit by economic disaster. The gap between poverty and affluence should be reduced through measures directed at redistribution on income. The government has primary responsibility for helping the community accept a returning offender. Efforts should be made to increase voting among minorities. "No-knock" entry that allows the police entrance without a search warrant encourages police to violate the rights of individuals.
Commitment to Individual Freedom	All direct-income benefits to welfare recipients should be given in the form of cash. The employed should have more government assistance than the unemployed. Sterilization is an acceptable method of reducing the welfare load. The FBI should keep files on individuals with minority political affiliation. Welfare mothers should be discouraged from having more children. Capital punishment should not be abolished. The death penalty is an important means for discouraging criminal activity. Welfare workers should keep files on those clients suspected of fraud.

	Corporal punishment is an important means of discipline for aggressive, acting-out adolescents. It would be better to give welfare recipients vouchers or goods rather than cash.
Support of Self-determination	When they are old enough, children should have the right to choose their religion, including the option to choose none. Counseling should be available to women who ask for abortions. Couples should decide for themselves whether they want to become parents. Women should have the right to use abortion services. The dying have a right to be informed of their progress. Family planning should be available to all adolescents. Family planning should be available to individuals regardless of income. Older persons should be sustained to the extent possible in their own environments. The child in adoption proceedings is the primary client. A family may be defined as two or more individuals who consider themselves a family and who assume protective, caring obligations to one another.

출처: Abbott, A. A., 2003, "A Confirmatory Factor Analysis of the Professional Opinion Scale: A Values Assessment Instrument", *Research on Social Work Practice*, 13(5): 651-653.

현장에 따른 미묘한 차이를 감지할 수 있는 척도를 개발하고자 하였다는 점에서 실천 영역과 무관하게 모든 실천에 영향을 미치는 가치가 있다고 본 Abbott(1988)를 비롯하여 앞서 제시된 기존의 척도와 다른 관점을 나타내고 있다. 그리고 기존의 척도가 단순히 한 문장으로 제시되어 해당 내용에 대한 동의 여부를 응답하게 하여 가치보다는 태도를 측정할 가능성이 있다고 보아서 이를 보완한 척도 개발을 시도하였다. 이에 문헌 검토를 통하여 공통의 핵심 가치 4가지(비밀보장, 자기 결정, 클라이언트의 존엄과 가치, 사회정의)를 도출하고, 각각의 핵심 가치를 측정할 수 있는 문항을 개발하였다. 이때 각 문항은 제시된 비네트(vignette)로 제시되며, 실천 상황에 대해 결정을 내려야 하는 클라이언트와 사회복지사를 포함하도록 하였다. 초기에 각 가치별로 20개씩 제시되었던 문항은 사회복지 교육과정에 있는 학생과 현

〈표 2-7〉 Social Work Value Inventory(일부)

<table>
<tr><td rowspan="2">Confidentiality</td><td colspan="7">A fourteen year-old female is brought by her mother to Suzanne for counseling relating to the girl's school performance. During counseling, the adolescent confides that she occasionally uses marijuana and has been sexually active with several boys. Later, the mother aasks to read her daughter's case record in which the above information is documented. Suzanne should :</td></tr>
<tr><td>allow the mother to read her daughter's case record</td><td>1</td><td>2</td><td>3</td><td>4</td><td>5</td><td>not allow the mother to read her daughter's case record</td></tr>
<tr><td rowspan="2">Self-Determination</td><td colspan="7">Ms. Smith delivered her first child prematurely. The infant's physicians know that the child is severely brain-damaged. In addition, the infant has a heart condition that requires immediate surgery, if he is to live. The medical social worker, Chris, was referred to the parents by the physician. Upon assessing the case, Chris learns that the parents have decided not to sign the consent form for surgery and have requested that the infant be allowed to die. Chris should :</td></tr>
<tr><td>try to change that parents' decision to allow the infant to die</td><td>1</td><td>2</td><td>3</td><td>4</td><td>5</td><td>do nothing to change the parents' decision to allow the infant to die</td></tr>
<tr><td rowspan="2">Dignity and Worth</td><td colspan="7">Carole is a social worker in a country-operated hospital. One of Carole's duties is to screen elderly Medicare patients who have been adimtted to the hospital for needs they may have at home after their discharge. The first time Carole meets with these clients, she should :</td></tr>
<tr><td>address them as Mrs., Ms., or Mr. and their last names</td><td>1</td><td>2</td><td>3</td><td>4</td><td>5</td><td>address them by their first names.</td></tr>
<tr><td rowspan="2">Social Justice</td><td colspan="7">Carla is a social worker at a shelter for homeless families. Carla's client applied for a job as an aide in a day treatment facility for clients with mental health conditions. Her client was not hired. The agency director told Carla that she decided not to hire Carla's client, because the client had no permanent adress. Carla should :</td></tr>
<tr><td>say nothing to the agency director about her decision not to hire the client.</td><td>1</td><td>2</td><td>3</td><td>4</td><td>5</td><td>confront the agency director about her decision not to hire her client.</td></tr>
</table>

출처: Pike, C. K., 1994, "Development of the Social Work Values Inventory", Doctoral Dissertion, The University of Alabama, 180-182.

장의 사회복지사 등에 대한 조사를 통하여 최종 41개 문항으로 최종 정리되었다.

그러나 이 척도는 공통의 가치를 도출할 때 기존의 문헌만 참고하였다는 점에서 근거가 부족하며, 도출된 가치의 위계 수준이 혼재되어 있고, 문항의 길이가 다소 길다는 점, 그리고 서구의 사회문화적 특성이 반영되어 있어 측정에 어려움이 있다는 점에서 척도로 활용하는 데에 한계가 있다. Abbott(2003)는 이 척도가 표집 규모가 작고 편의표본을 사용하였으며, 척도의 타당성과 신뢰성에 한계가 있음을 지적한 바 있다.

Csikai와 Rosensty(1997)는 26개 문항으로 구성된 Social Work Idealism 척도를 개발한 바 있으나, 이 척도는 오로지 idealism(관념)이라는 한 가지 차원에만 집중하였다는 점에서 가치 측정에 한계를 지닌다.

Crabtree(2000)는 미국 사회복지사협회 윤리 강령에서 정의한 사회복지 핵심가치 6가지를 조작적으로 정의하는 방법들을 제시하였다. 첫째, 사회복지 핵심가치 6가지를 나열하고 각 가치의 상대적 중요도를 평가하였다. 가장 중요한 가치에 6점을 중요도가 가장 낮은 가치에 1점을 부여하였다.

둘째, 실천 기반 비네트를 제공하여 핵심가치를 측정하는 방식이다. 각 핵심가치에 해당하는 비네트를 제공하고 각 핵심가치의 상대적 선호도를 측정한다. 〈그림 2-2〉에서 28번을 예로 들어보자. 이 문항에서 클라이언트와의 관계는 대인관계 중요성의 가치를 의미하고 클라이언트 문제를 다루는 능력은 역량의 가치를 의미한다. 이 문항에 대해서 '매우 동의한다'라고 응답하는 사회복지사는 대인관계 중요성의 가치보다는 역량의 가치를 선호한다는 의미이다.

〈표 2-8〉 Social Work Idealism

1. All people should be encouraged to reach their full potential.
2. Each individual has unique qualities that should be valued.
3. Social workers need to be knowledgeable about social conditions affecting their clients.
4. Social workers should assist clients in recognizing and utilizing their strengths.
5. Every should have the opportunity to make their lives better.
6. Access to opportunities and resources should be open to all.
7. Social workers' should help people help themselves.
8. Social workers need adequate education and training in order to be effective as change agents.
9. Society provides for equal justice for all.
10. Political issues have no bearing on direct social work practice with individuals.
11. Social workers can help enhance relationships.
12. Social workers can have a significant impact on individual and family functioning.
13. Social workers have an obligation to advocate for change in their comminities.
14. The rights of disadvantaged populations should be considered whenever reforming any social policy.
15. In reality, social workers can have little impact in changing the world.
16. Social workers are able to assist clients through focused interventions.
17. Today's economic system is adequate to meet all human needs.
18. People should be able to decide for themselves how they want to live their lives.
19. Social workers should take the lead in promoting fairness in today's society.
20. Social workers do not need to be involved with their community in order to be effective.
21. Social workers' responsibilities should include active involvement in lobbying for political change.
22. The social worker's role is to help clients assimilate to society's moral values.
23. Anything that benefits society should take precedence over individual concerns.
24. Adovocacy is the main thrust of social work.
25. Individual is are responsible for their own condition in life, positive or negative.
26. A social worker's focus should be on solving their clients problems.

출처: Csikai, E. L., and Rozensky, C., 1997. "'Social Work Idealism' and Students Perceived Reasons for Entering Social Work", Journal of Social Work Education, 33: 529-538.

11. Please rank the values from one to six (one being most important) in order of importance to you. This is a forced ranking, so even a value with a six could be very important.

☐ Service	☐ Dignity & worth of the person	☐ Integrity
☐ Social Justice	☐ Importance of human relationships	☐ Competence

출처: Crabtree, C. R., 2000, "Who are Really Are: An Analysis of the Relationship between Professional Attainment and Social Work Value", Doctoral Dissertion, The University of Texas at Arlington, 74.

〈그림 2-1〉 Multistage Ranking of Core Values

24. During my time off, if given a choice between attending an important workshop to improve my skills or doing volunteer work with local people in need, I would volunteer.
25. A powerful commitment toward addressing social injustices cannot overcome a lack of professional expertise.
26. I would at least consider lying if the result were graranteed to significantly address a stubborn social problem and I could not get caught.
27. Individuals who do not possess personal integrity cannot address social injustices.
28. In my profession the relationship I have with my clients is not nearly as important as my competence at addressing their problems.
29. I will always put my professional integrity ahead of my relationship with my clients.
30. I am awrae of certain individuals who do not merit efforts to assist them with their needs.
31. If we are to correct decades of social injustices in this country, it will be necessary at times to compromise the dignity and worth of the dominant culture.

출처: Crabtree, C. R., 2000, "Who are Really Are: An Analysis of the Relationship between Professional Attainment and Social Work Value", Doctoral Dissertion, The University of Texas at Arlington, 76.

〈그림 2-2〉 Practice-based Vignettes: Core Value Preferences

셋째, 의미차별화 척도를 사용하는 방법이다. 의미차별화 척도는 측정대상 개념과 관련된 상반된 의미를 가진 단어들을 짝을 지어 조사대상자에게 제시하는 방식으로 Crabtree가 사용한 의미차별화 척도는 〈표 2-9〉와 같다.

〈표 2-9〉 의미차별화 척도

1. How would you rate "service" as a core value?								
Valuable	☐	☐	☐	☐	☐	☐	☐	Worthless
Safe	☐	☐	☐	☐	☐	☐	☐	Risky
Vague	☐	☐	☐	☐	☐	☐	☐	Clear
Good	☐	☐	☐	☐	☐	☐	☐	Bad
Strong	☐	☐	☐	☐	☐	☐	☐	Weak
Simple	☐	☐	☐	☐	☐	☐	☐	Complex
Under emphasized	☐	☐	☐	☐	☐	☐	☐	Over empahsized
Rugged	☐	☐	☐	☐	☐	☐	☐	Delicated
Passive	☐	☐	☐	☐	☐	☐	☐	Active
2. How would you rate "social justice" as a core value?								
Valuable	☐	☐	☐	☐	☐	☐	☐	Worthless
Safe	☐	☐	☐	☐	☐	☐	☐	Risky
Vague	☐	☐	☐	☐	☐	☐	☐	Clear
Good	☐	☐	☐	☐	☐	☐	☐	Bad
Strong	☐	☐	☐	☐	☐	☐	☐	Weak
Simple	☐	☐	☐	☐	☐	☐	☐	Complex
Under emphasized	☐	☐	☐	☐	☐	☐	☐	Over empahsized
Rugged	☐	☐	☐	☐	☐	☐	☐	Delicated
Passive	☐	☐	☐	☐	☐	☐	☐	Active
3. How would you rate "dignity & worth of the person" as a core value?								
Valuable	☐	☐	☐	☐	☐	☐	☐	Worthless
Safe	☐	☐	☐	☐	☐	☐	☐	Risky
Vague	☐	☐	☐	☐	☐	☐	☐	Clear
Good	☐	☐	☐	☐	☐	☐	☐	Bad
Strong	☐	☐	☐	☐	☐	☐	☐	Weak
Simple	☐	☐	☐	☐	☐	☐	☐	Complex
Under emphasized	☐	☐	☐	☐	☐	☐	☐	Over empahsized
Rugged	☐	☐	☐	☐	☐	☐	☐	Delicated
Passive	☐	☐	☐	☐	☐	☐	☐	Active

4. How would you rate "importance of human relationships" as a core value?								
Valuable	□	□	□	□	□	□	□	Worthless
Safe	□	□	□	□	□	□	□	Risky
Vague	□	□	□	□	□	□	□	Clear
Good	□	□	□	□	□	□	□	Bad
Strong	□	□	□	□	□	□	□	Weak
Simple	□	□	□	□	□	□	□	Complex
Under emphasized	□	□	□	□	□	□	□	Over empahsized
Rugged	□	□	□	□	□	□	□	Delicated
Passive	□	□	□	□	□	□	□	Active
5. How would you rate "integrity" as a core value?								
Valuable	□	□	□	□	□	□	□	Worthless
Safe	□	□	□	□	□	□	□	Risky
Vague	□	□	□	□	□	□	□	Clear
Good	□	□	□	□	□	□	□	Bad
Strong	□	□	□	□	□	□	□	Weak
Simple	□	□	□	□	□	□	□	Complex
Under emphasized	□	□	□	□	□	□	□	Over empahsized
Rugged	□	□	□	□	□	□	□	Delicated
Passive	□	□	□	□	□	□	□	Active
6. How would you rate "competence" as a core value?								
Valuable	□	□	□	□	□	□	□	Worthless
Safe	□	□	□	□	□	□	□	Risky
Vague	□	□	□	□	□	□	□	Clear
Good	□	□	□	□	□	□	□	Bad
Strong	□	□	□	□	□	□	□	Weak
Simple	□	□	□	□	□	□	□	Complex
Under emphasized	□	□	□	□	□	□	□	Over empahsized
Rugged	□	□	□	□	□	□	□	Delicated
Passive	□	□	□	□	□	□	□	Active

출처: Crabtree, C. R., 2000, "Who are Really Are: An Analysis of the Relationship between Professional Attainment and Social Work Value", Doctoral Dissertion, The University of Texas at Arlington, 136-137.

2) 국내 사회복지 가치 척도

국내의 경우 사회복지 가치를 실증적으로 측정하고 분석한 연구는 얼마 전까지 찾아보기 어려웠으나 최근 관심을 갖는 연구자들이 나타나기 시작했다.

전선영(2004, 2005)은 사회복지 가치를 미국 사회복지사협회 윤리강령에서 정의한 사회복지 핵심가치 6가지로 정의하고, Crabtree (2000)가 개발한 사회복지 가치척도 문항을 번안하여 사회복지사들의 가치를 측정하였다. Crabtree(2000)의 척도는 미국 사회복지사협회에서 제시한 6가지 사회복지 핵심가치를 바탕으로 사회복지 가치를 6문항으로 조작적으로 정의하여 사용하였는데, 전선영(2005)은 이 중 '인간관계의 중요성'과 '인간의 존엄 및 가치'의 2개 문항을 제외하고, 나머지 4개 문항을 다시 '개인적 차원의 가치' 2문항과 '사회적 차원의 가치' 2문항으로 재구성하여 4개의 문항만을 사용한 바 있다. 이 연구는 사회복지 교육이 사회복지 가치의 형성과 사회복지 옹호실천에 미치는 영향을 검토함으로써, 실천에 있어서 가치의 중요성을 실증적으로 검토하였다는 것에 의미가 있다. 그러나 연구자가 사용한 원척도는 경험적 근거가 부족하고 다른 문헌에서 널리 사용된 바가 없다(김용석 · 하지선 · 이은영 · 서정민 · 김종필, 2011). 전선영(2005) 또한 이를 주관적으로 재분류하여 사용하였고, 미국 사회복지사협회에서 제시한 핵심가치만을 반영하였다는 점에서 측정의 수준이 추상적이며, 국내의 사회복지 실천 가치를 측정하기에 적합한 척도라고 보기에는 한계가 있다.

김용석 · 하지선 · 이은영 · 서정민 · 김종필(2011)은 국내에 사회복지 실천가의 사회복지 가치 지향을 가시적으로 측정할 수 있는 척도

〈표 2-10〉 전선영이 번안 · 사용한 사회복지 가치 척도

번호	문 항
1	사회복지사는 도움을 필요로 하는 사람들을 위해 전문적 기술의 일부분을 투입하여 서비스(무료봉사 포함)를 제공하거나 더 큰 지역사회에 전문적 기술을 환원할 도덕적 의무가 있다고 생각한다.
2	주로 빈곤, 실업, 차별, 사회 부정의(unjustice) 등 사회문제를 변화시키는 데 초점을 두는 사회복지사의 노력은 다소 부족했으며, 보다 균형 잡힌 수준으로 조정될 필요가 있다고 생각한다.
3	사회복지사들은 윤리강령에 일치하는 성실한 태도를 유지해야 할 도덕적 의무가 있다고 생각한다.
4	사회복지사들은 전문적 지식과 기술을 꾸준히 개발해야 할 의무가 있다고 생각한다.

응답범주: 1=전혀 동의하지 않는다, 2=대체로 동의하지 않는다, 3=보통이다, 4=대체로 동의하는 편이다, 5=매우 동의한다

가 전무함을 고려하여 국외의 척도를 번안하고, 신뢰도 및 타당도를 평가하여 32개 문항으로 구성된 국내판 척도를 개발하였다(〈표 2-11〉 참조). 이 연구에서는 Abbott(1988)가 미국 사회복지사협회 41개 공공사회정책 진술문의 내용을 반영하여 전문적인 사회복지 가치지향을 측정하기 위해 개발하고 Greeno 외(2007)의 연구에서 확인적 요인분석을 통해 검증된 Professional Opinion Scale(POS)을 활용하였다. 한국어판 POS-32는 국외판과 동일하게 기본 권리에 대한 존중, 자기결정에 대한 지지, 사회적 책임감에 대한 의식, 개인 자유에 대한 책무의 4가지 하위 요인으로 구성되어 있다. 이는 통계적으로 검증된 국내 최초의 척도로서 최근 이를 활용하여 사회복지사의 가치를 측정하고자 하는 연구(심재룡, 2013; 김용석 · 김석준 · 손동균 · 김한욱 · 조윤령, 2013)도 시도되고 있다.

그러나 국내에서 시도된 두 연구는 특정 국가(미국)에서 개발된 척도를 번안하고 사용하였다는 점에서 국내 사회복지 실천 현장이 가지는 특수성을 반영하고 있다고 보기에는 한계가 존재한다. 따라서 사

〈표 2-11〉 한국어판 사회복지 가치 지향 척도

구 분	문 항
기본 권리에 대한 존중	1. 양육권이 없는 부모에 의한 유괴는 법적인 문제라기보다는 가족의 문제로 봐야 한다.
	2. 정부는 가족계획 사업을 지원해서는 안 된다. (※ 가족계획사업: 의도하지 않은 임신을 예방하기 위해 저소득층 여성과 남성에게 제공되는 임신 또는 출산의 제한 및 조절, 자녀출산 계획과 관련한 정책 사업)
	3. 의무 정년제도는 노인의 무능력으로 인해 발생되는 사회적 손실을 줄인다.
	4. 노인은 최소한의 정신건강 서비스만을 필요로 한다. (※ 최소한의 정신건강 서비스: 정신건강을 위한 예방, 치료, 재활 서비스 중 정신과적 문제 진단 및 치료 연계 서비스를 의미함)
	5. 오로지 의료인만이 연명치료 결정에 관여해야 한다.
	6. 임신한 청소년은 퇴학시켜야 한다.
	7. 정부 지원금을 받는 학생들이 항의시위에 참여한다면, 지원을 취소시켜야 한다.
	8. 가정법원에서 청소년에게 변호인을 제공할 필요가 없다.
자기결정에 대한 지지	9. 아이들도 어느 정도 나이가 들면 종교를 선택할 권리(무교로 남는 것도 포함하여)가 있다.
	10. 커플(Couples)은 부모가 되는 것을 스스로 결정해야 한다.
	11. 죽음을 앞둔 사람은 자신의 상황에 대해 고지받을 권리가 있다.
	12. 가족계획서비스는 모든 청소년에게 제공되어야 한다. (※ 가족계획서비스: 자녀의 임신 및 출산 계획에 관한 지원 서비스)
	13. 가족계획서비스는 소득에 상관없이 모든 사람들에게 제공되어야 한다. (※ 가족계획서비스: 자녀의 임신 및 출산 계획에 관한 지원 서비스)
	14. 노인은 가능한 한 평소 지내던 환경에서 부양되어야 한다.
	15. 입양절차에서 가장 중요한 당사자는 입양아동이다.
	16. 가족이란 그들 스스로를 가족이라 생각하고, 보호하고 돌보는 의무를 갖는 둘 이상의 개인들로 정의될 수 있다.
사회적 책임에 대한 의식	17. 누구에게나 최저 소득은 보장되어야 한다.
	18. 정부는 저소득층에 너무 많은 돈을 지출해 왔다.
	19. 정부는 부를 재분배해서는 안 된다.
	20. 정부는 장애로 인한 소득상실에 대비해 포괄적인 보험체계를 제공해야 한다.
	21. 지방정부는 주민 권리를 위한 제도를 잘 집행하는지 감시되어야 한다.
	22. 빈부격차는 소득재분배를 통해 감소되어야 한다.

	23. 정부는 지역사회가 출소자를 받아들이도록 돕는 일차적 책임을 갖는다.
	24. 소수자들의 투표행사권이 확대될 수 있도록 노력해야 한다.
	25. 경찰이 수색영장 없이 들이닥치는 것은 개인의 권리를 침해하는 것이다.
개인 자유에 대한 책무	26. 근로자가 실업자보다 더 많은 정부지원을 받아야 한다.
	27. 불임은 복지 부담을 줄일 수 있는 적절한 방법 중 하나이다.
	28. 경찰청은 소수정당에 속한 사람들에 대한 정보를 관리해야 한다.
	29. 수급을 받는 여성들은 더 이상 아이를 갖지 못하도록 해야 한다.
	30. 사형제도는 폐지되어서는 안 된다.
	31. 사형은 범죄행위를 막는 중요한 수단이다.
	32. 체벌은 공격적인 행동을 하는 청소년들을 지도하는 중요한 수단이다.

응답범주: 1=전혀 그렇지 않다, 2=그렇지 않다, 3=보통이다, 4=그렇다, 5=매우 그렇다

회복지 가치와 원칙은 매우 다양하며, 시간과 공간에 따라서 변화할 수 있다는 점을 고려할 때(김기덕 · 최소연 · 권자영, 2012), 국적을 초월한 공통의 사회복지 가치는 물론 한국 사회의 특수성을 반영한 사회복지 실천 가치를 측정할 수 있는 척도 개발이 요구된다. 최근 사회복지 실천이 내포하는 다양한 가치를 명료화함으로써 전문직으로서 사회복지 실천 기반을 다지고자 하는 요구가 강조되고 있음을 고려할 때(김인숙, 2004; 홍선미, 2011), 가치가 사회적 맥락을 고려하지 못한 채 제시되면 추상적이어서 너무 광범위할 수 있고(Dominelli, 2007), 사회의 변화를 반영하지 못하고 고착된 단일체로서 전문직의 담론을 지배할 수 있기 때문이다(Biesteck, 1961; Dominelli, 2007: 100, 재인용).

제4절 사회복지 윤리의 구성요소

앞서 사회복지 핵심가치를 파악하기 위하여 관련 교재, 사회복지 전문직의 역할과 위상을 제시하는 각국의 사회복지사 윤리강령, 사회복지 가치 척도를 살펴보았다. 그러나 연구자나 국가에 따라서 제시하고 있는 핵심가치가 상이하며, 도출한 근거가 명확하지 않아 공통의 사회복지 핵심가치를 파악하는 데에 어려움이 있었다. 또한 사회복지 가치가 사회복지 교육과정 및 실천현장에서 중요함에도 불구하고 한국적인 사회복지 가치 정립을 위한 노력은 상대적으로 적었다(김인숙, 2004; 엄명용 · 노충래 · 김용석, 2005).

사회복지 핵심 가치는 사회복지 전문직의 기본적 임무와 목표를 제시하며, 다양한 실천 현장에서 직면하는 관계와 상황의 잣대가 되는 사회복지 윤리에 내재되어 있다(김기덕 · 최소연 · 권자영, 2012). Cogress (1999)는 사회복지 윤리는 곧 가치를 실현하기 위한 것이라고 보았다. 따라서 사회복지 윤리를 구성하는 기본 요소를 검토함으로써 그것이 전제로 하고 있는 핵심가치를 도출할 수 있다.

사회복지 윤리의 기본 요소를 역사적으로 검토한 연구는 미국 사회복지 윤리강령의 핵심 가치 도출의 근거가 되는 Leiby(1985)의 연구와 Clark(2000)의 연구가 있는데, 김기덕 · 최소연 · 권자영(2012)은 이들 연구를 토대로 사회복지 윤리의 세 가지 요소와 이에 내재된 핵심 가치를 정리하고 있다. 이에 따르면 사회복지 윤리의 구성요소는 개인에 대한 존중과 개별적 서비스 제공(클라이언트의 자율성), 전문가의 온정적 개입주의(전문성), 공적 책임성(공공성)의 세 가지이며, 각각의 의미와 그것이 토대로 하는 핵심가치는 다음과 같다.

첫 번째 요소인 개인 존중과 개별적 서비스 제공은 개개인 혹은 개별 집단이 가진 특성과 소질을 존중하고, 그들이 꿈꾸는 행복을 구현할 수 있도록 적절한 서비스를 제공하는 것을 의미한다(김기덕 · 최소연 · 권자영, 2012). 이러한 윤리의 근거가 되는 핵심가치는 자유(freedom)와 자율(autonomy)이며, "개별 인간이 가진 본래적 가치가 무엇보다 존중되어야 하고, 그러한 가치를 가진 인간이 자신과 관련된 문제들을 스스로 결정하고 판단할 수 있어야 하며, 이에 따른 결정이 타인과 사회에 의하여 절대적으로 존중되어야 함(김기덕 · 최소연 · 권자영, 2012)"을 의미한다. 이러한 핵심가치는 국제 사회복지사 윤리강령 및 한국, 미국, 영국, 스웨덴, 캐나다 등의 사회복지사 윤리강령에서도 주요하게 제시되고 있다.

두 번째 요소인 전문가의 온정적 개입주의는 사회복지 초기부터 강조된 내용(Reamer, 2000)이다. 온정주의는 일반적으로 "(자유와 자율성을) 억압당하는 사람이 자신의 복지, 행복, 욕구, 이익, 가치 등을 배타적으로 위한다는 근거로 해서 정당화될 수 있는 개인의 자유로운 행위에 대한 간섭(Dworkin, 1971; 김기덕 · 최소연 · 권자영, 2012, 재인용)"으로 정의된다. 이는 개인의 삶에 대해 외부에서 간섭하는 것과 이타주의적 온정 표현의 두 가지 개념을 포함한다(김기덕 · 최소연 · 권자영, 2012). 이에 해당하는 핵심 가치는 서비스(service), 역량(competence) 이다. 서비스는 사회복지사의 궁극적 목표가 도움을 필요로 하는 사람을 돕고 사회 문제들에 대응하는 것(NASW, 1996)임을 드러내는 가치이고, 역량은 사회복지사가 클라이언트나 일반 시민에 비하여 전문적인 측면에서 역량이 상대 우위에 있다는 것을 의미하며, 전문가 개입의 윤리적 근거를 제공하는 가치이다(김기덕 · 최소연 · 권자영, 2012).

세 번째 요소인 공적 책임성의 원칙 또한 개인의 행복과 함께 사

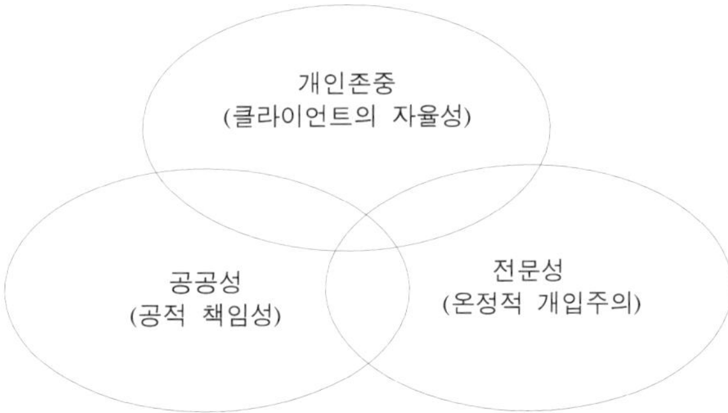

출처: 김기덕 · 최소연 · 권자영, 2012, 『사회복지 윤리와 철학』, 양서원: 105.

〈그림 2-3〉 사회복지 윤리의 구성요소

회복지에서 전통적으로 고려해 온 분야로서 사회복지사는 제3자, 지역사회, 가족 등에 대한 복합적 책임성(complex accountability)을 가지기 때문에 자신의 클라이언트만을 위한 배타적인 행동은 정의롭지 못하며 평등의 가치에 위배된다는 것을 의미한다(김기덕 · 최소연 · 권자영, 2012). 이는 평등(equality), 사회정의(social justice) 등의 핵심적 가치와 연결된다. 이때 평등은 모든 클라이언트는 서비스에 대한 동등한 권리(equal right)를 갖는다는 것을 전제로(Varley, 1963) 전문가로서 개인, 그룹 등의 다양성을 인식하고 차별하지 않으며, 자원과 기회가 동등하게 배분되도록 하는 것을 의미한다. 또한 사회정의는 전문가로서 빈곤, 박탈, 차별, 학대, 착취 등과 같은 사회적 부정의를 용인하지 않고 그것을 변화시키는 것을 지향함을 의미한다. 이는 개인과 그의 환경 간의 불균형을 방해하는 장애물을 극복하거나 예방할 수 있는 방안을 제공할 사회의 책임이라는 철학적 기반이 반영된 개념이다(Bartlett, 2003).

제5절 사회복지 가치 지향 관련 선행연구

1. 사회복지사의 사회복지 가치 지향 수준

사회복지사는 사회복지 가치를 얼마나 지향하는가? 서론에서도 언급하였듯이 사회복지사의 사회복지 가치 지향에 관한 국내외 연구의 부족으로 이 질문에 답하기는 쉽지 않다. 하지만 POS 개발자인 Abbott가 수행한 연구를 통해서 사회복지사의 사회복지 가치 지향성을 가늠해 볼 수 있다. Abbott(1999)는 다양한 국적의 사회복지사들을 대상으로 사회복지 가치 지향성을 측정하고 비교하였다. 이 연구에는 사회복지 관련 국제대회에 참가한 사회복지 연구자들과 실무자들이 참여하였으며 사회복지 가치 지향성은 POS로 측정되었다. 조사대상자들은 국적에 따라 아시아(한국 포함), 유럽, 오세아니아, 북아메리카 등 4개 집단으로 분류되었다. 〈표 2-12〉는 대륙별 POS의 평균 점수를 보여주고 있다. 가장 눈에 띄는 점은 아시아권 조사대상자 집단의 평균이 제일 낮았다는 점이다. 사회적 책임감의 평균만 제외하고 전체 평균은 물론 나머지 3개 요인의 평균 점수는 아시아권 조사대상자 집단이 가장 낮았고, 아시아권 조사대상자 집단과 나머지 집단 간 평균 차이들 중 다수는 통계적으로도 유의미하였다. 즉 아시아권 조사대상자들이 다른 지역의 조사대상자들보다 사회복지 가치를 지향하는 정도가 낮았다. 이 연구는 다양한 국적의 사회복지사를 대상으로 사회복지 가치 지향성을 비교한 최초의 연구라는 점에서 주목할 만하나 POS를 영어로만 제시하였기 때문에 영어가 모국어가 아닌 조사대상자들의 응답의 정확성에 문제점을 제기할 수 있는 한계를

〈표 2-12〉 대륙별 POS의 평균점수

구 분	평 균	기본권 존중	자기결정	사회적 책임감	사회정의
전 체	41.13	42.47	43.76	41.62	37.70
아시아	36.69	35.43	40.79	40.25	30.29
유 럽	41.85	41.57	43.20	42.80	39.83
오세아니아	44.66	44.59	46.24	43.79	44.03
북아메리카	41.15	43.32	44.44	40.15	36.71

출처: Abbott, A. A. 1999, "Measuring Social Work Values: A Cross-Cultural Challenge for Global Practice". International Social Work, 42(4): 469.

갖는다.

국내에서는 사회복지 가치 지향성에 초점을 둔 연구는 없었지만 연구결과의 일부로 가치 지향성을 제시한 연구가 있다. 이 연구(김용석 · 하지선 · 이은영 · 서정민 · 김종필, 2011)는 POS의 한국어판을 평가하면서 연구결과의 일부로 연구에 참여한 사회복지사들의 사회복지 가치 지향성을 보여 주었다. 이 연구에는 다양한 사회복지 실천현장에서 활동하는 325명의 사회복지사가 참여하였다. 한국어판 POS는 몇 차례의 요인분석을 거쳐 8개 문항이 부적절한 문항으로 삭제되어 최종적으로 32개 문항을 담고 있으며 요인구조는 영어판 POS의 구조와 동일하였다.[6] 한국어판 POS의 네 하위요인 중 사회적 책임감의 평균이 4.10점으로 가장 높았고 사회정의의 평균이 3.63점으로 가장 낮았다(〈표 2-13〉 참조). 이 하위요인들 가운데 평균점수가 가장 높은 사회적 책임감은 사회구성원들의 안녕을 위한 책임과 관련된 것으로, 조사대상자들은 기본적인 삶의 질에 대한 정부의 역할 혹은 소득수준

6) 한국어판과 영어판 POS의 요인구조는 동일하였으나 각 요인에 적재된 문항들은 약간 달랐다. 구체적인 내용은 김용석 · 하지선 · 이은영 · 서정민 · 김종필(2011)의 논문에 상세하게 소개되어 있다.

〈표 2-13〉 한국어판 POS의 하위요인별 기술통계

구 분	N	문항 수	평 균	표준편차	평균/문항 수
기본권 존중	320	8	32.75	3.86	4.09
자기결정	321	8	31.73	3.55	4.00
사회적 책임감	321	9	36.87	4.06	4.10
사회정의	315	7	25.40	4.43	3.63

출처: 김용석 · 하지선 · 이은영 · 서정민 · 김종필, 2011, 한국어판 사회복지 가치 지향 척도(Professional Opinion Scale)의 신뢰도와 타당도 평가, 『한국사회복지학』, 63(3): 177.

에 초점을 두는 영역에 상대적으로 가장 높은 점수를 준 것으로 해석할 수 있다. 이 연구는 국내에서 최초로 사회복지사들이 사회복지 가치 지향에 동의하는 정도를 계량적으로 보여주었다.

2. 사회복지 가치 지향의 영향: 직무만족과 이직의도와 관련하여

사회복지사의 사회복지 가치 지향에 관한 선행연구가 거의 전무하여 사회복지 가치 지향의 결과에 대해서도 알려진 바가 없지만, 사회복지 가치 지향은 여러 가지 긍정적 결과를 가져올 것으로 예상된다.

최근에 정신보건 분야에 종사하는 사회복지사들을 대상으로 사회복지 가치 지향과 조직몰입에 관한 연구(김용석 · 김석준 · 손동균 · 김한욱 · 조윤령, 2013)가 수행되었다. 이 연구는 두 가지 목적을 가지고 수행되었다. 첫 번째 목적은 사회복지사의 사회복지 가치 지향 수준을 파악하는 것이었고, 두 번째 목적은 사회복지 가치 지향과 조직몰입 간 관계를 분석하는 것이었다. 이 연구에서 사회복지 가치 지향은 한국어판 POS로 측정되었으며 조직몰입은 국내외 연구에서 널리 사용된 Meyer와 Allen(1991)의 조직몰입척도로 측정되었다. 사회복지 가치 지향과 조직몰입 간 관계의 분석에서 두 변수의 관계는 정적 관계(r=.41)를 보여, 사회복지사의 사회복지 가치 지향 수준이 높을수록 조직몰입 수준도 높아졌다.

사회복지사의 가치 지향이 직무만족도에 미치는 영향을 파악한 연구(심재룡, 2013)도 있다. 이 연구 역시 사회복지 가치 지향을 한국어판 POS로 측정하였고, 직무만족도는 Park(2005; 심재룡, 2013: 42, 재인용)가 Minenesota Satisfaction Questionnaire(이하 MSQ)을 문항 및 척도의 타당성 분석을 통해 입증한 K-MSQ 척도로 측정하였다(심재룡, 2013). 연구 결과 사회복지사의 사회복지 가치 지향이 직무만족도에 유의미한 영향을 미치는 것으로 나타났다.

윤리분위기(ethical climate)에 관한 연구도 참조할 만하다. 윤리분위기는 조직 분위기의 한 부분으로(정진철 · 양백 · 김태진, 2011) 조직 내에서 무엇이 올바른 행동이고 윤리적 상황이 어떻게 다루어져야 하는지에 대한 공유된 인식으로 정의된다(Victor and Cullen, 1988). 윤리분위기 수준이 낮은 조직은 윤리적 행동을 적극적으로 권장하거나 지지하지 않는 조직을 의미하는데(Pugh, 2011), 윤리분위기는 직무만족, 이직의도와 관련 있는 요인으로 알려져 있다. 사회복지사와 간호사를 대상으로 수행된 연구(Ulrich, O'Donnell, Taylor, Farrar, Danis, and Grady, 2007)에서 윤리분위기 수준이 높을수록 직무만족은 높아지고 이직 의도는 낮아지는 것으로 보고되었다. 금융기관 서비스 종업원을 대상으로 수행된 국내 연구(정진철 · 양백 · 김태진, 2011)에서도 윤리분위기는 직무만족과 정적 상관관계를 보였다.

이와 같은 연구 동향을 감안하면 사회복지 가치 지향은 사회복지사의 활동에 여러 가지 긍정적 영향을 가져올 것으로 예상되며 그 중 대표적인 것으로 직무만족과 이직의도를 들 수 있다. 클라이언트 성과에 대한 중요성, 이직 영향 그리고 사회복지사를 실천 현장으로 유인하기 위한 필요성 때문에 직무만족은 중요한 연구 영역이다(Butler, 1990: 112; 배의식 · 류지선 · 박해긍, 2013: 60, 재인용). 이에 따라 1990년대 이후 사회복지사 직무만족의 중요성이 대두되면서 직무만족 관련 연구가 지속적으로 이루어지고 있다(오혜경, 1991; 윤혜미, 1991; 최인섭, 2000; 표갑수 · 김혜정, 2012: 40, 재인용). 그러나 지금까지의 선행연구들은 급여, 승진과 같은 제도적 요인이나 소진, 정체성, 자기 효능감과 같은 사회복지사의 내적요소와 직무만족 간 관계를 파악할 뿐 사회복지실천의 본질적 요소 중 하나인 사회복지 가치 지향과 직무만족 간 관계를 파악한 연구는 심재룡(2013) 연구 외에는 없는 실정이다. 따라서 사회복지 가치 지향과 직무만족 간 관계를 실증적으로 파악하는 것은 중요한 함의를 가져올 것이다. 또한 직무 불만족은 사회복지사와 클라이언트 양쪽의 부정적인 관계로 인한 사회복지사의 소진을 발생시키며(Jayaratne et al., 1986), 이는 이직으로 이어질 수 있기 때문에(배의식 · 류지선 · 박해긍, 2013) 사회복지 가치 지향과 직무만족 간 관계와 함께 사회복지 가치 지향과 이직의도의 관계도 알아보는 것이 필요하다.

제3장

연구방법

제3장 연구방법

제1절 한국적 실천 상황을 반영한 예비문항 개발

사회복지 가치 척도 개발을 위한 예비문항 개발 단계는 다음과 같이 나타낼 수 있다.

단계	내용
1단계	사회복지 윤리에 기반을 둔 핵심가치 도출
2단계	도구적 가치의 도출
3단계	실천현장의 의견 수렴
4단계	기존 척도에서 문항 선별
5단계	1차 예비문항 개발
6단계	내용타당도 평가
7단계	최종 예비문항 개발

〈그림 3-1〉 예비문항 개발 단계

1. 1단계: 사회복지 윤리에 기반을 둔 핵심가치 도출

핵심가치 도출을 위해서 사회복지 윤리의 핵심 요소를 틀로 삼았다. 핵심가치는 사회복지 윤리에 내재되어 있으며(김기덕, 2005), 사회복지 윤리는 곧 가치를 실현하기 위한 것(Congress, 1999)이기 때문이다. 또한 사회복지 윤리는 사회복지의 본질이 무엇인지를 알려주고, 사회복지의 본질을 구성하는 가치들 중 핵심적인 가치들은 시간과 공간의 변화에 상관없이 안정적(김기덕 · 최소연 · 권자영, 2012)이다. 이러한 맥락에서 사회복지 핵심가치는 사회복지 윤리를 구성하는 기본 요소의 검토를 통해서 도출할 수 있었다.

사회복지 발전의 역사와 도덕적 기반을 고려할 때 사회복지 윤리의 3가지 핵심요소는 개인 존중과 개별적 서비스의 제공, 전문가의 온정적 개입주의, 공적 책임성이다(김기덕 · 최소연 · 권자영, 2012).[1] 각각의 의미와 그것이 토대로 하는 핵심가치는 다음과 같다. 첫 번째 요소인 개인존중과 개별적 서비스 제공은 자유와 자율의 가치가, 두 번째 요소인 전문가의 온정적 개입주의는 서비스, 역량, 성실의 가치가, 세 번째 요소인 공적 책임성의 원칙은 평등, 사회정의 등의 핵심적 가치가 내재되어 있다. 본 연구에서는 사회복지의 핵심 가치를 이와 같이 정리하고, 이를 척도로 측정하기 위하여 다음의 단계를 진행하였다.

---

1) 본 연구에서 파악하고자 하는 사회복지 핵심가치는 사회복지 역사적으로 전문직 내에서 공유되어 온 가치로, 특정한 가치의 바람직성을 의미하거나 그것을 판단하기 위함이 아니다. 따라서 기존 문헌 검토를 통하여 도출된 주요한 가치들은 실천 상황에서 가치 충돌 가능성이 존재하는데, 특히 전문가의 온정주의와 클라이언트의 자기 결정권이 대표적이다(김융일 · 조홍식 · 김연옥, 2000; 김기덕, 2005). 가치 충돌의 문제는 윤리적 실천과 관련하여 별도의 논의가 필요함을 밝혀둔다.

2. 2단계: 도구적 가치의 도출

핵심가치는 사회복지 전문직이 달성하고자 하는 목표로서 궁극적 가치에 해당하며 다소 추상적인 가치로 측정하는 데에는 한계가 있다. 척도의 개발을 위해서는 사회복지 핵심가치를 측정 가능한 수준으로 범주화하는 작업이 요구된다. 도구적 가치는 궁극적 가치를 달성하기 위한 바람직한 수단(한인영 · 장수미 · 최종숙 역, 2006)이자 사회복지 실천의 목표를 달성하게 하는 과정상의 가치(전재일 · 이종복 · 조운희 · 이준상 · 이애재 · 이성희, 2002)로 보다 구체적이며 실천행위와 직접적인 관련성을 갖는다. 예를 들면, 자유나 인간의 존엄성 같은 추상적인 가치는 자기결정과 같은 도구적 가치를 통하여 달성된다(한인영 · 장수미 · 최종숙 역, 2006). 이와 같이 가치의 상대적 중요성을 고려한 위계적 유형화 개념을 활용하는 것은 추상적 가치를 구체화함으로써 측정도구 개발에 유용한 수단이 될 수 있다(Rokeach, 1973). 따라서 앞서 사회복지 윤리의 구성요소 검토를 통해 도출한 핵심가치의 하위 요소로 도구적 가치를 파악함으로써 가치를 측정 가능한 수준으로 구체화하였다. 도구적 가치 개념의 활용은 동일한 핵심가치일지라도 각 사회에서 이를 달성하기 위하여 적용되는 실천 맥락의 차이를 반영함으로써 한국적 사회복지 실천 가치를 드러낼 수 있는 기반이 될 수 있다.

이를 위하여 여러 나라의 사회복지 윤리강령에 제시된 윤리기준과 관련 문헌을 검토하였다. 도구적 가치는 일반적으로 사회복지 전문직의 행동지침이나 윤리를 통해서 드러나기(서미경 · 김영란 · 박미은 역, 2000) 때문이다. 구체적으로 첫째, 사회복지 분야에서 궁극적 가치와 도구적 가치를 분류한 기존 학자들의 연구(김기덕 · 최소연 · 권자영, 2012; 한인영·장수미·최종숙 역, 2006; Pumphrey, 1959)에서 제시된 도구적 가치를 앞서 도출한 핵심가치에 따라 분류하였다. 예를 들면 클라이언트 비밀에 대한 권리 존중은 자유, 자율의 하위 개념으로 분류하고 클라이언트의 다양성에 따라 차별하지 않는 것은 평등, 사회정의의 하위 개념으로 분류하였다. 둘째, 이론적 배경에서 검토한 한국, 미국, 스웨덴 등 국가별 윤리강령에서 제시된 윤리원칙을 앞서 도출한 핵심가치를 중심으로 재분류하였다. 일례로 미국사회복지사협회 윤리강령에서 인간의 존엄과 가치의 윤리원칙으로 제시된 자기결정권 존중은 자유, 자율의 하위개념으로 분류하였다. 이때 각 도구적 가치와 윤리원칙은 그것이 실천을 통하여 궁극적으로 달성하고자 하는 목표를 기준으로 본 연구에서 도출한 핵심가치에 따라 재분류하였다.

이상의 방법으로 정리한 핵심가치별 도구적 가치는 노인, 정신장애인, 저소득층 등을 대상으로 하는 다양한 사회복지 실천 현장에서 10년 이상의 경력을 갖춘 중간관리자급 이상인 4인과 사회복지 가치에 관한 연구를 수행해 온 학계 전문가 2인의 자문을 통해 수정, 보완되었다. 문헌상에서 도구적 가치로 제시되었으나 실천방법과 차이가 모호한 사항은 삭제하였으며(예: 수용적이며 비난하지 않는 태도, 통제된 정서적

〈표 3-1〉 사회복지의 핵심가치와 도구적 가치

사회복지 윤리 구성 요소	핵심가치 (궁극적 가치)	도구적 가치
개인 존중과 개인적 서비스의 제공(클라이언트의 자율성)	자유, 자율	자기 결정, 사생활 존중과 비밀보장, 고지에 입각한 동의
전문가의 온정적 개입주의(전문성)	서비스, 역량	전문성에 기반한 개입, 온정적인 개입, 전문직으로서의 책임
공적 책임성(공공성)	평등, 사회정의	이중적 책임인식, 자원과 기회의 공정한 분배, 다양성의 존중과 차별반대

관여), 이후 유사한 도구적 가치를 재분류하여 핵심가치별 도구적 가치를 정리하였다(참조 〈표 3-1〉).

클라이언트의 자율성에 해당하는 자유, 자율의 가치를 실현하기 위한 도구적 가치는 자기결정, 사생활 존중과 비밀보장, 고지에 입각한 동의이다. 자기결정은 자신과 관련된 문제에 대해 외부의 압력에 구애받지 않고, 주어진 다양한 선택 가운데서 스스로 결정하는 것을 의미한다. 사생활 존중과 비밀보장은 클라이언트와 관련된 정보에 대해 비밀을 보장하는 것을 의미한다. 고지에 입각한 동의는 사회복지사의 개입이나, 클라이언트의 정보 공개 등에 대해서 충분한 정보를 제공하고, 이에 입각한 동의에 기반하여 개입하는 것을 의미한다. 이때, 클라이언트의 동의 능력이 제한적인 경우에도 사회복지사는 고지에 입각한 동의를 하도록 하는 것도 포함된다.

전문성에 해당하는 서비스, 역량의 가치를 실현하기 위한 도구적 가치는 전문성에 기반한 개입, 온정적인 개입, 전문직으로서 책임이다. 전문성에 기반한 개입은 전문가로서 필요하고 적절한 서비스 제공을 위한 역량을 갖추고, 역량과 권한에 적합하게 실천하는 것을 의미한다. 온정적인 개입은 보다 나은 서비스 제공을 위하여 전문가로서 개입 시 권한을 발휘하는 것을 의미한다. 여기에는 클라이언트가 자기결정을 내리기 어려운 경우 클라이언트의 의사결정을 대신하거나 이에 개입하는 것, 더 나은 서비스 결과를 전제로 클라이언트의 자율성, 비밀보장, 클라이언트의 알 권리를 제한하는 것 등이 해당된다. 전문직으로서의 책임은 전문직으로서 개입을 통한 결과에 책임을 지는 것을 의미한다. 이는 서비스의 지속성을 유지하는 것, 전문가로서 역량과 권한을 인도적인 방향 및 클라이언트의 이익을 극대화하는 방향으로 사용하는 것, 윤리적으로 결정하고 실천하며 그 결과에 책임지는 것 등의 행동지침이 해당된다.

공공성에 해당하는 평등과 사회정의의 가치를 실현하기 위한 도구적 가치는 이중적 책임인식, 자원과 기회의 공정한 분배, 다양성 존중과 차별 반대이다. 이중적 책임인식이란 사회복지사는 클라이언트와 전문직을 둘러싼 환경에 대한 복합적인 책임을 지니며, 이는 서로 상충될 수 있음을 인식하고 이를 최소화하기 위해서 노력하는 것을 의미한다. 자원과 기회의 공정한 분배는 클라이언트의 욕구 충족을 위해서 자원과 기회를 공정하고, 욕구에 따라 분배하는 것을 의미한다. 다양성 존중과 차별반대는 다양성을 인식하고 존중하며, 차별하지 않는 것에서 나아가 차별을 반대하는 것을 의미한다.

3. 3단계: 실천현장의 의견 수렴

척도 개발을 위해서는 먼저 척도가 측정하려는 개념을 명확히 결정한 후 예비문항을 개발한다(Devellis, 2003). 앞서 설명하였듯이 관련 문헌 분석과 전문가 자문을 토대로 사회복지의 핵심가치와 도구적 가치를 도출한 다음 예비문항을 개발하였다. 문항개발 과정에서 한국적 실천상황을 최대한 반영하기 위한 노력을 기울였으며 그 과정은 다음과 같다.

도구적 가치에 부합하는 실천상황을 파악하기 위하여 사회복지 실천 현장 전문가들에게 관련 이슈와 상황에 대해 서면조사를 통하여 의견을 수렴하였다. 본 연구의 목적이 한국적 실천상황을 반영하는 사회복지 가치 척도의 개발이기 때문에 현장 전문가들의 의견 반영은 필수적이었다. 다양한 현장의 전문가 의견을 반영하기 위하여 「사회복지사업법」에 근거하여 실천 대상의 특성을 중심으로 주요 실천 현

〈표 3-2〉 사회복지 실천 현장에서 수렴된 진술문(예시)

핵심 가치	도구적 가치	수렴된 진술문
자유, 자율	자기 결정, 사생활 존중과 비밀보장, 고지에 입각한 동의	나는(내가 일하는 기관은) 기관의 전반적인 운영과 관련하여 클라이언트의 대표를 기관 운영위원회에 참여토록 한다.
		분기 1회 각 클라이언트들의 주치의들과 가족들에게 클라이언트의 활동내용을 알려주고 자문받기 위한 내용을 보내는데, 이때 클라이언트가 보고 인정한 내용만 보낸다.
		지적장애가 의심되는 아동에 대하여 부모가 적극적인 치료적인 개입을 하지 않고 방치하여 장애심화, 교육기회 박탈 등의 문제가 발생한 사례이다. 자녀에게 적절한 개입과 양육을 제공해야 할 의무가 있음을 부모에게 고지하였음에도 거부한다.
서비스, 역량	전문성에 기반한 개입, 온정적인 개입, 전문직으로서의 책임	클라이언트 문제를 해결하기 위해 가장 좋은 대안을 선택하는 것이 필요하다. 우리 기관에 등록된 클라이언트이지만 다른 기관에서 서비스가 더욱 적절할 경우 다른 기관으로 주 관리기관을 이관하는 것이 적절하다.
		타 이용자 및 직원의 신변에 위협을 가하는 모든 경우에는 관련 기관(경찰, 의료기관)에 정보제공을 하고 있으며 또한 악의적으로 허위사실을 신고하는 등의 경우 정확한 문제해결을 위하여 선택적인 비밀보장 입장을 취하고 있다.
		나는 교육 참여, 행정 업무 등을 이유로 클라이언트의 상담, 서비스 요청을 무시하지 않는다.
평등, 사회 정의	이중적 책임인식, 자원과 기회의 공정한 분배, 다양성의 존중과 차별반대	전에는 사회복지사의 자율성으로 인정되어졌던 부분들이 사회복지제도가 확대되고 좀 더 세분화되어 감에 따라 매뉴얼 이외에 있는 일의 시행은 불법적인 일로 인식되는 주체와 객체의 문제들이 모두 존재한다. 사회복지제도화가 또 다른 사각지대를 나을 수 있는 가능성들이 여기에 있다.
		자원은 한정되어 있고 그 자원을 필요로 하는 클라이언트가 넘치는 경우 특히 영구임대아파트 지역의 복지관은 대체로 많이 접하게 되는 상황이다. 이런 경우에는 모든 사람들에게 기회나 정보는 공평하게 제공하되 적절한 사람을 선택하기 위해서 기준을 설정하고 심사를 통해 자원을 분배할 수밖에 없다. 그렇지만 대체로 이렇게 실천할 경우 행정적인 업무가 늘어날 수밖에 없기 때문에 정보나 자원은 모든 사람에게 공평하게 전달되지 못하는 경우가 대부분이고, 대체로 사회복지사가 임의로 클라이언트를 선정해 자원을 분배하는 경우가 오히려 실천현장에서 더 많다고 할 수 있다.
		종교적인 문제는 이용자뿐만 아니라 직원에게도 해당되는 문제로 이단의 성향을 가진 종교(여호와의 증인 / 신천지 등)에 믿음이 있다 하더라도 채용을 불허하거나 복지관 이용에 제한을 두지 않도록 한다.

장을 영역별로 구분하였다.[2] 주요 클라이언트의 특성에 따라서 중요하게 여겨지는 가치와 실천 방법 등에 차이가 있다는 점을 고려할 때, 실천현장을 세분화하는 것은 국내 사회복지 실천 가치를 파악하는 데에 적합한 방법이라고 할 수 있다.

서면조사에는 영역별 사회복지 실천 현장에서 각 2~3인의 중간관리자 이상의 전문가 16인이 참여하였다. 전문가들은 각각의 도구적 가치가 실천 현장에서 드러나는 구체적인 상황(예: 저소득층의 소득발생과 비밀보장의 문제, 클라이언트의 서비스 거부에 대한 권리, 클라이언트에 대한 물리적 개입 상황 등)을 제시하였고, 이때 수렴된 진술문은 총 518개였다. 대상 및 기관에 따른 특성, 직접적 실천과의 관련성, 문항 간의 유사성 등을 기준으로 검토하여 119개의 진술문을 최종적으로 도출하였다(참조 〈표 3-2〉).

4. 4단계: 기존 척도에서 문항 선별

예비 문항의 개발을 위하여 기존에 국외에서 사회복지 가치를 측정하기 위해 최근까지 개발된 척도 중 상대적으로 정교하고, 타당도가 검증된 4개의 척도를 참조하였다. 김용석・하지선・이은영・서정민・김종필(2011)이 한국 상황에 맞게 번역하고 타당도를 검증한 한국어판 POS(32개 문항), Pike(1994)가 사회복지 가치 측정을 위하여

---

2) 「사회복지사업법」 제2조(정의)에서는 관련법을 기준으로 '사회복지사업'을 정의하는데, 관련법은 클라이언트의 특성을 기준으로 저소득층, 아동, 노인, 장애인, 한부모, 영유아, 정신장애인, 성매매・성폭력・가정폭력 피해자, 다문화 여성 및 가족, 노숙인 등으로 구분할 수 있다. 본 연구에서는 이를 기준으로 하되 사회복지 사업을 할 목적으로 설치된 '사회복지법인', '사회복지시설', '사회복지관' 등 다양한 기관을 포괄하여 조사를 실시하였다.

개발한 Social Work Values Inventory(41개 문항), Howard와 Flaitz(1982)가 사회복지 전공생들의 인본주의 태도를 측정하기 위하여 개발한 Social Humanistic Ideology Scale(40개 문항), Csikai와 Rozensky(1997)가 개발한 Social Work Idealism Scale(26개 문항)이 이에 해당한다. 4개의 척도에서 제시하고 있는 문항은 총 139개로 원본에 담긴 내용과 의미가 손실되지 않는 수준에서 우리말로 1차적으로 번안하였고, 한국 사회복지 실천과 문화적인 차이가 적고 직접적인 사회복지 실천과 관련성이 높은 문항을 선별하였다(예: 죽음을 앞둔 사람은 자신의 상황에 대해 고지 받을 권리가 있다. 폭력피해 여성 쉼터에서 여성이 퇴소 후 남편에게 돌아가 자녀들과 함께 살기를 원할 때, 사회복지사는 결정을 존중해야 한다). 이 과정을 통해서 최종적으로 선별된 문항은 총 33개 문항이다.

5. 5단계: 1차 예비문항 개발

실천현장 전문가들의 의견 수렴 및 기존 척도 검토를 통해서 선별된 실천 상황(119개)과 문항(33개)은 총 152개였다. 연구진은 이들 실천상황과 문항을 실질적으로 척도에서 사용할 수 있는 단일 문장의 형식으로 전환하였으며, 문장을 구성할 때 가치 척도의 필수적 요소인 평가적 요소(evaluation component)가 반영되도록 하였다. 도구적 가치의 평가적 요소는 특정 행위의 적절성에 관한 개인의 인식 또는 특정 상황에서 특정 가치를 유지해야 한다고 믿는 정도를 의미한다(Pike, 1994). 도구적 가치를 표현할 때 '~해야 한다(should)', '~하는 것이 당연하다(ought)', '~적절하다(appropriate)'와 같은 평가적 단어의 사용이 권장된다(Kilmann, 1981; Pike, 1994: 11, 재인용). 각각의 문항은 검토를 통해서 클라이언트의 상황과 개입방법이 유사한 경우, 클라이언트의 특성은 다르지만 개입의 목적이 유사한 경우와 같이 문항 간의 유사성이 높은 문항들은 삭제하여 총 132개의 문항을 1차 예비문항으로 완성하였다.

6. 6단계: 내용타당도 평가

1차적으로 완성된 예비문항의 내용타당도에 대한 평가를 사회복지 전문가 6인(학계 전문가 4인, 관리자급 사회복지사 2인)에게 요청하였다. 전문가들에게 예비문항 목록을 제공하고 각 문항이 사회복지 가치와 관련이 있는지를 4점 척도(1=관련성이 매우 낮음 ~ 4=관련성이 매우 높음)로 평가하도록 요청하였다. 각 예비문항에 대한 전문가 6인의 평가결과를 계량화하기 위해 내용타당도 지수(content validity index)를 계산하였다.[3] 내용타당도 지수가 양호하다고 판단되는 .80 이상인 문항 65개를 선별하였고, 연구진에서 재검토를 통하여 직접적 실천과의 관련성이 낮은 3개 문항을 삭제하여 최종 62개 문항을 선별하였다.

7. 7단계: 최종 예비문항 개발—국문법적 오류 검토 및 사전 조사

선별된 예비문항은 전문가(국어국문학 전공 교수 1인)에게 의뢰하여

3) 내용타당도 지수의 계산을 위해 적절한 전문가의 수는 3~6명이고(Lynn, 1986; Polit and Beck, 2006: 491, 재인용), 이 지수는 개별 문항에서 3점 또는 4점에 응답한 전문가의 수를 전체 전문가의 수로 나누어 계산되며 지수가 .80 이상인 문항을 양호한 문항으로 판단한다(Polit and Beck, 2006).

국문법상 오류를 수정·보완함으로써 문장의 뜻을 보다 명확하게 전달할 수 있도록 하였다. 띄어쓰기와 오탈자, 문장의 순서 배치 변경 등을 수정하였고, 2개 문항의 경우 한자를 병기하여 맥락상 의미를 정확하게 표현하였다(예: 사후→사후(死後), 성적 경험→성적(性的) 경험). 일부 문항은 표현을 변경함으로써 의미 전달이 쉽도록 하였다. 예를 들면 '클라이언트의 자율성을 일시적으로 제한하더라도 효과성을 담보할 수 있는 서비스는 제공되어야 한다'는 문항은 '클라이언트의 자율성을 일시적으로 제한하더라도 긍정적인 효과를 보장할 서비스는 제공되어야 한다'로 수정되었다.

이후 사회복지 현장에서 근무하는 사회복지사 10인에게 사전조사를 실시하였고, 각각의 문항이 이해가 되지 않거나 응답하기 어려운 문항이 있는지 등에 관한 의견을 수렴하였다. 이를 통하여 11개 문항을 수정·보완하였다. 여기에서 앞서 국문법적 오류를 통해 수정된 문항은 다시 '클라이언트의 자율성을 일시적으로 제한하더라도, 클라이언트의 삶에 긍정적인 영향을 미치는 서비스는 제공되어야 한다'로 수정되었고, 이외에도 일부 문항에 포함된 '복지관'은 특정 기관에 제한될 수 있다는 의견을 수렴하여 '복지기관'으로 수정하였다. 최종 예비문항은 총 62개 문항이다.

〈표 3-3〉 최종 예비문항

	문 항
1	서비스에 참여할 의지가 없는 클라이언트에게도 참여여부를 선택할 수 있도록 서비스의 장단점을 비교할 수 있는 충분한 정보를 제공하여 다양한 선택의 권리를 존중해야 한다.
2	자해, 타해의 위험이 있는 정신질환을 가진 여성 노숙인이 병원치료를 거부하더라도, 이것이 본인 혹은 타인에게 위협이 됨을 설명하고 치료를 받도록 해야 한다.
3	동성애자는 성적선호와 무관하게 사회생활을 할 수 있도록 존중받아야 한다.

4	복지관을 이용하는 클라이언트가 지적장애를 가지고 있을지라도 비밀보장 및 사생활 보호에 관한 부분을 당사자에게 알리는 것이 필요하다.
5	우리 기관에 등록된 클라이언트이지만 다른 기관의 서비스가 더욱 적절할 경우, 다른 기관으로 주 관리 기관을 의뢰하는 것이 적절하다.
6	치매증상으로 직원에게 심각한 폭력을 휘두른 노인에게 기관의 입퇴소 기준에 따라 퇴소절차를 안내해야 한다.
7	클라이언트의 부적절한 행동으로 서비스를 종결해야 하는 경우, 명확한 사유와 기관의 상황을 클라이언트에게 충분하게 설명해야 한다.
8	클라이언트가 사회복지 생활시설을 퇴소할 때, 사회복지사는 퇴소 이후의 주거대책을 마련하는 과정에 책임을 져야 한다.
9	사회소수자들의 투표행사권이 확대될 수 있도록 노력해야 한다.
10	노인요양시설에서 거주하는 두 노인이 결혼을 결심했을 때, 자녀들이 사후(死後) 법적 문제로 결혼을 반대하더라도 사회복지사는 두 노인의 결정을 존중해야 한다.
11	정신질환이 심각한 여성 노숙인이 위험에 노출되어 있을 때 본인이 거부하더라도 건강과 생명을 유지하기 위해서 서비스를 제공해야 한다.
12	동성애자가 다른 사람들의 복지를 저해하지 않는다면 자신이 원하는 것을 할 수 있어야 한다.
13	시설을 이용하는 정신장애 클라이언트의 활동내용을 주치의나 가족들에게 공개할 경우, 클라이언트에게 사전에 알리고 클라이언트가 동의한 내용에 한하여 공개하는 것이 적절하다.
14	자활사업에서 새로운 업종을 시도할 때에는 반드시 관련 전문가로부터 사전에 조언을 받아야 한다.
15	당사자 활동가가 특정 클라이언트와 지나치게 사적이고 친밀한 관계를 형성하여 다른 클라이언트에게 피해가 된다면 이를 조정해야 한다.
16	학교폭력으로 봉사명령을 받은 청소년에게 참여 가능한 모든 프로그램을 안내하고 프로그램 참여 여부에 대해서 사전에 동의를 구해야 한다.
17	청소년 쉼터 퇴소 후 성인이 된 클라이언트가 위험한 상황에서 연락이 온다면 기관에서 관련 서비스를 연계해 주어야 한다.
18	임신한 청소년도 학교에 다닐 권리가 있다.
19	부부갈등으로 상담을 받고 있는 부부가 사회복지사의 결정에 의존하는 경우, 사회복지사는 시간이 걸리더라도 부부 스스로 문제해결방안을 결정할 수 있도록 지원해야 한다.
20	가정폭력문제로 집을 나온 여성 노숙인이 집으로 돌아가고 싶어 하더라도 학대문제가 해결되지 않았다면 집에 돌아가지 않도록 클라이언트를 설득해야 한다.
21	클라이언트가 이단의 성향을 가진 종교에 믿음이 있다 하더라도 그 이유로 복지기관 이용에 제한을 두어서는 안 된다.
22	지역사회 네트워크를 위해 통합사례관리체계가 구축되어 기관 간 클라이언트의 정보가 공유되는 경우, 이를 클라이언트에게 알려야 한다.

23	병원에서 의료사고가 발생하였을 때, 병원의 입장보다는 클라이언트의 보호를 위해 클라이언트를 옹호해야 한다.
24	결식아동 바우처 서비스 대상 아동이 본래의 취지에 적합하지 않은 물품을 구입하더라도 이를 허용해야 한다.
25	성매매 피해 경험이 있는 지적장애 청소년에게 서비스를 제공하기 전에 사회복지사의 서비스를 받을 의사가 있는지 당사자에게 충분히 확인하여야 한다.
26	친부로부터 근친 성폭력 피해를 당해 쉼터에 입소한 아동이 친부의 회유에 의해 가정 복귀를 결정한 경우, 결정을 번복하도록 하기 위해 노력해야 한다.
27	클라이언트 간 욕구가 상충하는 경우 배분의 원칙을 정하여 이에 근거하여 공정하게 다룬다.
28	청소년의 의사결정 능력이 제한적일 수 있지만 이들의 결정을 존중해야 한다.
29	미성년 청소년이 자신의 남자친구와 성관계를 갖겠다고 말했을 때 사회복지사는 이 청소년을 설득해서 성관계를 갖지 않도록 노력해야 한다.
30	상이한 문화권의 종교(예: 이슬람교)를 믿는 청소년이 종교를 이유로 차별받지 않도록 적극적으로 개입할 필요가 있다.
31	정신질환으로 인해 판단과 의사결정에 어려움을 느끼는 클라이언트에게 최대한 쉬운 용어를 사용하고 예를 들어 설명함으로써 치료에 관해 스스로 결정할 수 있도록 지원해야 한다.
32	쉼터에서 보호하기 어려운 정신과적 문제가 있는 청소년이 비록 쉼터에 남기를 원한다 해도 더 나은 서비스를 제공할 수 있는 곳에 의뢰해야 한다.
33	장애인 채용을 거부하는 사업주들을 설득하고 장애인을 차별하지 않도록 노력을 기울여야 한다.
34	자활서비스에 대한 클라이언트의 적극적인 의사개진을 위해서는 실무자가 아닌 클라이언트 간의 합의에 의해 대표자를 선발할 수 있도록 해야 한다.
35	심각한 피부염이 있는 장애아동이 열악한 주거환경으로 위험한 상황에 처해 있다면 부모가 반대하더라도 개입하는 것이 필요하다.
36	사회복지사는 사회의 빈부격차를 줄이기 위한 적극적인 소득재분배 정책을 지지해야 한다.
37	면담 중 알게 된 청소년의 흡연 및 성적(性的) 경험을 청소년의 동의 없이는 부모에게 알리지 말아야 한다.
38	생활시설의 클라이언트가 동반입소한 자신의 자녀를 방임하고 사회복지사의 개입을 거절할 경우, 자녀를 위해 클라이언트와 자녀를 분리해야 한다.
39	결혼이주 여성들의 역량을 강화하여 이들이 초등학교 학생들에게 각 민족의 다양성을 알리고 그 차이를 인정하도록 하는 프로그램을 지지해야 한다.
40	교육 프로그램 참여를 통해 정규직 취업연계 가능성을 안내하였음에도 생계의 문제로 임시직으로 취업하는 경우, 클라이언트의 결정을 존중해야 한다.
41	노인복지관에서 참여자들의 리더 간담회를 통해 결정된 사항이 윤리적 규정에 어긋난다면, 개입을 통해서 이를 조정해야 한다.

42	클라이언트 간의 입장이 다양하여 회의를 통해 결정할 때, 소수의견이 무시당하지 않도록 공평한 발언의 기회를 주어야 한다.
43	치료비 지원을 원하는 저소득 클라이언트에게 지원결정과정에서 사보험 가입여부, 재산 등에 관하여 조사가 이루어지며 이에 따라 지원여부가 결정됨을 알려주어야 한다.
44	다문화 가족의 아동에 대해서는 부모가 거부하더라도 언어발달 서비스를 제공하는 것이 적절하다.
45	행정적인 업무가 늘어나더라도 모든 클라이언트에게 기회와 정보를 공평하게 제공해야 한다.
46	자녀를 학대하거나 방임했다는 이유로 기관에 의뢰된 부모의 집을 방문하기 전에 부모에게 전화로 연락해야 한다.
47	장애가 있는 클라이언트가 선택한 서비스나 프로그램이 본인의 지적 또는 신체적 능력 때문에 이용하기 어렵다면, 장애를 고려한 적절한 서비스나 프로그램을 선택할 수 있도록 안내해야 한다.
48	영양상 문제가 있는 독거노인이 과거에 직원에게 심한 언어적 폭력을 했더라도 도시락 배달 서비스 대상에서 제외되어서는 안 된다.
49	생명의 위협을 받는 클라이언트가 비밀보장을 요청하더라도 더 나은 서비스 제공을 위해 클라이언트의 비밀정보를 공개해야 한다.
50	이혼을 원하는 클라이언트에게 친권과 양육권 등 법적인 측면 및 관련된 다양한 프로그램을 충분히 설명한 후, 스스로 선택할 수 있도록 해야 한다.
51	정신질환이 있는 노숙인이 치료기관 및 쉼터 입소를 거부하더라도 안전을 위해 서비스를 제공해야 한다.
52	의식이 없이 중환자실에 입원한 저소득 클라이언트의 경우, 사회복지사의 판단에 따라 공공 지원 프로그램의 혜택을 받을 수 있도록 지원절차를 이행하는 것은 문제가 되지 않는다.
53	임대 아파트 재개발 시 거주 중이던 저소득자에 대한 대책이 고려되지 않고 있다면 사회복지사는 이들을 옹호하기 위한 노력을 해야 한다.
54	임신 중인 십대 여학생이 임신중절수술을 하려는 계획을 알게 되었을 때 사회복지사는 이를 학생의 부모에게 알려주어야 한다.
55	장애인활동 바우처 사업에 참여하는 당사자는 동의능력이 제한적이므로 보호자의 의견에 따라 서비스를 제공하는 것이 적절하다.
56	음주문제가 있는 기초생활수급권자가 수급비 전액을 술 마시는 데 사용할 경우 제3자가 급여 관리를 하여 최소한의 의식주를 보장받도록 해야 한다.
57	클라이언트가 자신에게 도움이 되는 서비스나 자원에 접근할 수 있도록 관련 정보를 다양한 방식으로 제공해야 한다.
58	클라이언트의 자율성을 일시적으로 제한하더라도 클라이언트의 삶에 긍정적인 영향을 미치는 서비스는 제공되어야 한다.
59	자녀와 연락이 단절된 치매노인의 안전한 보호를 위해 노인을 대신하여 요양센터 입소를 결정해야 한다.

60	장애청소년에게도 캠프에 관한 정보를 직접 제공하고 참여여부를 스스로 결정하도록 하는 것이 적절하다.
61	노숙인이 영구적인 거주지가 없다는 이유로 취업(고용)이 거부되어서는 안 된다.
62	클라이언트가 자신의 음주문제를 수용하지 않지만 자해나 타해의 위협이 있는 경우, 가족이 동의하지 않더라도 강제입원시켜야 한다.

제2절 조사대상자 및 자료수집방법

1. 조사대상자

본 연구의 조사대상자는 사회복지 일선 현장에서 근무하는 사회복지사이다. 사회복지사들의 사회복지 가치 지향 수준은 클라이언트와의 전문적 관계, 그들의 실천행위, 직무만족, 이직 등에 유의미한 영향을 미칠 수 있다. 따라서 사회복지들의 사회복지 가치 지향 수준에 대한 연구가 시급하다고 판단하였기 때문에 사회복지사를 본 연구의 조사대상자로 결정하였다.

2. 자료수집

연구의 정확성을 기하기 위해서는 대표성을 확보할 수 있는 확률표집을 실시해야 하지만 전체 표본 확보의 문제, 소속기관 섭외의 어려움, 연구비용 및 시간적 제한 등의 어려움이 있었다. 이에 본 연구는 모집단을 수도권 소재의 사회복지기관에서 근무하는 사회복지사로 한정하고 비확률표집에 의한 대상자 확보와 조사를 실시하였다.

수도권으로 한정한 이유는 수도권에 가장 많은 사회복지기관이 소재하고 있고, 그에 따라 다양한 부류의 사회복지사가 모여 있어서 연구의 편차를 줄일 수 있기 때문이다. 또한 비확률표집방법을 사용하였지만 연구 결과의 일반화를 위하여 「사회복지사업법」에서 규정하고 있는 사회복지사업 대상의 특성(저소득층, 아동·청소년, 노인, 장애인, 한부모, 정신장애인, 여성 및 가족 등)을 중심으로 실천현장을 다양화하기 위하여 노력하였다. 이를 위해서 종합사회복지관, 노인복지기관, 장애인복지기관, 아동·청소년복지기관, 여성·한부모·가족복지기관, 의료·정신보건 관련기관 등 사회복지 현장에 근무하고 있는 사회복지사를 대상으로 조사를 실시하였다.

구체적인 자료의 수집은 2013년 3월 11일부터 4월 26일까지 7주에 걸쳐 이루어졌으며, 수집을 위해서 수도권에 소재하고 있는 63개의 사회복지기관에 전화로 설문 협조를 요청하였다. 설문조사는 우편설문, 이메일설문을 이용하였다. 설문지는 총 598부를 배포하였고 이 중 521부를 회수하여 분석에 사용하였다.

제3절 설문도구의 구성

1. 한국어판 POS

본 연구는 한국 사회복지 가치 지향성 척도의 타당도 검증을 위하여 Abbott(1988)에 의해 개발된 POS 척도를 김용석·하지선·이은영·서정민·김종필(2011)이 번안하고 타당화한 POS-32 척도를 사용하였다. POS는 사회복지 가치 지향을 측정하기 위해 개발된 척도로 총 4개의 하위요인으로 구성되어 있다(Abbott, 1999). 제1요인은 기본권 존중이며, 제2요인은 자기결정에 대한 지지, 제3요인은 사회적 책임감, 제4요인은 사회정의이다. 한국어판 POS는 영어판 POS와 같이 4개의 요인으로 구성되어 있으나 요인별 문항 수에서 다소 차이를 보인다. 영어판 POS는 요인별로 10개 문항씩 총 40개 문항으로 구성되어 있으나, 한국어판 POS는 8개 문항이 제거되어 최종적으로 32개 문항으로 구성되어 있다. 기본권 존중은 8개 문항, 자기결정은 8개 문항, 사회적 책임감은 9개 문항, 사회정의는 7개 문항으로 구성되어 있다. 한국어판 POS는 5점 리커트 척도로 구성되어 있으며 본 연구에서 문항 전체의 신뢰도(Cronbach's alpha)는 .85이었다.

2. 직무만족과 이직의도

직무만족도와 이직의도는 이인재·김성우(2010) 연구에서 사용된 척도를 사용하여 측정하였다. 이인재·김성우(2010)는 직무만족 및 이직의도와 이들에 대한 영향요인을 탐구하기 위하여 진행한 연구에서 Job Description Index와 몇몇 연구자들이 구성한 척도를 측정도구로 활용한 연구(이성윤, 2002; 자활정책연구소, 2011, 재인용; 이인재·김성우, 2010: 10, 재인용)를 참조하여 직무만족과 이직의도를 포함하는 척도의 문항들을 구성하였다. 이 척도는 인간관계(상급자관계, 동료관계), 보상체계(보수인식, 승진인식), 직무만족, 이직의도 등 4개의 하위체계로 총 20문항으로 이루어졌으며 직무만족과 이직의도는 각각 3문항으로 구성되어 있다. 척도의 신뢰도를 나타내는 신뢰계수(Cronbach's alpha)는 직무만족 .799, 이직의도 .750으로 나타났으며 타당도 또한 검증되었다.

3. 일반적 특성

본 연구에 참여한 조사대상자의 일반적 특성을 살펴보기 위하여 성별, 연령, 학력, 가치 관련 과목 이수 유무, 사회복지 경력, 사회복지사 자격증 급수, 사회복지사 자격증 취득 시기를 파악하였다.

제4절 자료분석방법

1. 요인분석

한국어판 사회복지 가치 척도의 요인분석을 다음과 같이 진행하였다. 첫째, 요인구조를 탐색하기 위해 탐색적 요인분석을 실시하였다. 탐색적 요인분석을 실시하기 전에 표본을 무작위로 2개로 나누고 첫 번째 표본을 가지고 탐색적 요인분석을 실시하였다. 요인추출을 위한 방법으로 최대우도법(maximum likelihood method)을 사용하였다. 최대우도법은 모델적합도에 대한 정보를 제공해주기 때문에 요인추출을 위해 가장 선호되는 방법이다. 최대우도법을 사용하기 위해서는 다변량 정규분포 가정을 충족해야 하며 각 문항의 왜도와 첨도가 각각 2 이하와 7 이하이면 이 가정을 충족시키는 것으로 고려한다(Fabrigar et al., 1999). 요인분석에서는 적정 요인수를 결정하는 일이 가장 중요하다. 적정 수의 요인을 추출하기 위해 다양한 기준을 적용하였다. 한

가지 기준보다 여러 기준을 적용해서 얻은 결과에 기초한 결정을 더욱 합리적인 결정으로 볼 수 있기 때문이다(이순묵, 2006; Fabrigar et al., 1999; Hair et al., 2006). 첫 번째 기준으로 아이겐값을 사용하였다. 아이겐값 1.0 이상을 요인추출 기준으로 사용하였다. 두 번째 기준으로 스크리 검사 결과를 사용하였다. 세 번째 기준으로 잠정적 요인수에 대한 사전지식을 사용하였다. 이는 요인수를 결정하는 데 가장 도움이 된다(엄한주, 2001; Fabrigar et al., 1999). 네 번째 기준으로 요인 적재값에 의한 해석가능성을 사용하였다. 각 요인은 5개 이상의 문항으로 구성될 때 수학적으로 인정되며 의미 있는 해석이 가능해진다(Zwick and Velicer, 1986, 재인용; 엄한주, 2001: 117). 본 연구는 이 기준을 적용하여 특정 요인에 높게 적재되면서(.32 이상) 2개 이상의 요인에 공통으로 적재(.32 이상)되지 않은 문항이 각 요인별로 최소 5개 이상인지를 점검하였다(Tabachnick and Fidell, 2001, 재인용; Costello and Osborne, 2005: 4). 요인회전은 요인들 간의 상관을 가정하는 사각회전(promax)을 사용하였다. 요인분석을 위해 SPSS를 사용하였다.

둘째, 확인적 요인분석을 사용하여 탐색적 요인분석을 통해 드러난 척도의 요인구조를 확인하였다. 확인적 요인분석은 탐색적 요인분석에서 사용되지 않은 표본을 가지고 실시하였다. 확인적 요인분석은 Mplus 6.0을 가지고 실시하였다. 확인적 요인분석에서는 모델적합도 지수가 제공된다. 모델적합도 평가를 위해 절대적 적합도 지수와 상대적 적합도 지수의 사용이 권장된다(Hair et al., 2006). χ^2/df와 Root Mean Square Error of Approximation(RMSEA)은 절대적 적합도 지수로서 연구자가 구체화한 이론모형이 자료와 얼마나 부합하는지를 평가하는 지수이다(Hair et al., 2000). χ^2/df는 3 이하일 때 RMSEA는 .08 이하일 때 모델이 양호하다고 평가한다(홍세희, 2000). Comparative

Fit Index(CFI)와 Tucker Lewis Index(TLI)는 상대적 적합도 지수로서 최악의 모델과 이론적 모델을 비교하는 지수로(홍세희, 2000) 그 값이 클수록 이론모델이 양호한 모델임을 나타내는데 .95 이상이어야 한다(Sun, 2005).

2. 신뢰도와 타당도 평가

한국어판 사회복지 가치 척도의 신뢰도와 타당도를 다음과 같이 평가하였다. 신뢰도는 내적 일관성 신뢰도를 평가하였다. Cronbach's alpha, 측정의 표준오차(standard error of measurement)를 제시하는 방법을 통해 신뢰도를 평가하였다. Cronbach's alpha는 .70 이상일 때 척도의 내적 일관성 신뢰도가 인정되고(Hair et al., 2006), 측정의 표준오차는 척도의 총점의 5% 이내일 때 양호하다고 해석한다.

타당도 평가를 위해 사회복지 가치 척도와 한국어판 POS와의 관계를 분석하였다. 두 척도 모두 사회복지 가치를 측정하는 도구이기 때문에 두 척도 간 관계는 양(+)의 상관관계를 보일 것으로 예상된다.

3. 사회복지사의 가치 지향 분석

본 연구에서 개발한 사회복지 가치 지향 측정 도구를 이용하여 조사대상자의 사회복지 가치 지향 수준을 파악하였다. 조사대상자의 특성에 따른 사회복지 가치 지향성의 차이를 분석하기 위해서 T-검증과 일원변량분석을 실시하였다. 조사대상자의 특성은 성별, 연령 등과 같은 일반적 특성을 포함하여 학력, 가치관련 과목 이수여부, 사회복지 경력, 사회복지사 자격증 급수, 사회복지사 자격증 취득시기로 구별하였다.

조사대상자의 일반적 특성이 사회복지 가치 지향 수준에 미치는 영향을 알아보기 위하여 회귀분석을 사용하였다. 일반적 특성에서 성별, 연령, 학력, 가치 관련 과목 이수 여부, 경력, 사회복지사 자격증 급수, 사회복지사 자격증 취득시기를 독립변수로 설정하였고, 사회복지 가치 지향을 종속변수로 설정하였다.

4. 사회복지사의 가치 지향, 직무만족, 이직의도 간 관계

사회복지 가치 지향, 직무만족, 이직의도 간의 관계를 분석하기 위하여 상관관계 분석과 회귀분석을 사용하였다. 먼저 Pearson Correlation을 이용하여 세 변수 간의 관계를 분석하였고 직무만족과 이직의도를 각각 종속변수로 설정한 회귀모형을 분석하였다. 각 회귀모형에서 독립변수는 사회복지 가치 지향이었고 일반적 특성을 통제변수로 설정하였다.

제4장

연구결과

제1절 조사대상자 일반적 특성

제2절 예비문항 기술통계

제3절 탐색적 요인분석

제4절 확인적 요인분석

제5절 신뢰도와 타당도 평가

제6절 사회복지사의 사회복지 가치 지향

제7절 사회복지사의 사회복지 가치 지향이 직무만족, 이직의도에 미치는 영향

제4장 연구결과

제1절 조사대상자 일반적 특성

조사대상자의 일반적 특성은 〈표 4-1〉과 같다. 먼저 성별을 보면 여성 74.3%, 남성 25%로 나타났다. 사회복지사 자격증 소지자 중 남성 비율이 약 26%인 점을 감안하면 사회복지사로서 응답자의 성 비율은 모집단과 비슷한 것으로 보인다.[1] 연령별로는 20대가 43.2%로 가장 많았으며, 30대 37.6%, 40대 이상 15.9%로 다양한 연령대의 사회복지사가 참여한 것으로 나타났다. 연령대 평균은 31.93세였다. 학력은 4년제 졸업 이상이 66.4%로 절반이 넘었고 대학원 재학 이상의 학력은 30.8%였다. 정규교육 과정에서 가치 관련 과목을 이수하였는지를 알아본 결과 가치 과목 이수자는 34.9%, 미이수자는 64.7%였다. 사회복지 경력은 3년 미만 실무자급 30.7%, 3년 이상~7년 미만의 중간 관리자급 34.2%, 7년 이상의 상위 및 최고 관리자급 33.8%였다.[2] 응답자의 경력 평균은 71.69개월(5.97년)로 나

1) 2014년 12월 현재 여성 사회복지사는 73.86%, 남성 사회복지사는 26.14%이다(한국사회복지사협회, 2014년 12월 현재 자격증 발급 현황).

〈표 4-1〉 조사대상자의 일반적 특성 (N=521)

구 분		N	%	비 고
성	남	130	25.0	
	여	387	74.3	
	무응답	4	0.8	
연 령	20대	225	43.2	평균: 31.93 표준편차: 7.01 최솟값: 21 최댓값: 57
	30대	196	37.6	
	40대 이상	83	15.9	
	무응답	17	3.3	
학 력	학사이하	346	66.4	
	석사과정 이상	161	30.8	
	무응답	14	2.7	
가치 관련 과목 이수 유무	미이수	182	34.9	
	이 수	337	64.7	
	무응답	2	0.4	
사회복지 경력	3년(36개월) 미만	160	30.7	평균: 71.69 표준편차: 59.76 최솟값: 1 최댓값: 360
	3년(36개월) 이상 ~7년(84개월) 미만	178	34.2	
	7년(84개월) 이상	176	33.8	
	무응답	7	1.3	
사회복지사 자격증	사회복지사 1급	399	76.6	
	사회복지사 2급, 3급	114	21.9	
	무응답	8	1.5	
사회복지사 자격증 취득시기	국가고시 이전	103	19.8	
	국가고시 이후	399	76.6	
	무응답	19	3.6	

2) 보건복지부의 사회복지직 직책별 승진 최소 소요연한(경력)에 따르면 선임 사회복지사가 되기 위한 최소 소요연한은 3년 이상, 과장 이상은 5년 이상, 부장(혹은 사무국장)은 만 7년 이상으로 규정하고 있다. 이 지침에 따르면 선임, 과장 등 중간 관리자는 최소 3년 이상, 부장(혹은 사무국장) 등 상위 관리자 이상은 최소 7년 이상의 경력이 있어야 한다. 따라서 이 지침을 근거로 볼 때 실무자급은 경력 3년 미만, 중간 관리자급은 경력 3년 이상~7년 미만, 상위 및 최고 관리자급은 7년 이상의 경력으로 보는 게 타당할 것이다.

타났다. 사회복지사 자격증 급수를 살펴보면 1급 사회복지사 자격증 소지자가 76.6%, 2급과 3급 사회복지사 자격증 소지자가 21.9%로서 응답자 대부분이 1급 사회복지사 자격증 소지자인 것으로 나타났다. 사회복지사 자격증 취득시기는 국가고시 이전 19.8%, 국가고시 이후 76.6%였다.

제2절 예비문항 기술통계

62개 예비문항에 대한 기술통계분석을 실시하였다. 62개 예비문항은 5점 척도로서 최솟값 1에서 최댓값 5까지의 범위를 가지고 있다. 분석 결과 5점 척도를 기준으로 한 62개 문항의 평균 점수는 2.47~4.62점의 범위였다. 최저 평균 점수인 것으로 나타난 24번 문항(결식아동 바우처 서비스 대상 아동이 본래의 취지에 적합하지 않은 물품을 구입하더라도 이를 허용해야 한다)을 제외한 61개 문항의 평균 점수 범위가 3.38~4.62점이라는 점을 감안한다면 예비문항의 평균 점수는 대체로 높은 수준인 것으로 볼 수 있다.

전체 문항 중에서 평균이 높은 순서대로 3개 문항을 살펴본 결과 문항 7번 '클라이언트의 부적절한 행동으로 서비스를 종결해야 하는 경우, 명확한 사유와 기관의 상황을 클라이언트에게 충분하게 설명해야 한다(4.62점)', 문항 5번 '우리 기관에 등록된 클라이언트이지만 다른 기관의 서비스가 더욱 적절할 경우, 다른 기관으로 주 관리기관을 의뢰하는 것이 적절하다(4.52점)', 문항 43번 '치료비 지원을 원하는 저소득 클라이언트에게 지원 결정 과정에서 사보험 가입 여부, 재산 등에 관하여 조사가 이루어지며 이에 따라 지원 여부가 결정됨을 알려주어야 한다(4.44점)'로 모두 평균 4점대를 훨씬 넘는 점수였다. 반면 평균이 낮은 하위 3개 문항을 살펴본 결과 문항 24번 '결식아동 바우처서비스 대상 아동이 본래의 취지에 적합하지 않은 물품을 구입하더라도 이를 허용해야 한다(2.47점)', 문항 44번 '다문화 가족의 아동에 대해서는 부모가 거부하더라도 언어발달 서비스를 제공하는 것이 적절하다(3.32점)', 문항 55번 '장애인 활동 바우처사업에 참여하는 당사자는 동의능력이 제한적이므로 보호자의 의견에 따라 서비스를 제공하는 것이 적절하다(3.32점)'로 나타났으며 3문항 모두 평균 3.32점 이하였다.

제3절 탐색적 요인분석

1. 상관행렬 검토

요인분석 실시 전에 변수들이 서로 충분한 상관관계를 가지고 있는지를 확인하였다. 변수들 간 상관이 없거나 매우 작으면 요인분석을 할 필요가 없기 때문이다(엄한주, 2001). Kaiser-Meyer-Olkin(KMO) 표본 적합성 측도는 .87로 계산되어 기준인 .80을(Hair et al., 2006) 초과하였고, Bartlett 구형성 검정(변수들 간의 상관관계 존재에 대한 유의성 검정) 결과(χ^2=5,765.62, df=1,891, p<.001)도 통계적으로 유의미하여 변수들은 요인분석을 실시하는 데 적합하였다.

2. 요인추출방법

요인추출방법으로 최대우도법을 사용하였다. 요인추출방법은 다양한데 요인분석을 위해 사용되는 변수들이 다변량 정규분포 가정을 충족할 경우 최대우도법의 사용이 권장된다. 본 연구는 탐색적 요인분석을 위해 SPSS를 사용하였는데 SPSS는 최대우도법을 사용할 경우 모델적합도 지수를 제공해주는 장점이 있다. 62개의 예비문항이 다변량 정규분포 가정을 충족시키는지를 확인하기 위해 각 문항의 왜도와 첨도를 계산하였다. 왜도의 경우 ±2 이하일 때 첨도의 경우 ±7 이하일 때 이 가정을 충족시키는 것으로 판단한다(Fabrigar et al., 1999). 62개 문항의 왜도는 -1.34~.88 내에 첨도는 -.88~2.99 내에 있어 이들 문항은 모두 다변량 정규분포 기준을 충족하였기 때문에 최대우도법을 사용하기에 적합하였다.

〈표 4-2〉 예비문항 기술통계

	문 항	평균(5점 만점)	표준편차	왜도	첨도
1	서비스에 참여할 의지가 없는 클라이언트에게도 참여여부를 선택할 수 있도록 서비스의 장단점을 비교할 수 있는 충분한 정보를 제공하여 다양한 선택의 권리를 존중해야 한다.	4.25	.70	-1.04	2.46
2	자해, 타해의 위험이 있는 정신질환을 가진 여성 노숙인이 병원치료를 거부하더라도, 이것이 본인 혹은 타인에게 위협이 됨을 설명하고 치료를 받도록 해야 한다.	4.29	.64	-0.83	2.04
3	동성애자는 성적선호와 무관하게 사회생활을 할 수 있도록 존중받아야 한다.	4.31	.71	-1.01	1.67
4	복지관을 이용하는 클라이언트가 지적장애를 가지고 있을지라도 비밀보장 및 사생활 보호에 관한 부분을 당사자에게 알리는 것이 필요하다.	4.41	.64	-0.87	0.96
5	우리 기관에 등록된 클라이언트이지만 다른 기관의 서비스가 더욱 적절할 경우, 다른 기관으로 주 관리 기관을 의뢰하는 것	4.52	.60	-0.94	0.45

	이 적절하다.				
6	치매증상으로 직원에게 심각한 폭력을 휘두른 노인에게 기관의 입퇴소 기준에 따라 퇴소절차를 안내해야 한다.	3.44	1.01	-0.22	-0.70
7	클라이언트의 부적절한 행동으로 서비스를 종결해야 하는 경우, 명확한 사유와 기관의 상황을 클라이언트에게 충분하게 설명해야 한다.	4.62	.55	-1.34	2.99
8	클라이언트가 사회복지 생활시설을 퇴소할 때, 사회복지사는 퇴소 이후의 주거대책을 마련하는 과정에 책임을 져야 한다.	3.38	.87	-0.05	-0.40
9	사회소수자들의 투표행사권이 확대될 수 있도록 노력해야 한다.	4.24	.68	-0.59	0.47
10	노인요양시설에서 거주하는 두 노인이 결혼을 결심했을 때, 자녀들이 사후(死後) 법적 문제로 결혼을 반대하더라도 사회복지사는 두 노인의 결정을 존중해야 한다.	3.71	.79	-0.27	0.10
11	정신질환이 심각한 여성 노숙인이 위험에 노출되어 있을 때 본인이 거부하더라도 건강과 생명을 유지하기 위해서 서비스를 제공해야 한다.	4.11	.72	-0.72	1.00
12	동성애자가 다른 사람들의 복지를 저해하지 않는다면 자신이 원하는 것을 할 수 있어야 한다.	4.23	.69	-0.59	0.20
13	시설을 이용하는 정신장애 클라이언트의 활동내용을 주치의나 가족들에게 공개할 경우, 클라이언트에게 사전에 알리고 클라이언트가 동의한 내용에 한하여 공개하는 것이 적절하다.	3.93	.86	-0.59	-0.10
14	자활사업에서 새로운 업종을 시도할 때에는 반드시 관련 전문가로부터 사전에 조언을 받아야 한다.	4.16	.74	-0.61	0.10
15	당사자 활동가가 특정 클라이언트와 지나치게 사적이고 친밀한 관계를 형성하여 다른 클라이언트에게 피해가 된다면 이를 조정해야 한다.	4.44	.62	-1.02	2.13
16	학교폭력으로 봉사명령을 받은 청소년에게 참여 가능한 모든 프로그램을 안내하고 프로그램 참여 여부에 대해서 사전에 동의를 구해야 한다.	4.16	.72	-0.77	0.85
17	청소년 쉼터 퇴소 후 성인이 된 클라이언트가 위험한 상황에서 연락이 온다면 기관에서 관련 서비스를 연계해 주어야 한다.	4.20	.62	-0.50	0.94
18	임신한 청소년도 학교에 다닐 권리가 있다.	4.26	.83	-0.98	0.46
19	부부갈등으로 상담을 받고 있는 부부가 사회복지사의 결정에 의존하는 경우, 사회복지사는 시간이 걸리더라도 부부 스스로 문제해결방안을 결정할 수 있도록 지원해야 한다.	4.27	.69	-0.86	1.33
20	가정폭력문제로 집을 나온 여성 노숙인이 집으로 돌아가고 싶어 하더라도 학대문제가 해결되지 않았다면 집에 돌아가지 않도록 클라이언트를 설득해야 한다.	3.70	.86	-0.36	-0.36
21	클라이언트가 이단의 성향을 가진 종교에 믿음이 있다 하더라도 그 이유로 복지기관 이용에 제한을 두어서는 안 된다.	4.16	.76	-0.64	0.03

22	지역사회 네트워크를 위해 통합사례관리체계가 구축되어 기관 간 클라이언트의 정보가 공유되는 경우, 이를 클라이언트에게 알려야 한다.	4.32	.66	-0.70	0.51
23	병원에서 의료사고가 발생하였을 때, 병원의 입장보다는 클라이언트의 보호를 위해 클라이언트를 옹호해야 한다.	4.14	.78	-0.62	0.07
24	결식아동 바우처 서비스 대상 아동이 본래의 취지에 적합하지 않은 물품을 구입하더라도 이를 허용해야 한다.	2.47	.91	0.88	0.47
25	성매매 피해 경험이 있는 지적장애 청소년에게 서비스를 제공하기 전에 사회복지사의 서비스를 받을 의사가 있는지 당사자에게 충분히 확인하여야 한다.	4.10	.69	-0.59	0.71
26	친부로부터 근친 성폭력 피해를 당해 쉼터에 입소한 아동이 친부의 회유에 의해 가정 복귀를 결정한 경우, 결정을 번복하도록 하기 위해 노력해야 한다.	3.90	.90	-0.54	-0.26
27	클라이언트 간 욕구가 상충하는 경우 배분의 원칙을 정하여 이에 근거하여 공정하게 다룬다.	4.00	.77	-0.85	1.23
28	청소년의 의사결정 능력이 제한적일 수 있지만 이들의 결정을 존중해야 한다.	4.14	.63	-0.44	0.84
29	미성년 청소년이 자신의 남자친구와 성관계를 갖겠다고 말했을 때 사회복지사는 이 청소년을 설득해서 성관계를 갖지 않도록 노력해야 한다.	3.59	.95	-0.18	-0.70
30	상이한 문화권의 종교(예: 이슬람교)를 믿는 청소년이 종교를 이유로 차별받지 않도록 적극적으로 개입할 필요가 있다.	4.11	.73	-0.53	0.30
31	정신질환으로 인해 판단과 의사결정에 어려움을 느끼는 클라이언트에게 최대한 쉬운 용어를 사용하고 예를 들어 설명함으로써 치료에 관해 스스로 결정할 수 있도록 지원해야 한다.	4.40	.64	-0.83	0.65
32	쉼터에서 보호하기 어려운 정신과적 문제가 있는 청소년이 비록 쉼터에 남기를 원한다 해도 더 나은 서비스를 제공할 수 있는 곳에 의뢰해야 한다.	3.80	.88	-0.49	-0.27
33	장애인 채용을 거부하는 사업주들을 설득하고 장애인을 차별하지 않도록 노력을 기울여야 한다.	4.31	.63	-0.53	0.28
34	자활서비스에 대한 클라이언트의 적극적인 의사개진을 위해서는 실무자가 아닌 클라이언트 간의 합의에 의해 대표자를 선발할 수 있도록 해야 한다.	3.97	.79	-0.58	0.23
35	심각한 피부염이 있는 장애아동이 열악한 주거환경으로 위험한 상황에 처해있다면 부모가 반대하더라도 개입하는 것이 필요하다.	4.03	.69	-0.63	1.11
36	사회복지사는 사회의 빈부격차를 줄이기 위한 적극적인 소득재분배 정책을 지지해야 한다.	3.92	.88	-0.60	0.25
37	면담 중 알게 된 청소년의 흡연 및 성적(性的) 경험을 청소년의 동의 없이는 부모에게 알리지 말아야 한다.	3.69	.96	-0.48	-0.37

38	생활시설의 클라이언트가 동반입소한 자신의 자녀를 방임하고 사회복지사의 개입을 거절할 경우, 자녀를 위해 클라이언트와 자녀를 분리해야 한다.	3.58	.85	-0.38	-0.48
39	결혼이주 여성들의 역량을 강화하여 이들이 초등학교 학생들에게 각 민족의 다양성을 알리고 그 차이를 인정하도록 하는 프로그램을 지지해야 한다.	4.29	.61	-0.31	-0.36
40	교육 프로그램 참여를 통해 정규직 취업연계 가능성을 안내하였음에도 생계의 문제로 임시직으로 취업하는 경우, 클라이언트의 결정을 존중해야 한다.	4.07	.62	-0.39	0.88
41	노인복지관에서 참여자들의 리더 간담회를 통해 결정된 사항이 윤리적 규정에 어긋난다면, 개입을 통해서 이를 조정해야 한다.	4.12	.59	-0.26	0.78
42	클라이언트 간의 입장이 다양하여 회의를 통해 결정할 때, 소수의견이 무시당하지 않도록 공평한 발언의 기회를 주어야 한다.	4.39	.58	-0.40	-0.36
43	치료비 지원을 원하는 저소득 클라이언트에게 지원결정과정에서 사보험 가입여부, 재산 등에 관하여 조사가 이루어지며 이에 따라 지원여부가 결정됨을 알려주어야 한다.	4.44	.59	-0.52	-0.64
44	다문화 가족의 아동에 대해서는 부모가 거부하더라도 언어발달 서비스를 제공하는 것이 적절하다.	3.32	.93	-0.13	-0.55
45	행정적인 업무가 늘어나더라도 모든 클라이언트에게 기회와 정보를 공평하게 제공해야 한다.	4.01	.75	-0.52	0.19
46	자녀를 학대하거나 방임했다는 이유로 기관에 의뢰된 부모의 집을 방문하기 전에 부모에게 전화로 연락해야 한다.	3.55	.99	-0.32	-0.72
47	장애가 있는 클라이언트가 선택한 서비스나 프로그램이 본인의 지적 또는 신체적 능력 때문에 이용하기 어렵다면, 장애를 고려한 적절한 서비스나 프로그램을 선택할 수 있도록 안내해야 한다.	4.30	.63	-0.53	0.28
48	영양상 문제가 있는 독거노인이 과거에 직원에게 심한 언어적 폭력을 했더라도 도시락 배달 서비스 대상에서 제외되어서는 안 된다.	4.11	.80	-0.74	0.41
49	생명의 위협을 받는 클라이언트가 비밀보장을 요청하더라도 더 나은 서비스 제공을 위해 클라이언트의 비밀정보를 공개해야 한다.	3.49	1.15	-0.34	-0.88
50	이혼을 원하는 클라이언트에게 친권과 양육권 등 법적인 측면 및 관련된 다양한 프로그램을 충분히 설명한 후, 스스로 선택할 수 있도록 해야 한다.	4.32	.59	-0.40	0.31
51	정신질환이 있는 노숙인이 치료기관 및 쉼터 입소를 거부하더라도 안전을 위해 서비스를 제공해야 한다.	3.82	.73	-0.50	0.29
52	의식이 없이 중환자실에 입원한 저소득 클라이언트의 경우, 사회복지사의 판단에 따라 공공 지원 프로그램의 혜택을 받을 수 있도록 지원절차를 이행하는 것은 문제가 되지 않는다.	3.40	.93	-0.32	-0.45

53	임대 아파트 재개발 시 거주 중이던 저소득자에 대한 대책이 고려되지 않고 있다면 사회복지사는 이들을 옹호하기 위한 노력을 해야 한다.	4.09	.67	-0.37	0.18
54	임신 중인 십대 여학생이 임신중절수술을 하려는 계획을 알게 되었을 때 사회복지사는 이를 학생의 부모에게 알려주어야 한다.	3.72	.81	-0.40	-0.10
55	장애인활동 바우처 사업에 참여하는 당사자는 동의능력이 제한적이므로 보호자의 의견에 따라 서비스를 제공하는 것이 적절하다.	3.32	.88	0.28	-0.38
56	음주문제가 있는 기초생활수급권자가 수급비 전액을 술 마시는 데 사용할 경우 제3자가 급여 관리를 하여 최소한의 의식주를 보장받도록 해야 한다.	3.81	.82	-0.73	0.46
57	클라이언트가 자신에게 도움이 되는 서비스나 자원에 접근할 수 있도록 관련 정보를 다양한 방식으로 제공해야 한다.	4.40	.57	-0.34	-0.40
58	클라이언트의 자율성을 일시적으로 제한하더라도 클라이언트의 삶에 긍정적인 영향을 미치는 서비스는 제공되어야 한다.	3.52	.88	-0.32	-0.31
59	자녀와 연락이 단절된 치매노인의 안전한 보호를 위해 노인을 대신하여 요양센터입소를 결정해야 한다.	3.64	.82	-0.64	0.37
60	장애청소년에게도 캠프에 관한 정보를 직접 제공하고 참여여부를 스스로 결정하도록 하는 것이 적절하다.	4.10	.66	-0.56	0.98
61	노숙인이 영구적인 거주지가 없다는 이유로 취업(고용)이 거부되어서는 안 된다.	4.17	.69	-0.51	0.19
62	클라이언트가 자신의 음주문제를 수용하지 않지만 자해나 타해의 위협이 있는 경우, 가족이 동의하지 않더라도 강제입원시켜야 한다.	3.45	.99	-0.27	-0.55

3. 요인 수 결정

탐색적 요인분석은 다수의 변수를 대표하는 소수의 잠재 요인을 찾아내기 위해 사용되는 분석방법이다(Henson and Roberts, 2006). 이를 본 연구에 적용하면 탐색적 요인분석을 사용하여 62개 예비문항의 요인 구조를 밝히는 것이다. 잠재 요인을 찾아내기 위해서 사용할 수 있는 기준들이 있는데 본 연구는 다양한 기준을 사용하였다. 한 가지 기준을 사용하기보다 여러 가지 기준을 사용해서 요인 수를 결정하는 방법이 권장된다. 그 이유는 다양한 기준을 적용해서 얻은 결과에 기초한 결정을 더욱 합리적인 결정으로 볼 수 있기 때문이다(이순묵, 2006; Fabrigar et al., 1999; Hair et al., 2006). 본 연구에서 사용된 기준은 다음과 같다.

- 아이겐값(1.0 이상)
- 스크리 검사
- 요인구조에 관한 연구자의 사전지식
- 모델적합도 지수(χ^2/df)
- 요인적재값(.32 이상)
- 교차적재 여부
- 요인별 문항 수(5개 이상)

먼저 아이겐값 1.0 이상인 기준을 적용하였을 때 적정 요인 수는 18개였다. 예비문항 개수가 62개에 요인 수가 18개라면 요인별 문항 수는 평균적으로 3~4개에 불과하며 이는 요인별 문항 수가 최소 5개 이상 되어야 하는 기준을 충족하지 못하는 문제를 갖게 된다. 아이겐값은 요인 수를 과다하게 추출하는 문제를 가지고 있는데(Costello and Osborne, 2005) 본 연구에서도 그런 문제가 발생하였다. 아이겐값 대신 스크리 검사의 사용이 권장된다. 스크리 검사 결과가 〈그림 4-1〉에 제시되어 있다. 〈그림 4-1〉에서 Y축은 아이겐값을 의미하고 X축은 요인 수를 의미하는데 요인 수가 3개일 때 아이겐값이 급격히 감소하면서 안정적인 패턴을 나타내고 있다. 스크리 검사 결과를 사용하여 요인 수를 결정하는 것은 다소 주관적인데 적정 요인 수를 찾는 지점을 그래프가 안정되는 지점까지로 하거나 또는 안정되는 바로 직전 지점까지 포함하는 경우가 있다(이순묵, 2006; Costello and Osborne,

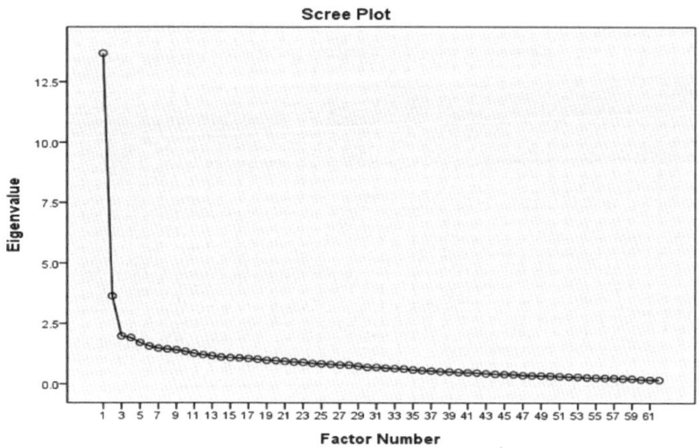

〈그림 4-1〉 스크리 검사 결과

2005; Hair et al., 2006). 스크리 검사 결과에 기초하면 적정 요인 수는 2개 또는 3개로 결정할 수 있다. 이는 적정 요인 수에 관한 연구자의 사전지식과도 일치하는 결과였다. 예비문항 개발 단계에서 기술하였듯이 예비문항은 사회복지 윤리의 3요소(개인존중, 전문성, 공공성)에 기초하여 개발되었다.

적정 요인 수에 관한 연구자의 사전지식과 스크리 검사 결과에 따르면, 적정 요인 수를 2개 또는 3개로 볼 수 있다. 탐색적 요인분석은 그 명칭처럼 요인구조를 탐색하는 것이 목적이기 때문에 여러 모형을 평가하여 최적 모형을 찾는 것이 바람직하다. 따라서 2요인 모형과 3요인 모형 이외에 4요인 모형을 분석하기로 결정하였다. 3개 모형을 분석한 결과를 〈표 4-3〉에 제시하였다. 회전방법은 요인 간 상관관계를 허용하는 사각회전(promax)을 사용하였다. 각 요인을 평가하면 다음과 같다.

2요인 모형은 요인 1에 40개 문항이 요인 2에 22개 문항이 적재

〈표 4-3〉 3개 모형의 비교

문항번호	2요인		3요인			4요인			
	1	2	1	2	3	1	2	3	4
1	X		X			X			
2	X		X					X	
3	X		X			X			
4	X		X			X			
5	X		X				X		
6		X		X			X		
7	X			X			X		
8		X	X			X			
9	X		X			X			
10	X		X			X			
11		X			X			X	
12	X		X			X			
13	X		X			X			
14	X			X			X		
15	X			X			X		
16	X		X			X			
17	X			X			X		
18	X		X			X			
19	X		X			X			
20		X			X			X	
21	X		X			X			
22	X			X			X		
23	X		X			X			
24		X			X				X
25	X		X			X			
26		X			X			X	
27		X			X			X	
28	X		X			X			
29		X			X			X	
30	X		X			X			

31	X			X			X		
32		X			X			X	
33	X			X			X		
34	X		X			X			
35		X			X				X
36	X		X			X			
37	X			X		X			
38		X			X			X	
39	X		X				X		
40	X			X			X		
41	X			X			X		
42	X			X			X		
43	X			X			X		
44		X			X			X	
45	X		X			X			
46		X			X				X
47	X			X			X		
48	X		X			X			
49		X			X				X
50	X			X		X			
51		X			X				X
52		X			X				X
53	X		X			X			
54		X			X			X	
55		X			X				X
56		X		X					X
57	X			X			X		
58		X			X				X
59		X			X				X
60	X			X			X		
61	X		X			X			
62		X			X			X	
χ^2/df	2482.99/1768			2305.53/1708			2149.86/1649		

되어 문항들이 요인 1에 편중되는 현상을 보였다. 3요인 모형은 요인 1에 25개, 요인 2에 18개, 요인 3에 19개가 적재되어 2요인 모형에 비해 요인별 문항 수가 균형을 이루었다. 4요인 모형은 요인 1에 24개, 요인 2에 17개, 요인 3에 11개, 요인 4에 10개 문항이 적재되었다. 그런데 요인 4에 적재된 10개 문항 중 3개 문항의 요인적재값은 .32 미만이었고 2개 문항은 다른 요인에도 적재되어(>.32) 이 문항들을 제외하면 요인 4에는 5개 문항만이 남게 된다. 요인별 문항 수가 5개 이상이라는 기준에는 부합하지만 추가적인 탐색적 분석에서 문항 수가 줄어들 가능성이 높아 4요인 모형은 적정 모형으로 보기 어려웠다.

적정 모형을 찾기 위해 2요인 모형과 3요인 모형을 구체적으로 비교하였으며 두 가지 특징을 찾을 수 있었다.

첫째, 2요인 모형의 요인 2에 적재된 문항들과 3요인 모형의 요인 3에 적재된 문항들은 거의 동일한 문항들이었다. 3요인 모형의 요인 3에 적재된 19개 문항 모두 2요인 모형에서 2요인에 적재되었다. '다문화 가족의 아동에 대해서는 부모가 거부하더라도 언어발달 서비스를 제공하는 것이 적절하다(44번)', '자녀와 연락이 단절된 치매 노인의 안전한 보호를 위해 노인을 대신하여 요양센터 입소를 결정해야 한다(59번)', '생활시설의 클라이언트가 동반 입소한 자신의 자녀를 방임하고 사회복지사의 개입을 거절할 경우, 자녀를 위해 클라이언트와 자녀를 분리해야 한다(38번)' 등이 이들 문항의 일부이다. 이 문항들은 클라이언트의 의사에 반하더라도 사회복지사의 전문적 판단에 기초하여 클라이언트에게 필요한 서비스를 제공하는 내용을 담고 있다.

둘째, 2요인 모형의 요인 1에 적재된 문항들은 3요인 모형에서 요인 1과 요인 2로 분산되었다. 3요인 모형의 요인 1에 적재된 문항들은 주로 사회적 소수자나 취약계층에 관한 내용을 담고 있다. 예를 들면, ‘동성애자는 성적 선호와 무관하게 사회생활을 할 수 있도록 존중받아야 한다(3번)’, ‘임신한 청소년도 학교에 다닐 권리가 있다(18번)’, ‘상이한 문화권의 종교(예: 이슬람교)를 믿는 청소년이 종교를 이유로 차별받지 않도록 적극적으로 개입할 필요가 있다(30번)’처럼 사회적 소수자 및 취약계층의 권리 존중 또는 평등에 관한 내용이다. 3요인 모형의 요인 2에 적재된 문항들은 ‘클라이언트의 부적절한 행동으로 서비스를 종결해야 하는 경우, 명확한 사유와 기관의 상황을 클라이언트에게 충분하게 설명해야 한다(7번)’, ‘지역사회 네트워크를 위해 통합사례관리체계가 구축되어 기관 간 클라이언트의 정보가 공유되는 경우, 이를 클라이언트에게 알려야 한다(22번)’, ‘정신질환으로 인해 판단과 의사결정에 어려움을 느끼는 클라이언트에게 최대한 쉬운 용어를 사용하고 예를 들어 설명함으로써 치료에 관해 스스로 결정할 수 있도록 지원해야 한다(31번)’와 같다. 이들 문항은 클라이언트에게 관련 정보를 충분히 제공하고 적절한 의사결정을 할 수 있도록 지원하는 내용이라고 할 수 있다. 이렇게 3요인 모형의 요인 1과 요인 2에 적재된 문항들은 내용면에서 서로 구분된다고 볼 수 있다. 따라서 이들 문항을 2요인 모형에서처럼 하나의 요인으로 묶기보다는 2개의 요인으로 구분하는 것이 타당해 보인다. 이는 예비문항의 개발이 3개 요인에 기초한 점과 일치하여 3요인 모형을 최적 모형으로 결정하고 이 모형을 심층적으로 분석하기로 하였다.

4. 3요인 모형에 대한 후속 분석

3요인 모형에 대한 후속 분석은 다음과 같은 단계로 실시되었다.

첫째, 각 요인에 적재된 문항의 요인적재값을 점검하여 그 값이 권고기준 이상이며 두 요인에 적재되지 않는 문항들만 선별하였다. 요인 1에 적재된 문항들 중 4개 문항(39, 2, 8, 13번)과 요인 2에 적재된 5개 문항(40, 17, 37, 6, 14번)의 요인적재값이 권고기준 미만이어서 삭제하였으며, 요인 2에서 두 개 문항(56, 50번)은 두 개 이상의 요인에 적재(.32 이상)되어 총 7개 문항을 삭제하였다. 요인 3에서는 요인적재값이 낮은 문항 5개(49, 27, 11, 24, 46번)와 두 개 요인에 교차적재된 1개 문항(55번)을 삭제하였다.

둘째, 이상의 문항을 삭제한 후 탐색적 요인분석을 재실시하였다. 이번에는 요인 수를 3개로 고정하였다. 분석결과 요인 1에서 1개 문항, 요인 3에서 2개 문항의 요인적재값이 낮거나 2개 요인에 교차적재되었다. 따라서 이 3개 문항(34, 54, 53번)을 제거한 다음 요인분석을 재실시하였다.

셋째, 요인 2에 적재된 1개 문항(1번)의 요인적재값만이 기준에 미달하였고 모든 요인적재값이 기준 이상의 크기였으며 2개 이상의 요인에 적재된 문항도 없었다. 1번 문항을 제거한 다음 실시한 탐색적 요인분석의 결과는 매우 양호하였다. 모든 문항의 요인적재값이 권고기준 이상이었고 2개 이상의 요인에 교차 적재된 문항도 없었다. 요인 1에는 12개 문항, 요인 2에는 17개 문항, 요인 3에도 12개 문항이 적재되어 요인별 문항 수도 비슷하였다. 모델적합도 지수(χ^2/df)도 3 미만으로 계산되어 권고기준(Sun, 2005)을 충족하였으나 요인별 문항 수를 동수로 만들기로 결정하였다. 요인별 문항수를 동일하게 만드는 이유는 요인별 평균, 표준편차의 비교를 용이하게 만들기 위함이다.

넷째, 요인 1과 요인 3의 문항 수가 각각 12개였기 때문에 요인

〈표 4-4〉 탐색적 요인분석 결과

(N=268)

문 항	요인 1	요인 2	요인 3
43	.76	.01	-.17
57	.71	.10	-.09
31	.66	-.02	.05
42	.66	.07	.01
41	.66	-.13	.07
47	.63	-.02	.06
7	.62	-.02	-.13
22	.53	.12	-.01
60	.46	.06	.14
15	.45	-.01	.05
33	.44	.05	.18
3	-.05	.67	-.13
18	-.09	.62	-.10
12	.11	.61	-.21
30	.03	.54	.17
9	.12	.53	.04
48	.04	.50	.13
28	.01	.49	.11
21	.14	.48	-.11
10	-.02	.46	.01
45	.02	.41	.14
61	.27	.32	.01
44	-.14	.01	.56
59	-.01	-.01	.55
38	.10	-.14	.51
20	-.06	.13	.51
29	.10	-.26	.49
26	-.04	.12	.47
62	-.03	-.04	.46
52	-.04	-.03	.45
58	.02	-.04	.44
35	.08	.16	.43
51	.08	.11	.40

2에 적재된 17개 문항 중 요인적재값이 가장 낮은 문항부터 5개 문항을 제거한 다음 탐색적 요인분석을 실시하였다. 모든 요인적재값은 기준 이상이었으나 1개 문항(19번)이 요인 1과 요인 2에 적재되었다. 이 문항을 제거하면 요인 1에 12개 문항, 요인 2와 요인 3에는 각각 11개 문항이 적재되었다. 따라서 요인 1에서 요인적재값이 가장 작은 문항(5번)을 삭제하고 요인별 문항수를 동수로 만든 다음 요인분석을 재실시하였다. 분석결과 요인 1에 적재된 문항들의 요인적재값 범위는 .44~.76, 요인 2에 적재된 문항들의 요인적재값 범위는 .32~.67, 요인 3에 적재된 문항들의 요인적재값 범위는 .40~.56으로 모든 적재값이 .32 이상이었다. 두 개 이상의 요인에 적재된 문항들도 없었으며 각 요인에는 11개 문항이 적재되어 이를 최종결과로 고려하였다(〈표 4-4〉).

제4절 확인적 요인분석

탐색적 요인분석을 통해서 얻어진 요인구조를 확인하기 위하여 확인적 요인분석을 실시하였으며(N=253) 결과는 〈표 4-5〉 및 〈표 4-6〉과 같다. 우선 모형적합도 지수를 보면, 모든 적합도 지수가 권고기준 이상이었다. 각 요인의 요인적재값도 모두 통계적으로 유의미하였다. 요인적재값의 크기도 대체로 .50 이상으로 양호하였다. 따라서 탐색적 요인분석을 통해서 도출된 요인구조는 확인적 요인분석을 통해서 확인되었다.

탐색적 요인분석을 통해서 도출되고 확인적 요인분석에 의해서 확

〈표 4-5〉 확인적 요인분석 결과 (N=253)

문 항	요인 1	요인 2	요인 3
43	.80		
57	.83		
31	.66		
42	.83		
41	.72		
47	.71		
7	.69		
22	.63		
60	.65		
15	.49		
33	.71		
3		.63	
18		.60	
12		.73	
30		.76	
9		.64	
48		.60	
28		.61	
21		.71	
10		.51	
45		.69	
61		.66	
44			.53
59			.54
38			.49
20			.52
29			.32
26			.54
62			.46
52			.48
58			.38
35			.76
51			.74

〈표 4-6〉 3요인 모형의 모형적합도 지수

χ^2	df	χ^2/df	RMSEA	CFI	TLI
842.69	492	1.71	.05	.95	.94

인된 3개 요인에 대한 이름을 부여하는 작업을 수행하였다.

요인 1에 적재된 문항의 다수는 정보제공, 고지된 동의, 자기결정을 내용으로 한다. 사회복지사는 치료비 지원 결정과정(43번), 조기종결(7번), 타 기관과 클라이언트의 정보 공유(22번)에 관한 충분한 정보를 제공하여 클라이언트가 고지된 동의를 할 수 있도록 하는 내용이 포함되어 있고, 장애가 있는 클라이언트(31, 47번)와 청소년 클라이언트의 결정(60번)을 존중하는 내용도 포함되어 있다. 클라이언트의 자기결정이 이루어지기 위해서는 클라이언트의 문제해결을 위한 다양한 대안과 필요한 정보의 제공(김기덕 · 최소연 · 권자영, 2012)과 같은 전제조건이 충족되어야 한다. 이를 전제로 클라이언트가 스스로 제대로 된 결정을 내릴 수 있으며, 이를 근거로 요인 1을 '자율성'으로 명명하였다.

요인 2에 적재된 문항들은 동성애자(3, 12번), 소수종교 신자(30, 21번), 청소년(18, 28번), 노인(48, 10번), 노숙인(61번) 등 사회적 취약계층에 관한 내용을 담고 있다. 사회복지사는 클라이언트의 성적 취향, 종교, 연령, 지위에 관계없이 클라이언트의 권리를 존중해야 하고 클라이언트의 다양성을 수용하고 인정하는 태도를 취해야 한다는 내용으로 볼 수 있다. 사회적 취약계층의 차별금지, 다양성 존중은 한국과 미국사회복지사협회 윤리강령에 명시되어 있으며 특히 미국사회복지사협회 윤리강령에서 제시된 6가지 핵심가치 중 사회정의에 해당되는 내용으로 볼 수 있다. 여기서 사회정의는 취약하고 억압받는 개인과 집단을 위한 사회변화의 추구, 그리고 이를 통한 차별금지, 다양성 존중을 주요 내용으로 한다. 이에 근거하여 요인 2를 '평등'으로 명명하였다.

요인 3에 적재된 11개 문항은 모두 클라이언트의 이익을 위해 클라이언트의 의사에 반하더라도 개입을 해야 한다는 내용을 담고 있다. 부모의 자율성과 자기결정을 제한하고 아동에게 적절한 서비스 제공(44, 38, 26, 35번), 합리적 결정 능력을 상실한 클라이언트 대신 서비스 결정(59, 52번), 클라이언트 본인 또는 가족의 의사에 반하는 서비스 제공(20, 29, 58, 51, 62번)이다. 이러한 내용은 사회복지 윤리 구성요소 중 하나인 전문가의 온정적 개입주의에 해당된다. 따라서 요인 3을 '온정적 개입'으로 명명하였다.

제5절 신뢰도와 타당도 평가

사회복지 가치 지향 척도의 신뢰도와 타당도 평가를 위해서 표본 1과 표본 2를 합친 전체 표본을 사용하였다. 사회복지 가치 척도의 신뢰도는 양호하였다. 내적일관성 신뢰도를 나타내는 Cronbach's alpha는 요인 1의 경우 .86, 요인 2의 경우 .82, 요인 3의 경우 .76으로 계산되었고 전체 척도의 Cronbach's alpha는 .89로 계산되어 보수적 권고기준(.70)보다 높았다. 측정의 표준오차(Standard Error of Measurement)는 측정오류를 나타내는 값이기 때문에 당연히 그 값이 작아야 한다. 측정의 표준오차는 척도 총점의 5% 이내면 양호한 수준이다. 각 요인의 가능한 총점은 55점(=11개 문항×5점)이기 때문에 측정의 표준오차가 2.75(=55×0.05)점보다 작으면 양호한 것이다. 〈표 4-7〉과 같이 3개 요인의 측정의 표준오차 값은 권고기준을 충족하였다고 할 수 있다. 3개 요인을 모두 합쳤을 때에도 측정의 표준오차는 3.85점으로 가능한 총점(165점)의 5%(8.25점)보다 작아 양호하였다.

사회복지 가치 척도의 수렴타당도를 평가하기 위해 한국어판 POS와의 관계를 분석하였다. 두 척도 모두 사회복지 가치를 측정하는 척도이기 때문에 두 척도 간 상관관계는 양(+)의 상관관계를 보일 것으로 예상되었다. 거의 모든 관계가 예견대로 양(+)의 상관관계를 보였고 통계적으로도 유의미하였다. 즉 사회복지 가치 지향 척도에서 사회복지 가치 지향 수준이 높게 나타난 조사대상자는 한국어판 POS에서도 사회복지 가치 지향 수준이 높게 나타나서 사회복지 가치 지향 척도의 타당도가 확보되었다. 온정적 개입은 한국어판 POS와 상대적으로 낮은 상관관계를 보였다. 낮은 상관의 이유는 한국어판

〈표 4-7〉 신뢰도 평가 결과 (N=521)

요 인	전 체	자율성	평 등	온정적 개입
Cronbach's alpha	.89	.86	.82	.76
측정의 표준오차	3.85	1.61	2.03	2.53

〈표 4-8〉 한국어판 POS와 상관관계 (N=521)

요 인	전 체	기본권 존중	자기결정	사회적 책임	사회정의
전 체	.60**	.41**	.56**	.59**	.30**
자율성	.58**	.45**	.54**	.57**	.27**
평 등	.68**	.47**	.53**	.64**	.45**
온정적 개입	22**	11*	.31**	.24**	.03

*p<.05, **p<.01, ***p<.001

POS에는 온정적 개입을 측정하는 문항들이 없기 때문인 것으로 판단된다.

제6절 사회복지사의 사회복지 가치 지향

1. 사회복지 가치 지향 수준

사회복지사의 가치 지향 수준을 분석하였다(〈표 4-9〉). 사회복지 가치 지향 수준을 구성하는 세 가지 하위요소의 직접적인 비교를 위해서 평균 점수와 함께 5점 척도로 환산했을 때의 평균 점수도 제시하였다. 5점 척도 평균은 각 하위척도의 평균을 문항 수로 나눈 값이다.

조사 결과 사회복지사의 사회복지 가치 수준은 165점 만점에 평균 133.36점, 5점 척도 평균 4.04점으로 만점과 비교했을 때 높은 수준이었다. 하위요소인 자율성, 평등, 온정적 개입에 대한 수준을 알아본 결과 자율성 47.88점(5점 척도 평균 4.35점), 평등 45.41점(5점 척도 평균 4.13점), 온정적 개입 39.98점(5점 척도 평균 3.63점) 순서로 자율성이 가장 높고, 평등, 온정적 개입이 그 다음 순이었다. 조사 결과를 본다면 우리나라의 사회복지사들은 사회복지 가치 지향에서 자율성을 가장 중요하게 여긴다고 볼 수 있다.

〈표 4-10〉은 일반적 특성에 따른 사회복지 가치 지향 수준을 분석한 결과이다. 성별의 경우 남성이 여성보다 사회복지 가치 지향 수준과 평등, 온정적 개입에서 높은 점수였다. 그러나 통계적으로 유의미한 차이는 나타나지 않았다.

〈표 4-9〉 사회복지 가치 지향 수준

	평균(만점)	5점 척도 평균	표준편차
사회복지 가치 전체(N=499)	133.36(165)	4.04	11.66
자율성(N=512)	47.88(55)	4.35	4.34
평등(N=514)	45.41(55)	4.13	4.84
온정적 개입(N=515)	39.98(55)	3.63	5.17

〈표 4-10〉 일반적 특성에 따른 사회복지 가치 지향 수준

구 분			N	평 균	5점 척도 평균	표준 편차	t/F
성 별	사회복지 가치전체	남	122	134.62	4.08	11.58	1.28
		여	374	133.07	4.03	11.58	
	자율성	남	125	47.90	4.35	4.09	-.02
		여	383	47.90	4.35	4.39	
	평 등	남	128	46.17	4.20	4.87	1.94
		여	383	45.22	4.11	4.75	
	온정적 개입	남	129	40.36	3.67	5.01	.89
		여	382	39.89	3.63	5.24	
연 령	사회복지 가치전체	20대	216	130.92	3.97	10.89	11.19***
		30대	191	135.03	4.09	12.07	
		40대 이상	76	137.22	4.16	11.38	
		합 계	483	133.54	4.05	11.69	
	자율성	20대	220	47.47	4.32	4.22	2.67
		30대	193	48.45	4.40	4.44	
		40대 이상	82	48.13	4.38	4.36	
		합 계	495	47.96	4.36	4.35	
	평 등	20대	223	44.44	4.04	4.76	11.00***
		30대	195	46.23	4.20	4.60	
		40대 이상	80	46.80	4.25	4.77	
		합 계	498	45.52	4.14	4.80	
	온정적	20대	223	39.07	3.55	4.86	8.07***

	개입	30대	195	40.29	3.66	5.41	
		40대 이상	80	41.66	3.79	5.30	
		합 계	498	39.96	3.63	5.23	
학 력	사회복지 가치전체	4년제 졸업 이하	329	131.58	3.99	11.14	-5.24^{***}
		대학원 재학 이상	157	137.33	4.16	11.7	
	자율성	4년제 졸업 이하	339	47.38	4.31	4.23	-4.04^{***}
		대학원 재학 이상	160	49.03	4.46	4.36	
	평 등	4년제 졸업 이하	340	44.72	4.07	4.7	-4.91^{***}
		대학원 재학 이상	160	46.95	4.27	4.82	
	온정적 개입	4년제 졸업 이하	342	39.45	3.59	4.88	-3.70^{***}
		대학원 재학 이상	159	41.25	3.75	5.39	
가치 과목 관련 이수 여부	사회복지 가치전체	미이수	176	132.04	4.00	11.47	-1.89
		이 수	321	134.11	4.06	11.74	
	자율성	미이수	180	47.17	4.29	4.37	-2.76^{**}
		이 수	330	48.27	4.39	4.29	
	평 등	미이수	181	44.76	4.07	4.95	-2.30^{*}
		이 수	331	45.79	4.16	4.75	
	온정적 개입	미이수	179	39.96	3.63	4.78	-.06
		이 수	334	39.99	3.64	5.4	
경 력	사회복지 가치전체	3년 미만	151	131.48	3.98	11.64	8.05^{***}
		3년 이상~7년 미만	169	132.13	4.00	11.72	
		7년 이상	172	136.15	4.13	11.15	
		합 계	492	133.34	4.04	11.67	
	자율성	3년 미만	155	47.57	4.32	4.14	2.18
		3년 이상~7년 미만	175	47.6	4.33	4.49	
		7년 이상	175	48.43	4.40	4.34	
		합 계	505	47.88	4.35	4.34	
	평 등	3년 미만	158	44.57	4.05	4.97	12.08^{***}
		3년 이상~7년 미만	174	44.71	4.06	4.88	
		7년 이상	175	46.82	4.26	4.39	
		합 계	507	45.39	4.13	4.85	
	온정적 개입	3년 미만	158	39.30	3.57	5.27	4.68^{*}
		3년 이상~7년 미만	176	39.63	3.60	4.97	

		7년 이상	174	40.93	3.72	5.23	
		합 계	508	39.97	3.63	5.19	
사회 복지사 자격증 급수	사회복지 가치전체	1급	386	133.70	4.05	11.71	1.02
		2급과 3급	106	132.41	4.01	11.25	
	자율성	1급	395	48.14	4.38	4.29	2.52*
		2급과 3급	109	46.97	4.27	4.33	
	평 등	1급	395	45.69	4.15	4.71	2.19*
		2급과 3급	112	44.57	4.05	4.99	
	온정적 개입	1급	394	39.78	3.62	5.27	-1.83
		2급과 3급	113	40.79	3.71	4.83	
사회 복지사 자격증 취득 시기	사회복지 가치전체	국가고시 실시 이전	103	137.28	4.16	11.2	3.94***
		국가고시 실시 이후	378	132.25	4.01	11.54	
	자율성	국가고시 실시 이전	103	48.79	4.44	4.2	2.48*
		국가고시 실시 이후	390	47.61	4.33	4.32	
	평 등	국가고시 실시 이전	103	47.18	4.29	4.44	4.19***
		국가고시 실시 이후	393	45	4.09	4.79	
	온정적 개입	국가고시 실시 이전	103	41.31	3.76	5.27	3.04**
		국가고시 실시 이후	393	39.58	3.60	5.11	

*p<.05, **p<.01, ***p<.001

연령을 20대, 30대, 40대 이상으로 구별하여 사회복지 가치 지향 수준을 알아본 결과, 사회복지 가치 지향 수준과 하위요소인 자율성, 평등, 온정적 개입 모두 유의미한 차이가 있었다. 좀 더 구체적으로 살펴보면 사회복지 가치 지향 수준은 연령대가 높아질수록 높아졌고(20대 평균 130.92점, 5점 척도 평균 3.97점; 30대 135.03점, 5점 척도 평균 4.09점; 40대 이상 평균 137.22점, 5점 척도 평균 4.16점), 평등과 온정적 개입도 사회복지 가치 지향과 마찬가지로 연령대가 높아질수록 평균 점수가 높아졌다. 그러나 자율성은 30대(평균 48.45점, 5점 척도 평균 4.40점), 40대 이상(평균 48.13점, 5점 척도 평균 4.38점), 20대(평균 47.47점,

5점 척도 평균 4.32점) 순서였다.

4년제 졸업 이하와 대학원 재학 이상으로 구별한 학력에서도 유의미한 차이가 나타났다. 대학원 재학 이상의 사회복지사가 4년제 졸업 이하의 학력을 가진 사회복지사보다 사회복지 가치 지향 수준(대학원 재학 이상 평균 137.33점, 5점 척도 평균 4.16점; 4년제 졸업 이하 평균 131.58점, 5점 척도 평균 3.99점)뿐만 아니라 자율성, 평등, 온정적 개입 모두 평균 점수가 높았다(자율성: 대학원 재학 이상 평균 49.03점, 5점 척도 평균 4.46점, 4년제 졸업 이하 평균 47.38점, 5점 척도 평균 4.31점; 평등: 대학원 재학 이상 평균 46.95점, 5점 척도 평균 4.27점, 4년제 졸업 이하 평균 44.72점, 5점 척도 평균 4.07점; 온정적 개입: 대학원 재학 이상 평균 41.25점, 5점 척도 평균 3.75점, 4년제 졸업 이하 평균 39.45점, 5점 척도 평균 3.59점).

가치 과목 관련 이수 여부를 이수와 미이수로 구별하여 알아본 결과, 사회복지 가치 지향 수준은 가치 과목을 이수한 사회복지사가 미이수한 사회복지사보다 평균이 높았고 유의미한 차이를 보였다(이수자 평균 134.11점, 5점 척도 평균 4.06점; 미이수자 평균 132.04점, 5점 척도 평균 4.00점). 하위요소에서는 자율성과 평등 요소에서 가치 과목을 이수한 사회복지사의 사회복지 가치 지향 평균이 가치 과목을 미이수한 사회복지사보다 높았다(자율성: 이수자 평균 48.27점, 5점 척도 평균 4.39점, 미이수자 평균 47.17점, 5점 척도 평균 4.29점; 평등: 이수자 평균 45.79점, 5점 척도 평균 4.16점, 미이수자 평균 44.76점, 5점 척도 평균 4.07점).

경력을 3년 미만, 3년 이상~7년 미만, 7년 이상으로 구별하여 사회복지 가치 지향 수준 차이를 알아본 결과, 사회복지 가치 지향과 평등, 온정적 개입에서 유의미한 차이가 있었다. 사회복지 가치 지향 수준은 7년 이상(평균 136.15점, 5점 척도 평균 4.13점), 3년 이상~7년 미만(평균 132.13점, 5점 척도 평균 4.00점), 3년 미만(평균 131.48점, 5점 척도 평균 3.98점) 순서로 높았다. 평등 역시 7년 이상(평균 46.82점, 5점 척도 평균 4.26점), 3년 이상~7년 미만(평균 44.71점, 5점 척도 평균 4.06점), 3년 미만(평균 44.57점, 5점 척도 평균 4.05점) 순서였고, 온정적 개입 또한 7년 이상(평균 40.93점, 5점 척도 평균 3.72점), 3년 이상~7년 미만(평균 39.63점, 5점 척도 평균 3.60점), 3년 미만(평균 39.30점, 5점 척도 평균 3.57점) 순서였다. 결론적으로 경력이 높을수록 사회복지 가치 지향 수준이 높아진다는 것을 알 수 있다.

사회복지사 자격증 급수에 따른 사회복지 가치 지향 수준을 알아보기 위하여 1급과 2, 3급으로 구별하여 분석한 결과, 하위요소인 자율성, 평등, 온정적 개입 모두 유의미한 차이가 있었고 자율성과 평등은 1급 사회복지사의 평균 점수가 2, 3급 사회복지사보다 높았다(자율성: 1급 평균 48.14점, 5점 척도 평균 4.38점; 2, 3급 평균 46.97점, 5점 척도 평균 4.27점). 그러나 온정적 개입은 2, 3급 사회복지사의 평균 점수가 1급 사회복지사보다 높았다(온정적 개입: 1급 평균 39.78점, 5점 척도 평균 3.62점; 2, 3급 평균 40.79점, 5점 척도 평균 3.71점). 분석 결과에 따르면 2, 3급 사회복지사는 1급 사회복지사보다는 온정적 개입의 수준이 높고 1급 사회복지사는 2, 3급 사회복지사보다 자율성과 평등의 수준이 높은 것으로 볼 수 있다. 사회복지 가치 지향의 수준 차이는 나타나지 않았다.

사회복지사 자격증 취득시기를 국가고시 이전과 국가고시 이후로 구별하여 사회복지 가치 지향 수준 차이를 알아보았는데 사회복지 가치 지향 수준과 하위요소인 자율성, 평등, 온정적 개입 모두 유의미한 수준 차이가 있었다. 사회복지 가치 지향 수준은 국가고시 실시 이전 사회복지사 자격증 취득자(평균 137.28점, 5점 척도 평균 4.01점)가 국가고시 실시 이후 자격증 취득자(평균 132.25점, 5점 척도 평균 4.01점)

보다 높았다. 하위요소인 자율성, 평등, 온정적 개입 역시 국가고시 실시 이전 사회복지사 자격증 취득자의 평균(자율성: 평균 48.79점, 5점 척도 평균 4.44점; 평등: 평균 47.18점, 5점 척도 평균 4.29점; 온정적 개입: 평균 41.31점, 5점 척도 평균 3.76점)이 국가고시 실시 이후 자격증 취득자(자율성: 평균 47.61점, 5점 척도 평균 4.33점; 평등: 평균 45점, 5점 척도 평균 4.09점; 온정적 개입: 평균 39.58점, 5점 척도 평균 3.60점)보다 높았다.

2. 일반적 특성이 사회복지 가치 지향에 미치는 영향

1) 상관관계

조사 대상자의 일반적 특성이 사회복지 가치 지향에 미치는 영향을 알아보았다. 이를 위해서 먼저 일반적 특성과 사회복지 가치 간의 상관관계를 분석하였다(〈표 4-11〉). 사회복지 가치 지향과 일반적 특성 간의 상관관계를 알아본 결과 연령(r=.195), 학력(r=.232), 경력(r=.241), 사회복지사 자격증 취득시기(r=-.177)가 사회복지 가치 지향과 유의미한 관계가 있었다. 연령, 학력, 경력은 정적인 관계였고 사회복지사 자격증 취득시기는 부적인 관계였다. 사회복지 가치 지향 수준은 연령, 학력, 경력이 높을수록 올라가고 사회복지사 자격증 취득시기가 짧아질수록 낮아진다는 것을 의미한다.

사회복지 가치 지향 척도의 하위요소들 간 상관관계를 알아본 결과, 모두 정적이면서 통계적으로 유의미하였다(자율성과 평등 r=.679, 자율성과 온정적 개입 r=.389, 평등과 온정적 개입 r=.388). 이것은 한 요소에서 점수가 높을수록 다른 요소에서도 점수가 높다는 결과로서 사회복지사들은 자율성, 평등, 온정적 개입 등 3가지 사회복지 가치 중에서 한 가지 가치를 지향하는 수준이 높을수록 나머지 사회복지 가치를 지향하는 수준 또한 높아진다는 것을 말한다.

사회복지 가치 지향과 직무만족 간의 상관관계는 정적이면서 통계적으로 유의미하였다(r=.278). 사회복지 가치 지향 하위요소인 자율성, 평등, 온정적 개입과 직무만족 간의 상관관계 또한 통계적으로 유의미하고 정적인 것으로 나타났다(자율성과 직무만족 r=256, 평등과 직무만족 r=296, 온정적 개입과 직무만족 r=106). 이직의도와 사회복지 가치 지향 간의 상관관계는 통계적으로 유의미하였지만 직무만족과는 다르게 부적이었다(r=-.186). 사회복지 가치 지향 하위요소와 이직의도 간의 상관관계는 자율성과 평등이 통계적으로 유의미하였고 두 가

〈표 4-11〉 일반적 특성과 사회복지 가치 지향 간 상관관계

	1.성별	2.연령	3.학력	4.가치과목 이수여부	5.경력	6.사회복지사 자격증 급수	7.사회복지사 자격증 취득시기	8.사회복지 가치 전체	9.자율성	10.평등	11.온정적 개입
1	1										
2	-.05	1									
3	.02	.45**	1								
4	-.02	-.02	.08	1							
5	.01	.71**	.49**	.02	1						
6	-.03	-.00	-.26**	-.21**	-.21**	1					
7	.07	-.54**	-.38**	.05	-.66**	.13**	1				
8	-.06	.20**	.23**	.09	.24**	-.05	-.18**	1			
9	.00	.056	.18**	.12**	.13**	-.11*	-.11*	.84**	1		
10	-.09	.17**	.22**	.10*	.27**	-.10*	-.19**	.85**	.68**	1	
11	-.04	.19**	.16**	.00	.18**	.08	-.14**	.76**	.39**	.39**	1

*p<.05, **p<.01, ***p<.001

지 모두 부적이었다(자율성과 이직의도 r=-.192, 평등과 이직의도 r=-.208).

사회복지 가치 지향과 직무만족, 이직의도 간의 상관관계를 종합하면, 사회복지 가치 지향이 높아질수록 직무만족은 높아지는 반면 이직의도는 낮아지는 것으로 볼 수 있다.

2) 회귀분석

조사 대상자의 일반적 특성이 사회복지 가치 지향 수준에 미치는 영향을 알아보기 위하여 회귀분석을 사용하였다. 일반적 특성에서 성별, 연령, 학력, 가치 관련 과목 이수 여부, 경력, 사회복지사 자격증 급수, 사회복지사 자격증 취득시기를 독립변수로 사회복지 가치 지향을 종속변수로 설정하였다. 투입한 변수의 다중공선성을 진단한 결과 다중공선성을 의심할만한 변수는 없었다. 〈표 4-12〉는 일반적 특성이 사회복지 가치 지향 수준에 미치는 영향을 분석한 회귀모형의 분석결과이다. 분석 결과 투입한 변수 중에서 학력, 경력이 사회복지 가치 지향 수준과 유의미한 관계를 가졌다. 〈표 4-12〉에 대한 회귀방정식은 다음과 같이 나타낼 수 있다.

Y=사회복지 가치 지향
$x1$=성별, $x2$=연령, $x3$=학력, $x4$=가치 관련 과목 이수 여부, $x5$=경력, $x6$=사회복지사 자격증, $x7$=사회복지사 자격증 취득시기

〈표 4-12〉 회귀방정식

$$Y = 129.01 - 1.19 * x1 - .00 * x2 + 3.83 * x3 + 1.74 * x4 + .04 * x5 + 1.34 * x6 + .09 * x7$$

〈표 4-12〉 일반적 특성이 사회복지 가치 지향 수준에 미치는 영향

변 수		B(SE)	β	VIF
독립변수	상 수	129.01(4.15)		
	성 별(남=0, 여=1)	-1.19(1.23)	-.05	1.03
	연 령	-.00(.12)	00	2.46
	학 력(4년제졸 이하=0, 대학원재 이상=1)	3.83(1.35)	.16**	1.45
	가치 관련 과목 이수 여부 (미이수=0, 이수=1)	1.74(1.15)	.07	1.05
	경 력	.036(.015)	.18*	2.89
	사회복지사 자격증 (1급=0, 2·3급=1)	1.34(1.45)	.05	1.19
	사회복지사 자격증 취득시기 (국가고시 이전=0, 국가고시 이후=1)	.09(1.78)	.00	1.89
R^2(Adjusted R^2) / F		.09(.07) / 5.89***		

*p<.05, **p<.01, ***p<.001

위의 회귀방정식을 사용하여 유의미한 값을 보인 학력에 따른 사회복지 가치 지향 수준의 차이를 다음과 같이 나타낼 수 있다.

4년제 졸업 이하

Y = 129.01 - 1.19 ∗ $x1$ - .00 ∗ $x2$ + 3.83 ∗ $x3$($x3$=0) + 1.74 ∗ $x4$ + .04 ∗ $x5$ + 1.34 ∗ $x6$ + .09 ∗ $x7$

= 129.01 - 1.19 ∗ $x1$ - .00 ∗ $x2$ + 1.74 ∗ $x4$ + .04 ∗ $x5$ + 1.34 ∗ $x6$ + .09 ∗ $x7$

대학원 재학 이상

Y = 129.01 - 1.19 ∗ $x1$ - .00 ∗ $x2$ + 3.83 ∗ $x3$($x3$=1) + 1.74 ∗ $x4$ + .04 ∗ $x5$ + 1.34 ∗ $x6$ + .09 ∗ $x7$

$= 129.01 - 1.19 * x1 - .00 * x2 + 3.83 + 1.74 * x4 + .04 * x5 + 1.34 * x6 + .09 * x7$

$= 132.843 - 1.19 * x1 - .00 * x2 + 1.74 * x4 + .04 * x5 + 1.34 * x6 + .09 * x7$

학력은 가변수(4년제 졸업 이하=0, 대학원 재학 이상=1)로 처리하였고 가변수에 해당하는 기울기는 학력 간 상수의 차이를 말한다. 회귀방정식에서 나머지 일반적 특성이 동일할 때 학력의 상수의 차이(3.833)는 가변수의 기울기와 같다. 즉, 대학원 재학 이상의 학력을 가진 사회복지사의 사회복지 가치 지향 수준 평균(132.843)은 4년제 졸업 이하 학력을 가진 사회복지사(129.01)보다 3.833점이 높아서 대학원 재학 이상의 학력을 가진 사회복지사의 사회복지 가치 지향이 4년제 졸업 이하의 학력을 가진 사회복지사보다 높다고 해석할 수 있다.

학력과 같이 유의미한 결과가 나온 경력을 회귀방정식에 대입할 경우 경력이 1개월씩 늘어날수록 .036만큼 사회복지 가치 지향이 높아진다고 볼 수 있다. 이것은 경력이 1년씩 증가할수록 사회복지 가치 지향이 .432(.036*12개월)만큼 늘어난다는 것으로 경력이 높아질수록 사회복지 가치 지향 수준이 높아진다고 해석할 수 있다.

이상과 같은 결과를 볼 때 한국의 사회복지사는 학력이 높을수록, 그리고 경력이 많아질수록 사회복지 지향 수준이 높아진다고 할 수 있다.

다음으로 일반적 특성이 사회복지 가치 지향의 하위요소에 미치는 영향을 알아보았다. 먼저 일반적 특성이 자율성에 미치는 영향을 알아본 결과(〈표 4-13〉), 연령, 학력, 가치 관련 과목 이수 여부가 유의미한 영향을 주었다. 구체적으로는 연령이 높아질수록 자율성은 떨어

〈표 4-13〉 일반적 특성이 자율성에 미치는 영향

변 수		B(SE)	β	VIF
독립변수	상 수	48.99(1.50)		
	성 별(남=0, 여=1)	.12(.46)	.01	1.02
	연 령	-.07(.04)	-.11	2.28
	학 력(4년제졸 이하=0, 대학원재 이상=1)	1.34(.51)	.15**	1.45
	가치 관련 과목 이수 여부 (미이수=0, 이수=1)	.85(.43)	.09*	1.04
	경 력	.01(.01)	.09	2.78
	사회복지사 자격증 (1급=0, 2·3급=1)	-.14(.54)	-.01	1.19
	사회복지사 자격증 취득시기 (국가고시 이전=0, 국가고시 이후=1)	-.53(.66)	-.05	1.84
R^2(Adjusted R^2) / F		.05(.03) / 3.20**		

*p<.05, **p<.01, ***p<.001

지는 것으로 나타났고(-.069), 학력의 경우 대학원 재학 이상의 사회복지사가 4년제 졸업 이하의 사회복지사보다 자율성이 높았다(1.344). 가치 관련 과목 이수 여부는 가치 관련 과목을 이수한 사회복지사가 미이수한 사회복지사보다 자율성이 높았다(.854).

따라서 사회복지사는 학력이 높을수록, 혹은 사회복지 가치 관련 과목을 이수했을 경우 자율성을 지향하는 수준이 높아지는 반면 연령이 높아질수록 자율성을 지향하는 수준이 낮아진다고 볼 수 있다.

두 번째로 일반적 특성이 평등에 미치는 영향을 알아보았다(〈표 4-14〉). 회귀분석 결과 일반적 특성 중에서는 학력과 경력이 평등에 영향을 미치는 것으로 나타났다. 구체적으로 살펴보면 대학원 재학 이상의 학력을 가진 사회복지사가 4년제 졸업 이하의 학력을 가진 사회복지사보다 평등 수준이 1.241 높았고, 경력은 1개월씩 늘어날

〈표 4-14〉 일반적 특성이 평등에 미치는 영향

변 수		B(SE)	β	VIF
독립변수	상 수	45.57(1.64)		
	성 별(남=0, 여=1)	-.81(.49)	-.07	1.03
	연 령	-.05(.05)	-.07	2.31
	학 력(4년제졸 이하=0, 대학원재 이상=1)	1.24(.54)	.12*	1.44
	가치 관련 과목 이수 여부 (미이수=0, 이수=1)	.62(.46)	.06	1.04
	경 력	.02(.01)	.24**	2.78
	사회복지사 자격증 (1급=0, 2·3급=1)	.25(.58)	.02	1.19
	사회복지사 자격증 취득시기 (국가고시 이전=0, 국가고시 이후=1)	-.13(.72)	-.01	1.85
R^2(Adjusted R^2) / F		.08(.07) / 6.00***		

*p<.05, **p<.01, ***p<.001

수록 평등 가치가 .020씩 늘어났다(경력이 1년씩 늘어날 경우 .240). 따라서 학력이 높을수록, 그리고 경력이 늘어날수록 평등을 지향하는 수준도 높아진다고 해석할 수 있다.

마지막으로 일반적 특성이 온정적 개입에 미치는 영향을 살펴보았다(〈표 4-15〉). 분석 결과 일반적 특성 중에서 학력, 경력, 사회복지사 자격증 급수가 온정적 개입에 영향을 주었다. 학력을 보면 대학원 재학 이상의 사회복지사가 4년제 졸업 이하의 사회복지사보다 온정적 개입 수준이 높았고(1.254), 경력이 높을수록 온정적 개입 수준이 높아졌다(.012). 사회복지사 자격증 급수의 경우 1급에 비해서 2, 3급의 온정적 개입 수준이 높았다(1.472).

결론적으로 학력이나 경력이 높을수록, 또는 사회복지사 자격증 급수가 1급이 아닐 경우 사회복지사의 온정적 개입 수준이 높아진다고

〈표 4-15〉 일반적 특성이 온정적 개입에 미치는 영향

변 수		B(SE)	β	VIF
독립변수	상 수	35.81(1.81)		
	성 별(남=0, 여=1)	-.47(.54)	-.04	1.03
	연 령	.07(.05)	.09	2.36
	학 력(4년제졸 이하=0, 대학원재 이상=1)	1.25(.59)	.11*	1.44
	가치 관련 과목 이수 여부 (미이수=0, 이수=1)	.41(.50)	.04	1.04
	경 력	.01(.01)	.14	2.85
	사회복지사 자격증 (1급=0, 2・3급=1)	1.47(.62)	.12*	1.18
	사회복지사 자격증 취득시기 (국가고시 이전=0, 국가고시 이후=1)	.44(.79)	.04	1.88
R^2(Adjusted R^2) / F		.08(.06) / 5.40***		

*p<.05, **p<.01, ***p<.001

해석할 수 있다.

제7절 사회복지사의 사회복지 가치 지향이 직무만족, 이직의도에 미치는 영향

1. 직무만족과 이직의도의 수준

사회복지사들의 직무만족 수준을 알아보았다. 분석 결과 사회복지사들의 직무만족 수준 평균은 3.74점(5점 척도 기준)이었다. 사회복지사들의 직무만족 수준은 보통 이상인 것으로 볼 수 있다.

일반적 특성에 따른 사회복지사들의 직무만족 수준을 분석하였다(〈표 4-17〉). 성별에 따른 직무만족은 5점 척도로 환산하였을 때 남자 3.66점, 여자 3.77점으로 직무만족 수준은 높은 것으로 나타났다.

〈표 4-16〉 직무만족 수준

	평균(만점)	5점 척도 평균	표준편차
직무만족	11.21(15)	3.74	2.21

〈표 4-17〉 일반적 특성에 따른 직무만족 수준

구 분		N	평 균	5점 척도 평균	표준 편차	t/F
성 별	남	130	10.97	3.66	2.31	-1.51
	여	384	11.31	3.77	2.17	
연 령	20대	225	11.01	3.67	2.32	4.20^{*}
	30대	196	11.15	3.72	2.25	
	40대 이상	97	11.77	3.92	1.75	
	합 계	518	11.21	3.74	2.21	
학 력	4년제 졸업 이하	346	11.10	3.70	2.18	-1.86
	대학원 재학 이상	159	11.50	3.83	2.27	
가치과목 관련 이수여부	미이수	181	11.15	3.72	2.08	-0.38
	이 수	335	11.23	3.74	2.28	
경 력	3년 미만	160	11.43	3.81	2.21	5.10^{**}
	3년 이상~7년 미만	178	10.76	3.59	2.23	
	7년 이상	173	11.40	3.80	2.15	
	합 계	511	11.19	3.73	2.21	
사회복지사 자격증급수	사회복지사 1급	396	11.24	3.75	2.24	0.34
	사회복지사 2급과 3급	113	11.16	3.72	2.12	
사회복지사 자격증 취득시기	국가고시 실시 이전	102	11.92	3.97	2.07	3.86^{***}
	국가고시 실시 이후	397	11.02	3.67	2.20	

*p<.05, **p<.01, ***p<.001

연령대에 따른 직무만족은 유의미한 결과로 나타났다. 5점 척도 기준으로 보았을 때 직무만족 수준은 20대 3.67점, 30대 3.72점, 40대 3.92점으로 나타나서 연령대가 높아질수록 직무만족 수준도 높아졌다.

학력을 4년제 대학 졸업 이하와 대학원 재학 이상으로 구별하여 직무만족 수준을 알아본 결과, 4년제 대학 졸업 이하 사회복지사들의 직무만족 수준은 3.70점(5점 척도 기준), 대학원 재학 이상은 3.83점(5점 척도 기준)이었다. 점수의 차이는 있지만 학력 구별에 따른 직무만족 수준은 통계적으로 유의미하지 않았다.

가치 관련 과목 이수여부에 따른 직무만족 수준은 관련 과목을 미이수했을 때 3.72점(5점 척도 기준), 이수했을 때 3.74점(5점 척도 기준)이었다. 학력과 마찬가지로 가치 관련 과목 이수여부에 따른 직무만족 수준 차이는 통계적으로 유의미하지 않았다.

경력을 실무자급에 해당하는 3년 미만, 중간관리자급인 3년 이상~7년 미만, 책임관리자급인 7년 이상으로 구별하고 각 경력별 직무만족 수준을 알아보았다. 분석 결과 5점 척도 기준으로 3년 미만 3.81점, 3년 이상~7년 미만 3.59점, 7년 이상 3.80점이었고 통계적으로 유의미한 차이가 있었다. 분석에 따르면 중간관리자급인 3년 이상~7년 미만 사회복지사의 직무만족 수준이 실무자급인 3년 미만의 사회복지사와 책임관리자급인 7년 이상의 사회복지사보다 낮았다. 중간관리자급 사회복지사의 직무만족 수준이 낮은 이유에 대한 파악과 관련 대안 마련 등이 필요할 것으로 판단한다.

사회복지사 자격증을 1급과 그 외 급수(2, 3급)로 구별하여 직무만족 수준을 알아보았다. 1급 사회복지사의 직무만족 수준은 3.75점, 2급과 3급의 직무만족 수준은 3.72점으로 5점 척도를 기준으로 볼 때 높은 것으로 볼 수 있다. 급수에 따른 직무만족 수준의 차이는 통계적으로 유의미하지 않았다.

사회복지사 자격증 취득시기를 국가고시 이전과 이후로 구별하고 직무만족 수준을 알아보았다. 국가고시 이전에 자격증을 취득한 사회복지사의 직무만족 수준은 3.97점(5점 척도 기준), 국가고시 이후 자격증을 취득한 사회복지사의 직무만족 수준은 3.67점(5점 척도 기준)이었고 통계적으로도 유의미한 차이가 있었다. 국가고시 이전에 사회복지사 자격증을 취득한 사회복지사들이 대부분 연령대가 높다는 점을 감안하면 연령대가 올라갈수록 직무만족 수준이 높아진다는 분석 결과와 흐름을 같이 한다고 볼 수 있다. 또한 책임관리자급인 7년 이상 경력을 가진 사회복지사의 직무만족 수준이 중간관리자급인 3년 이상~7년 미만의 사회복지사보다 높다는 결과와도 어느 정도는 상관이 있다고 볼 수 있다. 그러나 중간관리자급 중에서도 국가고시 이전에 자격증을 취득한 이들이 있을 수 있다는 점, 책임관리자급과 중간관리자급보다 실무자급의 직무만족 수준이 가장 높다는 점 등을 감안한다면 경력과 국가고시 경험 여부가 높은 상관을 가진다고 단정하기는 어려울 것이다. 보다 엄밀한 연구가 있어야겠지만 국가고시 실시 전의 교육 과정이 국가고시 실시 이후보다 훨씬 많은 과목 이수를 전제로 했다는 점에도 주목할 필요가 있다고 본다. 즉, 사회복지와 관련하여 보다 많이, 폭넓게 공부한 사회복지사들이 자신의 직무에 보다 더 만족할 수도 있다는 점에 주목해야 할 것이다.

사회복지사의 이직의도 수준을 파악한 결과 5점 척도 기준에서 평균 3.06점이었다. 5점 척도라는 점을 감안할 때 사회복지사의 이직의도 수준은 약간 높다고 볼 수 있다.

〈표 4-19〉는 일반적 특성에 따른 사회복지사의 이직의도 수준을

분석한 결과이다. 성별에 따른 이직의도 수준은 남자 2.91점(5점 척도 기준), 여자 3.11점(5점 척도 기준)이었다. 남자 사회복지사와 여자 사회복지사 모두 이직의도 수준은 다소 높다고 볼 수 있다. 여자 사회복

〈표 4-18〉 이직의도 수준

	평균(만점)	5점 척도 평균	표준편차
이직의도	9.18(15)	3.06	2.71

〈표 4-19〉 일반적 특성에 따른 이직의도 수준

구 분		N	평 균	5점 척도 평균	표준 편차	t/F
성 별	남	130	8.72	2.91	2.73	-2.19
	여	385	9.32	3.11	2.70	
연 령	20대	225	9.38	3.13	2.86	5.81^{**}
	30대	196	9.31	3.04	2.55	
	40대 이상	81	8.23	2.74	2.63	
	합 계	502	9.17	3.06	2.73	
학 력	4년제 졸업 이하	346	9.30	3.10	2.80	1.92
	대학원 재학 이상	160	8.81	2.94	2.50	
가치과목 관련 이수여부	미이수	181	9.27	3.09	2.66	.56
	이 수	336	9.13	3.04	2.75	
경 력	3년 미만	160	8.83	2.94	2.86	5.18^{**}
	3년 이상~7년 미만	178	9.70	3.23	2.63	
	7년 이상	174	8.99	3.00	2.56	
	합 계	512	9.19	3.06	2.70	
사회복지사 자격증급수	사회복지사 1급	397	9.21	3.07	2.64	.41
	사회복지사 2급과 3급	122	9.09	3.03	2.95	
사회복지사 자격증 취득시기	국가고시 실시 이전	102	8.43	2.81	2.69	-3.15^{**}
	국가고시 실시 이후	398	9.37	3.27	2.69	

*p<.05, **p<.01, ***p<.001

지사의 이직의도 수준이 남자보다 약간 높았지만 통계적으로 유의미한 차이는 나타나지 않았다.

연령대에 따른 이직의도 수준을 5점 척도 기준으로 알아본 결과 20대 3.13점, 30대 3.04점, 40대 2.74점이었고 통계적으로도 유의미한 차이를 보였다. 연령이 높아질수록 직무만족 수준이 높아진다는 분석 결과와 흐름을 같이하는 결과이다. 연령 상승에 따른 승진, 급여 향상 등이 직장 생활에 안정을 가져오고 이것이 이직의도 수준에도 영향을 주는 것으로 판단할 수 있다.

4년제 대학 졸업 이하와 대학원 재학 이상으로 학력을 구분하고 이직의도 수준을 알아본 결과 각각 3.10점(4년제 졸업 이하, 5점 척도 기준), 2.94점(대학원 재학 이상, 5점 척도 기준)으로 나타났다. 점수의 차이는 있지만 통계적으로 유의미한 차이는 없었다.

가치과목 이수 여부에 따른 이직의도 수준은 미이수자 3.09점(5점 척도 기준), 이수자 3.04점(5점 척도 기준)이었다. 통계적으로 유의미한 차이는 없었다.

실무자급인 3년 미만, 중간관리자급인 3년 이상~7년 미만, 책임관리자급인 7년 이상 사회복지사들의 이직의도 수준은 5점 척도 기준으로 각각 2.94점(3년 미만), 3.23점(3년 이상~7년 미만), 3.00점(7년 이상)으로 나타났고 통계적으로도 유의미한 차이가 있었다. 실무자급과 책임관리자급에 비해서 중간관리자급의 이직의도 수준이 가장 높게 나왔는데, 업무량 증가에 따른 부담감이나 소진, 장래에 대한 고민 등이 이직의도 수준에 영향을 준 것으로 보인다. 앞에서 분석한 직무만족 수준에서 중간관리자급의 직무만족이 가장 낮다는 점과 중간관리자급의 이직의도 수준이 가장 높다는 점도 높은 상관이 있는 것으로 볼 수 있을 것이다.

사회복지사 자격증 급수에 따른 이직의도 수준은 사회복지사 1급 3.07점(5점 척도 기준), 사회복지사 2급과 3급 3.03점(5점 척도 기준)이었다. 급수에 상관없이 이직의도 수준이 약간 높다고 볼 수 있다. 급수에 따른 이직의도 수준은 통계적으로 유의미한 차이가 나타나지 않았다.

국가고시 실시 이전과 이후로 사회복지사 자격증 취득 시기를 구별하여 이직의도 수준을 알아본 결과, 국가고시 실시 이전이 2.81점(5점 척도 기준)으로 국가고시 실시 이후의 3.27점(5점 척도 기준)보다 낮았고 통계적으로 유의미한 차이가 있었다. 연령이 올라갈수록 이직의도 수준이 낮아진다는 분석 결과와 일정 정도 상관이 있다고 볼 수 있다. 또한 7년 이상의 경력을 가진 책임관리자급 사회복지사의 이직의도 수준이 중간관리자급보다 낮다는 점과도 어느 정도 연관성이 있는 것으로 판단할 수 있다. 그러나 연령이나 경력이 올라갈수록 이직의도 수준이 낮아진다고 단정하는 것은 좀 더 신중하게 판단해야 할 것이다. 앞의 직무만족 수준 분석에서 논한 바와 같이 국가고시 실시 이전 교육 과정은 실시 이후보다 더 많은 과목 이수를 요구하였다. 이것은 국가고시 실시 이전에 사회복지사 자격증을 취득한 사회복지사들이 관련 지식, 기술, 가치 등에 대해서 더 많은 양의 내용을 습득하고, 그런 내용들을 토대로 한 사회복지사로서의 정체성, 의식 형성 등이 더 강건할 수 있다는 것을 의미한다. 직무와 관련한 정체성, 의식의 강건함은 그 직무에 대한 몰입도, 직무만족 등과 연결되고 이것이 이직의도 수준에도 영향을 줄 수 있을 것이다.

2. 사회복지 가치 지향, 직무만족, 이직의도 간 관계

1) 상관관계 분석

사회복지 가치 지향, 직무만족, 이직의도 간의 관계를 알아보기 위하여 상관관계를 분석하였다(〈표 4-20〉). 사회복지 가치 지향과 직무만족 간의 상관관계는 정적이면서 통계적으로 유의미하였다(r=.28). 이것은 사회복지 가치 지향이 높아질수록 직무만족도 높아진다는 것을 말한다. 사회복지 가치 지향 하위요소와 직무만족과의 관계를 알아본 결과, 자율성, 평등, 온정적 개입 모두 직무만족과 통계적으로 유의하고 정적인 관계였다(자율성과 직무만족 r=.26, 평등과 직무만족 r=.30, 온정적 개입과 직무만족 r=.11).

다음으로 사회복지 가치 지향과 이직의도 간의 관계를 알아보았는데 사회복지 가치 지향과 이직의도는 통계적으로 유의미하였고 부적 관계를 나타냈다(r=.19). 사회복지 가치 지향이 올라갈수록 이직의도 수준은 낮아진다고 해석할 수 있다. 사회복지 가치 지향 하위요소와

〈표 4-20〉 사회복지 가치 지향, 직무만족, 이직의도 간 상관관계

	사회복지 가치 전체	자율성	평 등	온 정	직무만족	이직의도
사회복지 가치 전체	1					
자율성	.84**	1				
평 등	.85**	.68**	1			
온 정	.76**	.39**	.39**	1		
직무만족	.28**	.26**	.30**	.11*	1	
이직의도	-.19**	-.19**	-.21**	-.04	-.48**	1

*p<.05, **p<.01, ***p<.001

이직의도와의 관계를 보면 하위요소 중 자율성과 평등이 이직의도와 통계적으로 유의미하고 부적 관계였다(자율성과 이직의도 r=-.19, 평등과 이직의도 r=-21). 따라서 자율성과 평등 수준이 높을수록 이직의도는 떨어진다고 해석할 수 있다.

2) 회귀분석

사회복지 가치 지향이 직무만족, 이직의도에 미치는 영향을 구체적으로 파악하기 위하여 회귀분석을 실시하였다. 이를 위해서 사회복지 가치 지향을 독립변수로, 직무만족과 이직의도를 종속변수로 설정하였다. 그리고 독립변수와 종속변수 간의 관계를 명확하게 제시하기 위하여 조사대상자의 인구사회학적 특성(성별, 연령, 학력, 경력), 조사대상자의 사회복지 가치 형성에 영향을 미칠 것으로 판단되는 가치 관련 과목 이수 여부, 그리고 선행연구에서 직무만족과 이직의도에 영향을 주는 것으로 나타난 사회복지사 자격증 급수(배의식 · 류지선 · 박해긍, 2010)와 이와 관련 있는 변수인 사회복지사 자격증 취득시기를 통제변수로 설정하였다. 선행연구에서 사회복지사의 직무만족과 이직의도에 영향을 주는 것으로 파악된 급여수준은 경력과 매우 높은 상관관계로(.827, $p<.01$) 다중공선성이 있을 것으로 판단하여 분석에서 제외하였다. 투입한 변수의 다중공선성을 진단한 결과 다중공선성을 의심할만한 변수는 없었다.

먼저 사회복지 가치 지향이 직무만족에 미치는 영향을 알아보는 회귀분석을 실시하였다. 1단계에서 투입한 통제변수들 중에서 성별, 경력, 사회복지사 자격증 취득시기가 직무만족과 유의미한 관계를 가졌다. 즉, 다른 조건들이 동일할 때 직무만족은 남성보다 여성 사회복지사가 더 높고, 경력이 올라갈수록 낮아지며, 국가고시를 실시한 이후에 사회복지사 자격증을 취득한 사회복지사가 국가고시 실시 이전에 사회복지사 자격증을 취득한 사회복지사보다 낮다고 할 수 있다.

2단계에 사회복지 가치 지향을 투입했을 때 R^2이 .06 증가하였고 통계적으로도 유의미하였다. 이것은 사회복지 가치가 직무만족에 영향을 주는 변수라는 것을 나타내는 것이다. 구체적으로 살펴보면 다른 조건들이 같을 때 사회복지 가치 지향 수준이 올라갈수록 직무만

〈표 4-21〉 사회복지 가치 지향이 직무만족에 미치는 영향

변 수		1단계			2단계		
		B(SE)	β	VIF	B(SE)	β	VIF
통제변수	상 수	10.65(.81)			4.23(1.39)		
	성 별 (남=0, 여=1)	.47(.24)	.09*	1.03	.53(.23)	.10*	1.03
	연 령	.04(.02)	.11	2.44	.04(.02)	.10	2.44
	학 력 (4년제졸 이하=0, 대학원재 이상=1)	.20(.26)	.04	1.44	.00(.26)	.00	1.47
	가치 관련 과목 이수 여부 (미이수=0, 이수=1)	.18(.22)	.04	1.05	.09(.22)	.02	1.05
	경 력	-.01(.00)	-.12	2.86	-.01(.00)	-.17*	2.89
	사회복지사 자격증 (1급=0, 2·3급=1)	.07(.28)	.01	1.19	-.00(.27)	-.00	1.19
	사회복지사 자격증 취득시기 (국가고시 이전=0, 국가고시 이후=1)	-.93(.35)	-.17**	1.88	-.94(.34)	-.17**	1.88
독립변수	사회복지 가치 전체				.05(.01)	.26***	1.09
R^2(Adjusted R^2) / F		.04(.03) / 2.73**			.10(.09) / 6.43***		
ΔR^2 / ΔF					.06 / 30.98***		

*p<.05, **p<.01, ***p<.001

족도 올라간다고 해석할 수 있다. 1단계에서 직무만족과 유의미한 관계를 보였던 성별, 경력, 사회복지사 자격증 취득시기는 2단계에서도 직무만족과 유의미한 관계인 것으로 나타났다.

사회복지 가치 지향의 하위요소인 자율성, 평등, 온정적 개입이 직무만족에 미치는 영향을 알아보기 위하여 회귀분석을 실시하였다(〈표 4-22〉). 1단계에 투입한 통제변수들 중에서 성별, 경력, 사회복지사

〈표 4-22〉 자율성, 평등, 온정적 개입이 직무만족에 미치는 영향

변 수		1단계			2단계		
		B(SE)	β	VIF	B(SE)	β	VIF
통제변수	상 수	10.65(.81)			3.83(1.42)		
	성 별 (남=0, 여=1)	.47(.24)	.09*	1.03	.56(.23)	.11*	1.04
	연 령	.04(.02)	.11	2.44	.04(.02)	.13	2.48
	학 력 (4년제졸 이하=0, 대학원재 이상=1)	.20(.26)	.04	1.44	.00(.26)	.00	1.47
	가치 관련 과목 이수 여부 (미이수=0, 이수=1)	.18(.22)	.04	1.05	.08(.22)	.02	1.05
	경 력	-.01(.00)	-.12	2.85	-.01(.00)	-.19*	2.93
	사회복지사 자격증 (1급=0, 2·3급=1)	.07(.28)	.01	1.19	.04(.27)	.01	1.20
	사회복지사 자격증 취득시기 (국가고시 이전=0, 국가고시 이후=1)	-.93(.35)	-.17**	1.88	-.91(.33)	-.17**	1.89
독립변수	자율성				.03(.03)	.07	2.02
	평 등				.12(.03)	.26***	2.06
	온정적 개입				-.01(.02)	-.02	1.33
R^2(Adjusted R^2) / F		.04(.03) / 2.73**			.13(.11) / 6.31***		
ΔR^2 / ΔF					.08 / 14.10***		

*p<.05, **p<.01, ***p<.001

자격증 취득시기가 직무만족과 유의미한 관계를 가졌다. 동일한 조건에서는 직무만족은 남성보다 여성이 높고, 경력이 높을수록 떨어지고, 국가고시 실시 이후에 사회복지사 자격증을 취득한 사회복지사가 국가고시 실시 이전에 자격증을 취득한 사회복지사보다 낮아진다고 할 수 있다.

자율성, 평등, 온정적 개입 등 3가지 하위요소를 투입한 2단계에서 R^2은 .08 증가하였고 증가량은 통계적으로도 유의미하였다. 3가지 하위요소 중에서는 평등이 직무만족과 유의미한 관계를 가졌으며 관계의 방향은 정의 방향을 나타냈다. 따라서 평등을 지향하는 가치 수준이 올라갈수록 직무만족이 올라간다고 해석할 수 있다. 1단계에서 직무만족과 유의미한 관계였던 성별, 경력, 사회복지사 자격증 취득시기는 2단계에서도 유의미한 관계를 나타냈고, 1단계에서 유의미한 관계가 나타나지 않았던 연령은 2단계에서 유의미한 관계를 나타냈다.

사회복지 가치 지향이 이직의도에 미치는 영향을 알아보았다(〈표 4-23〉). 1단계에 투입한 통제변수 중에서는 연령, 경력, 사회복지사 자격증 취득시기가 이직의도에 영향을 주는 것으로 나타났다. 하나씩 살펴보면 연령이 올라갈수록 이직의도는 떨어지고, 경력이 올라갈수록 이직의도는 올라갔다. 그리고 사회복지사 자격증을 국가고시 이후에 취득한 사회복지사의 이직의도가 자격증을 국가고시 이전에 취득한 사회복지사보다 높았다.

2단계에 사회복지 가치 지향을 투입한 결과 R^2은 증가하였고(.02) 통계적으로도 유의미하였다. 따라서 사회복지 가치 지향은 이직의도에 영향을 주는 것으로 해석할 수 있다. 사회복지 가치 지향과 이직의도의 관계 방향은 부적인데(-.04), 이것은 동일한 조건에서 사회복지 가치가 올라갈수록 이직의도는 떨어지는 것으로 해석할 수 있다.

〈표 4-23〉 사회복지 가치 지향이 이직의도에 미치는 영향

변 수		1단계			2단계		
		B(SE)	β	VIF	B(SE)	β	VIF
통제변수	상 수	10.30(.97)			15.01(1.71)		
	성 별(남=0, 여=1)	.43(.29)	.07	1.03	.38(.29)	.06	1.03
	연 령	-.08(.03)	-.21**	2.44	-.08(.03)	-.21**	2.44
	학 력 (4년제졸 이하=0, 대학원재 이상=1)	-.44(.32)	-.08	1.44	-.30(.32)	-.05	1.47
	가치 관련 과목 이수 여부 (미이수=0, 이수=1)	-.25(.27)	-.04	1.05	-.19(.27)	-.03	1.05
	경 력	.01(.00)	.24**	2.86	.01(.00)	.27**	2.89
	사회복지사 자격증 (1급=0, 2·3급=1)	-.30(.34)	-.04	1.19	-.25(.33)	-.04	1.19
	사회복지사 자격증 취득시기 (국가고시 이전=0, 국가고시 이후=1)	.99(.42)	.15*	1.87	.99(.41)	.15*	1.87
독립변수	사회복지 가치 전체				-.04(.01)	-.16**	1.09
R^2(Adjusted R^2) / F		.06(.05) / 4.22***			.09(.07) / 5.16***		
ΔR^2 / ΔF					.02 / 11.06**		

*p<.05, **p<.01, ***p<.001

〈표 4-24〉는 사회복지 가치 지향의 3가지 하위요소가 이직의도에 미치는 영향을 알아본 것이다. 1단계에서 투입한 통제변수 중에서는 연령, 경력, 사회복지사 자격증 취득시기가 유의미한 관계를 보였다. 이직의도는 연령이 높아질수록 낮아지는 반면, 경력이 높아질수록 높아졌다. 그리고 사회복지사 자격증을 국가고시 이후에 취득한 사회복지사가 자격증을 국가고시 이전에 취득한 사회복지사보다 이직의도가 높았다.

〈표 4-24〉 자율성, 평등, 온정적 개입이 이직의도에 미치는 영향

변 수		1단계			2단계		
		B(SE)	β	VIF	B(SE)	β	VIF
통제변수	상 수	10.30(.97)			15.71(1.74)		
	성 별(남=0, 여=1)	.43(.29)	.07	1.03	.37(.28)	.06	1.04
	연 령	-.08(.03)	-.21**	2.44	-.09(.03)	-.24**	2.48
	학 력 (4년제졸 이하=0, 대학원재 이상=1)	-.44(.32)	-.08	1.44	-.29(.31)	-.05	1.47
	가치 관련 과목 이수 여부 (미이수=0, 이수=1)	-.25(.27)	-.04	1.05	-.17(.26)	-.03	1.05
	경 력	.01(.00)	.24**	2.86	.01(.00)	.28***	2.93
	사회복지사 자격증 (1급=0, 2·3급=1)	-.30(.34)	-.04	1.19	-.31(.33)	-.05	1.20
	사회복지사 자격증 취득시기 (국가고시 이전=0, 국가고시 이후=1)	.99(.42)	.15*	1.87	.95(.41)	.14*	1.88
독립변수	자율성				-.04(.04)	-.07	2.02
	평 등				-.11(.04)	-.19**	2.06
	온정적 개입				.04(.03)	.08	1.33
R^2(Adjusted R^2) / F		.06(.05) / 4.22***			.11(.09) / 5.26***		
ΔR^2 / ΔF					.04 / 7.27***		

*p<.05, **p<.01, ***p<.001

2단계에 사회복지 가치 지향의 하위요소인 자율성, 평등, 온정적 개입을 투입한 결과 R^2은 증가하였고(.04) 통계적으로도 유의미하였다. 하위요소 3가지 중에서 이직의도에 영향을 주는 것은 평등인 것으로 나타났다. 구체적으로 보면 평등과 이직의도의 관계 방향은 부적이고(-.11), 이것은 동일한 조건에서 평등을 지향하는 가치가 올라갈수록 이직의도는 떨어지는 것으로 해석할 수 있다.

제5장

결론 및 함의

제5장 결론 및 함의

제1절 주요 결과 요약

1. 사회복지 가치 척도의 개발

표준화된 척도의 개발은 추상적 개념의 측정을 가능하게 하여 관련 분야 연구의 활성화에 기여하는 장점을 갖는다. 본 연구는 사회복지 가치에 관한 실증적 연구의 절대 부족을 인식하고 사회복지 가치 척도의 개발에 목적을 두었다. 국외 사회복지학계에서는 이미 1960년대부터 사회복지 가치 척도를 개발하기 시작하였고 인접학문분야인 간호학 분야에서도 간호전문직 가치 척도를 개발(윤은자 · 권영미 · 안옥희, 2005; Ochsner, 1996; Weis and Schrank, 2000)하여 사용해 오고 있다. 일부 국내 사회복지연구가 사회복지 가치 척도들을 소개하였으나 모두 국외에서 개발된 척도로 국내 사회복지사에게 적용하는 데 한계가 있었다.

본 연구를 통해서 개발된 사회복지 가치 척도는 몇 가지 장점을 갖는다. 첫째, 사회복지 가치 척도가 측정하는 3가지 가치는 자율성,

평등, 온정적 개입이다. 한국과 미국의 사회복지사 윤리강령에서도 클라이언트와 사회 전반에 대한 사회복지사의 윤리적 책임이 각각 명시되어 있듯이 사회복지는 전통적으로 개인의 안녕뿐만 아니라 사회 전체의 복지에 관심을 두어 왔다. 자율성과 온정적 개입은 개인의 권리 및 안녕과 관련 있는 가치들이고 사회정의는 사회 전체의 복지와 관련 있는 가치임을 고려할 때 사회복지 가치 척도는 전통적이면서 핵심적인 사회복지 가치들을 포함하는 장점을 갖는다. 둘째, 사회복지 가치 척도는 기존 척도들과는 달리 주요 가치로 온정적 개입을 포함한다. 온정적 개입은 윤리강령에 포함되어 있는[1] 주요 가치이면서 자율성 존중과 상충되는 가치로 이들 가치는 사회복지사의 윤리적 갈등을 일으키는 주요 요소이기도 하다. 윤리적 갈등상황에서 사회복지사의 윤리적 선택에 관한 연구(김영란 · 박미은 · 서미경, 2001)는 임신 중인 미성년 클라이언트의 자기결정, 조현증 환자의 강제 입원 등 온정적 개입과 자율성이 충돌하는 윤리적 갈등상황에서 사회복지사의 윤리적 선택을 연구하였다. 사회복지 가치 척도는 온정적 개입과 자율성 모두를 포함하고 있기 때문에 이 연구와 같이 윤리적 갈등을 다루는 연구의 수행에 필요한 도구를 제공하는 장점을 지닌다. 셋째, 사회복지 가치 척도는 국내 사회복지사의 목소리를 기반으로 개발되어 다분히 한국적 실천상황을 담고 있다. 즉 사회복지 가치 척도는 사회복지사들이 국내의 실천 현장에서 활동하면서 직간접적으로 경험하는 실천 상황들과 국내에서 관심 받는 이슈들로 구성되어 있기 때문

1) 미국사회복지사 윤리강령에 따르면, 클라이언트의 행동이 자신이나 타인에게 위험을 초래한다고 판단될 때 클라이언트의 자기결정권이 제한될 수 있으며(기준 1.02) 의사결정 능력이 없는 클라이언트를 대신해서 사회복지사는 클라이언트의 이익과 권리를 보호하기 위해 합리적인 조치를 취해야 한다(기준 1.14).

에 국내 사회복지사들에게 대체로 친숙한 내용들로 구성되어 있다. 사회복지 가치 척도의 친숙한 내용은 측정오류를 줄이고 측정하고자 하는 개념(사회복지사의 사회복지 가치 지향)을 제대로 측정하는 긍정적 효과를 낳을 것으로 기대된다. 넷째, 척도의 평가방법도 장점 중 하나로 들 수 있겠다. 사회복지 가치 척도의 개발을 위해 탐색적 요인분석과 확인적 요인분석을 모두 사용하였다. 특히 두 가지 요인분석 방법을 위해 각기 다른 표본을 사용하였으며 탐색적 요인분석을 통해 도출된 요인구조가 확인적 요인분석을 통해 확인되어 사회복지 가치 척도의 요인구조에 대한 신뢰를 높였다.

2. 사회복지사의 사회복지 가치 지향 수준

사회복지사의 사회복지 가치 수준은 5점 척도 기준으로 평균 4.04점, 165점 만점에 평균 133.36점으로 나타나서 높은 수준이었다. 사회복지 가치 지향의 하위요소인 자율성, 평등, 온정적 개입에 대한 수준은 5점 척도를 기준으로 자율성이 평균 4.35점, 평등이 평균 4.13점, 온정적 개입이 평균 3.63점으로 파악되어서 자율성이 가장 높고, 평등, 온정적 개입 순으로 나타났다. 조사 결과를 근거로 한다면 우리나라 사회복지사들은 사회복지 가치 지향에서 자율성을 가장 중요하게 여긴다고 볼 수 있다.

일반적 특성에 따른 사회복지 가치 지향 수준을 분석한 결과, 연령대에서 사회복지 가치 지향 수준과 하위요소인 자율성, 평등, 온정적 개입 모두 유의미한 차이가 있었다. 구체적으로 살펴보면 사회복지 가치 지향 수준은 연령대가 높을수록 높아졌고(20대 5점 척도 평균 3.97점, 30대 5점 척도 평균 4.09점, 40대 이상 5점 척도 평균 4.16점), 평등과 온정적 개입도 사회복지 가치 지향과 마찬가지로 연령대가 높을수록 평균 점수가 높아졌다. 그러나 자율성은 30대(5점 척도 평균 4.40점), 40대 이상(5점 척도 평균 4.38점), 20대(5점 척도 평균 4.32점) 순서였다.

4년제 졸업 이하와 대학원 재학 이상으로 구별한 학력에서도 유의미한 차이가 있었다. 대학원 재학 이상의 사회복지사가 4년제 졸업 이하의 학력을 가진 사회복지사보다 사회복지 가치 지향 수준(5점 척도 평균 4.16점, 4년제 졸업 이하 학력 사회복지사는 5점 척도 평균 3.99점)뿐만 아니라 자율성, 평등, 온정적 개입 모두 평균 점수가 높았다.

가치 과목 관련 이수 여부를 이수와 미이수로 구별하여 알아본 결과, 사회복지 가치 지향 수준은 가치 과목을 이수한 사회복지사가 미이수한 사회복지사보다 평균이 높았고 유의미한 차이를 보였다(이수자 5점 척도 평균 4.06점, 미이수자는 5점 척도 평균 4.00점). 가치 지향의 하위요소에서는 자율성, 평등 요소에서 가치 과목을 이수한 사회복지사의 사회복지 가치 지향 평균이 가치 과목을 미이수한 사회복지사보다 높았다(자율성은 이수자 5점 척도 평균 4.39점, 미이수자는 5점 척도 평균 4.29점. 평등의 경우 이수자 5점 척도 평균 4.16점, 미이수자는 5점 척도 평균 4.07점).

경력을 3년 미만, 3년 이상~7년 미만, 7년 이상으로 구별하여 사회복지 가치 지향 수준 차이를 알아본 결과, 사회복지 가치 지향과 평등, 온정적 개입에서 유의미한 차이가 있었다. 사회복지 가치 지향 수준은 7년 이상(5점 척도 평균 4.13점), 3년 이상~7년 미만(5점 척도 평균 4.00점), 3년 미만(5점 척도 평균 3.98점) 순서로 높았다. 평등 역시 7년 이상(5점 척도 평균 4.26점), 3년 이상~7년 미만(5점 척도 평균 4.06점), 3년 미만(5점 척도 평균 4.05점) 순서로 나타났고, 온정적 개입 또한 7년 이상(5점 척도 평균 3.72점), 3년 이상~7년 미만(5점 척도 평균

3.60점), 3년 미만(5점 척도 평균 3.57점) 순서였다. 경력이 높아질수록 사회복지 가치 지향 수준이 높아지는 것으로 볼 수 있다.

사회복지사 자격증 급수에 따른 사회복지 가치 지향 수준을 알아보기 위하여 1급과 2, 3급으로 구별하여 분석한 결과, 하위요소인 자율성, 평등, 온정적 개입 모두 유의미한 차이가 있었고 자율성과 평등은 1급 사회복지사의 평균 점수가 2, 3급 사회복지사보다 높았다(자율성의 경우 1급 사회복지사는 5점 척도 평균 4.38점, 2·3급 사회복지사는 5점 척도 평균 4.27점). 그러나 온정적 개입은 2, 3급 사회복지사의 평균 점수가 1급 사회복지사보다 높았다(온정적 개입은 1급 사회복지사의 경우 5점 척도 평균 3.62점, 2·3급 사회복지사는 5점 척도 평균 3.71점). 분석 결과에 따르면 2, 3급 사회복지사는 1급 사회복지사보다는 온정적 개입의 수준이 높고 1급 사회복지사는 2, 3급 사회복지사보다 자율성과 평등의 수준이 높은 것으로 볼 수 있다.

사회복지사 자격증 취득시기를 국가고시 이전과 국가고시 이후로 구별하여 사회복지 가치 지향 수준 차이를 알아보았는데 사회복지 가치 지향 수준과 하위요소인 자율성, 평등, 온정적 개입 모두 유의미한 수준 차이가 있었다. 사회복지 가치 지향 수준은 국가고시 실시 이전 사회복지사 자격증 취득자(5점 척도 평균 4.01점)가 국가고시 실시 이후 자격증 취득자(5점 척도 평균 4.01점)보다 높았다. 하위요소인 자율성, 평등, 온정적 개입 역시 국가고시 실시 이전 사회복지사 자격증 취득자의 평균(자율성 5점 척도 평균 4.44점, 평등 5점 척도 평균 4.29점, 온정적 개입 5점 척도 평균 3.76점)이 국가고시 실시 이후 자격증 취득자(자율성 평균 5점 척도 평균 4.33점, 평등 5점 척도 평균 4.09점, 온정적 개입 5점 척도 평균 3.60점)보다 높았다.

사회복지 가치 지향과 일반적 특성 간의 상관관계를 알아본 결과 연령(r=.195), 학력(r=.232), 경력(r=.241), 사회복지사 자격증 취득시기(r=-.177)가 사회복지 가치 지향과 유의미한 관계가 있었다. 연령, 학력, 경력은 정적인 관계이었고 사회복지사 자격증 취득시기는 부적인 관계였다. 연령, 학력, 경력이 높을수록 사회복지 가치 지향 수준은 올라가고 사회복지사 자격증 취득시기가 짧아질수록 사회복지 가치 지향 수준이 낮아진다는 것을 의미한다고 봐야할 것이다.

자율성, 평등, 온정적 개입 등 사회복지 가치 지향 척도의 3가지 하위요소들 간 상관관계를 알아본 결과, 모두 정적이면서 통계적으로 유의미하였다(자율성과 평등 r=.679, 자율성과 온정적 개입 r=.389, 평등과 온정적 개입 r=.388). 이것은 한 요소에서 점수가 높을수록 다른 요소에서도 점수가 높다는 결과로서 사회복지사들은 자율성, 평등, 온정적 개입 등 3가지 사회복지 가치 중에서 한 가지 가치를 지향하는 수준이 높을수록 나머지 사회복지 가치를 지향하는 수준 또한 높아진다는 것을 말한다.

사회복지 가치 지향과 직무만족 간의 상관관계는 정적이면서 통계적으로 유의미하였다(r=.278). 사회복지 가치 지향 하위요소인 자율성, 평등, 온정적 개입과 직무만족 간의 상관관계 또한 통계적으로 유의미하고 정적이었다(자율성과 직무만족 r=256, 평등과 직무만족 r=296, 온정적 개입과 직무만족 r=106). 이직의도와 사회복지 가치 지향 간의 상관관계는 통계적으로 유의미하였지만 직무만족과는 다르게 부적이었다(r=-.186). 사회복지 가치 지향 하위요소와 이직의도 간의 상관관계는 자율성과 평등이 통계적으로 유의미하였고, 두 가지 모두 부적 관계였다(자율성과 이직의도 r=-.192, 평등과 이직의도 r=-.208).

사회복지 가치 지향과 직무만족, 이직의도 간의 상관관계를 종합하면, 사회복지 가치 지향이 높아질수록 직무만족은 높아지는 반면 이직의도는 낮아지는 것으로 볼 수 있다.

회귀분석을 사용하여 조사 대상자의 일반적 특성이 사회복지 가치 지향 수준에 미치는 영향을 알아보았다. 이를 위해서 성별, 연령, 학력, 가치 관련 과목 이수 여부, 경력, 사회복지사 자격증 급수, 사회복지사 자격증 취득시기를 독립변수로 설정하였고, 사회복지 가치 지향을 종속변수로 설정하였다. 분석 결과 투입한 변수 중에서 학력, 경력이 사회복지 가치 지향 수준과 유의미한 관계를 가졌다. 구체적으로 알아보면 대학원 재학 이상의 학력을 가진 사회복지사의 사회복지 가치 지향 수준 평균(132.843)은 4년제 졸업 이하 학력을 가진 사회복지사(129.01)보다 3.833점이 높아서 대학원 재학 이상의 학력을 가진 사회복지사의 사회복지 가치 지향이 4년제 졸업 이하의 학력을 가진 사회복지사보다 높았다.

학력과 같이 유의미한 결과가 나온 경력을 회귀방정식에 대입할 경우 경력이 1개월씩 늘어날수록 .036만큼 사회복지 가치 지향이 높아지는 것으로 나타났다. 이것은 경력이 1년씩 증가할수록 사회복지 가치 지향이 .432(.036＊12개월)만큼 늘어난다는 것으로서 경력이 높아질수록 사회복지 가치 지향 수준이 높아진다고 해석할 수 있는 것이다. 따라서 조사 결과를 토대로 한다면 한국의 사회복지사는 학력이 높을수록, 그리고 경력이 많아질수록 사회복지 지향 수준이 높아진다고 할 수 있다.

일반적 특성이 자율성에 미치는 영향을 알아본 결과, 연령, 학력, 가치 관련 과목 이수 여부가 유의미한 영향을 주었다. 구체적으로 연령이 높아질수록 자율성은 떨어지는 것으로 나타났고(-.069), 학력의 경우 대학원 재학 이상의 사회복지사가 4년제 졸업 이하의 사회복지사보다 자율성이 높았다(1.344). 가치 관련 과목 이수 여부는 가치 관련 과목을 이수한 사회복지사가 미이수한 사회복지사보다 자율성이 높았다(.854).

따라서 사회복지사는 학력이 높을수록, 혹은 사회복지 가치 관련 과목을 이수했을 경우 자율성을 지향하는 수준이 높아지는 반면 연령이 높아질수록 자율성을 지향하는 수준이 낮아진다고 볼 수 있다.

일반적 특성이 평등에 미치는 영향을 알아본 결과, 일반적 특성 중에서는 학력과 경력이 평등에 영향을 미치는 것으로 나타났다. 대학원 재학 이상의 학력을 가진 사회복지사가 4년제 졸업 이하의 학력을 가진 사회복지사보다 평등 수준이 1.241 높았고, 경력은 1개월씩 늘어날수록 평등 가치가 .020씩 늘어났다(경력이 1년씩 늘어날 경우 .240). 따라서 학력이 높을수록, 그리고 경력이 늘어날수록 평등을 지향하는 수준도 높아진다고 해석할 수 있다.

일반적 특성이 온정적 개입에 미치는 영향을 살펴본 결과, 일반적 특성 중에서 학력, 경력, 그리고 사회복지사 자격증 급수가 온정적 개입에 영향을 주었다. 온정적 개입 수준은 대학원 재학 이상의 사회복지사가 4년제 졸업 이하의 사회복지사보다 높았고(1.254), 경력이 높을수록 높아졌다(.012). 사회복지사 자격증 급수의 경우 1급에 비해서 2, 3급의 온정적 개입 수준이 높았다(1.472). 결론적으로 학력이나 경력이 높을수록, 또는 사회복지사 자격증 급수가 1급이 아닐 경우 사회복지사의 온정적 개입 수준이 높아진다고 볼 수 있다.

3. 사회복지 가치 지향, 직무만족, 이직의도 간 관계

사회복지사의 사회복지 가치 지향, 직무만족, 이직의도 간 관계를 알아보기 위하여 먼저 사회복지사들의 직무만족 수준을 알아보았다.

분석 결과 사회복지사들의 직무만족 수준은 평균 3.74점(5점 척도 기준)이어서 보통 이상인 것으로 파악되었다. 성별에 따른 직무만족은 5점 척도로 환산하였을 때 남자 3.66점, 여자 3.77점이었으나 통계적으로 유의미하지는 않았다. 연령대에 따른 직무만족은 유의미한 결과로 나타났는데, 5점 척도 기준으로 20대 3.67점, 30대 3.72점, 40대 3.92점으로 연령대가 높아질수록 직무만족 수준도 높아졌다. 학력을 4년제 대학 졸업 이하와 대학원 재학 이상으로 구별하여 직무만족 수준을 알아본 결과, 4년제 대학 졸업 이하 사회복지사들의 직무만족 수준은 3.70점(5점 척도 기준), 대학원 재학 이상은 3.83점(5점 척도 기준)이었다. 점수의 차이는 있지만 학력 구별에 따른 직무만족 수준은 통계적으로 유의미하지 않았다. 가치 관련 과목 이수여부에 따른 직무만족 수준은 관련 과목을 미이수했을 때 3.72점(5점 척도 기준), 이수했을 때 3.74점(5점 척도 기준)이었다. 학력과 마찬가지로 가치 관련 과목 이수여부에 따른 직무만족 수준 차이는 통계적으로 유의미하지 않았다. 경력을 실무자급에 해당하는 3년 미만, 중간관리자급인 3년 이상~7년 미만, 책임관리자급인 7년 이상으로 구별하고 각 경력별 직무만족 수준을 알아본 결과, 5점 척도 기준으로 3년 미만 3.81점, 3년 이상~7년 미만 3.59점, 7년 이상 3.80점이었고 통계적으로 유의미한 차이가 있었다. 중간관리자급인 3년 이상~7년 미만 사회복지사의 직무만족 수준은 실무자급인 3년 미만의 사회복지사와 책임관리자급인 7년 이상의 사회복지사보다 낮았다. 사회복지사 자격증을 1급과 그 외 급수(2, 3급)로 구별하여 직무만족 수준을 알아본 결과, 1급 사회복지사의 직무만족 수준은 5점 척도 기준으로 3.75점, 2급과 3급의 직무만족 수준은 3.72점으로 나타났다. 급수에 따른 직무만족 수준의 차이는 통계적으로 유의미하지 않았다.

사회복지사 자격증 취득시기를 국가고시 이전과 이후로 구별하고 직무만족 수준을 알아보았는데 국가고시 이전에 자격증을 취득한 사회복지사의 직무만족 수준은 3.97점(5점 척도 기준), 국가고시 이후 자격증을 취득한 사회복지사의 직무만족 수준은 3.67점(5점 척도 기준)이었으며 통계적으로도 유의미한 차이가 있었다. 국가고시 이전에 사회복지사 자격증을 취득한 사회복지사들이 대부분 연령대가 높다는 점을 감안하면 연령대가 올라갈수록 직무만족 수준이 높아진다는 분석 결과와 흐름을 같이 한다고 볼 수 있다. 또한 책임관리자급인 7년 이상 경력을 가진 사회복지사의 직무만족 수준이 중간관리자급인 3년 이상~7년 미만의 사회복지사보다 높다는 결과와도 어느 정도는 상관이 있다고 볼 수 있다. 그러나 중간관리자급 중에서도 국가고시 이전에 자격증을 취득한 이들이 있을 수 있다는 점, 책임관리자급과 중간관리자급보다 실무자급의 직무만족 수준이 가장 높다는 점 등을 감안한다면 경력과 국가고시 경험 여부가 높은 상관을 가진다고 단정하기는 어려울 것이다. 보다 엄밀한 연구가 있어야겠지만 국가고시 실시 전의 교육 과정이 국가고시 실시 이후보다 훨씬 많은 과목 이수를 전제로 했다는 점에도 주목할 필요가 있다고 본다.

사회복지사의 이직의도 수준을 파악한 결과 5점 척도 기준에서 평균 3.06점이었다. 5점 척도라는 점을 감안할 때 사회복지사의 이직의도 수준은 보통으로 볼 수 있다. 성별에 따른 이직의도 수준은 남자 2.91점(5점 척도 기준), 여자 3.11점(5점 척도 기준)이었고, 통계적으로 유의미한 차이는 나타나지 않았다. 연령대에 따른 이직의도 수준을 5점 척도 기준으로 알아본 결과 20대 3.13점, 30대 3.04점, 40대 2.74점이었고 통계적으로도 유의미한 차이를 보였다. 연령이 높아질수록 직무만족 수준이 높아진다는 분석 결과와 흐름을 같이하는 결과이다. 연령 상승에 따른 승진, 급여 향상 등이 직장 생활에 안정을 가져오고 이것이 이직의도 수준에도 영향을 주는 것으로 판단할 수 있다. 4년제 대학 졸업 이하와 대학원 재학 이상으로 학력을 구분하고 이직의도 수준을 알아본 결과, 각각 3.10점(4년제 졸업 이하, 5점 척도 기준), 2.94점(대학원 재학 이상, 5점 척도 기준)으로 나타났다. 점수의 차이는 있지만 통계적으로 유의미한 차이는 없었다. 가치과목 이수 여부에 따른 이직의도 수준은 미이수자 3.09점(5점 척도 기준), 이수자 3.04점(5점 척도 기준)이었고 유의미한 차이는 없었다. 실무자급인 3년 미만, 중간관리자급인 3년 이상~7년 미만, 책임관리자급인 7년 이상 사회복지사들의 이직의도 수준은 5점 척도 기준으로 각각 2.94점(3년 미만), 3.23점(3년 이상~7년 미만), 3.00점(7년 이상)으로 나타났고 통계적으로도 유의미한 차이가 있었다. 실무자급과 책임관리자급에 비해서 중간관리자급의 이직의도 수준이 가장 높게 나왔는데, 업무량 증가에 따른 부담감이나 소진, 장래에 대한 고민 등이 이직의도 수준에 영향을 준 것으로 보인다. 앞에서 분석한 직무만족 수준에서 중간관리자급의 직무만족이 가장 낮다는 점과 중간관리자급의 이직의도 수준이 가장 높다는 점도 높은 상관이 있는 것으로 볼 수 있을 것이다. 사회복지사 자격증 급수에 따른 이직의도 수준은 사회복지사 1급 3.07점(5점 척도 기준), 사회복지사 2급과 3급 3.03점(5점 척도 기준)이었고 통계적으로 유의미한 차이는 나타나지 않았다. 국가고시 실시 이전과 이후로 사회복지사 자격증 취득 시기를 구별하여 이직의도 수준을 알아본 결과, 국가고시 실시 이전이 2.81점(5점 척도 기준)으로 국가고시 실시 이후의 3.27점(5점 척도 기준)보다 낮았고 통계적으로도 유의미한 차이가 있었다. 연령이 올라갈수록 이직의도 수준이 낮아진다는 분석 결과와 일정 정도 상관이 있다고 볼 수 있다. 또한 7년 이상의 경력을 가진 책임관리자급 사회복지사의 이직의도 수준이 중간관리자급보다 낮다는 점과도 어느 정도 연관성이 있는 것으로 판단할 수 있다.

사회복지 가치 지향, 직무만족, 이직의도 간의 관계를 알아보기 위하여 상관관계를 분석한 결과, 사회복지 가치 지향과 직무만족 간의 상관관계는 정적이고 통계적으로 유의미하였다. 이것은 사회복지 가치 지향이 높아질수록 직무만족도 높아진다는 것을 말한다. 사회복지 가치 지향 하위요소와 직무만족과의 관계를 알아본 결과, 자율성, 평등, 온정적 개입 모두 직무만족과 통계적으로 유의하고 정적인 관계였다(자율성과 직무만족 r=.26, 평등과 직무만족 r=.30, 온정적 개입과 직무만족 r=.11).

사회복지 가치 지향과 이직의도는 통계적으로 유의미하였고 부적 관계를 나타냈다(r=.19). 사회복지 가치 지향이 올라갈수록 이직의도 수준은 낮아진다고 해석할 수 있다. 사회복지 가치 지향 하위요소와 이직의도와의 관계를 보면 하위요소 중 자율성과 평등이 이직의도와 통계적으로 유의미하고 부적 관계였다(자율성과 이직의도 r=-.19, 평등과 이직의도 r=-21). 따라서 자율성과 평등 수준이 높을수록 이직의도는 떨어진다고 해석할 수 있다.

사회복지 가치 지향이 직무만족, 이직의도에 미치는 영향을 구체적으로 파악하고자 회귀분석을 실시하였다. 이를 위해서 사회복지 가치 지향을 독립변수로, 직무만족과 이직의도를 종속변수로 설정하였고 독립변수와 종속변수 간의 관계를 명확하게 제시하기 위하여 조사대상자의 일반적 특성(성별, 연령, 학력, 가치 관련 과목 이수 여부, 경력, 사회복지사 자격증 급수, 사회복지사 자격증 취득시기)을 통제변수로 설정하였다. 투입한 변수의 다중공선성을 진단한 결과 다중공선성을 의심할

변수는 없었다.

사회복지 가치 지향이 직무만족에 미치는 영향을 알아보는 회귀분석을 실시한 결과, 1단계에서 투입한 통제변수들 중에서 성별, 경력, 사회복지사 자격증 취득시기가 직무만족과 유의미한 관계를 가졌다. 즉, 다른 조건들이 동일할 때 직무만족은 남성보다 여성 사회복지사가 더 높고, 경력이 올라갈수록 낮아지며, 국가고시를 실시한 이후에 사회복지사 자격증을 취득한 사회복지사가 국가고시 실시 이전에 사회복지사 자격증을 취득한 사회복지사보다 낮다고 할 수 있다. 2단계에 사회복지 가치 지향을 투입했을 때 R^2이 .06 증가하였고 통계적으로도 유의미하였다. 이것은 사회복지 가치가 직무만족에 영향을 주는 변수라는 것을 나타내는 것이다. 구체적으로 살펴보면 다른 조건들이 같을 때 사회복지 가치 지향 수준이 올라갈수록 직무만족도 올라간다고 해석할 수 있다(.05). 1단계에서 직무만족과 유의미한 관계를 보였던 성별, 경력, 사회복지사 자격증 취득시기는 2단계에서도 직무만족과 유의미한 관계인 것으로 나타났다.

사회복지 가치 지향의 하위요소인 자율성, 평등, 온정적 개입이 직무만족에 미치는 영향을 알아보기 위하여 회귀분석을 실시한 결과, 1단계에 투입한 통제변수들 중에서 성별, 경력, 사회복지사 자격증 취득시기가 직무만족과 유의미한 관계를 가졌다. 동일한 조건에서는 직무만족이 남성보다 여성이 높고, 경력이 높을수록 떨어지고, 국가고시 실시 이후에 사회복지사 자격증을 취득한 사회복지사가 국가고시 실시 이전에 자격증을 취득한 사회복지사보다 낮아진다고 할 수 있다. 자율성, 평등, 온정적 개입 등 3가지 하위요소를 투입한 2단계에서 R^2은 .08 증가하였고 증가량은 통계적으로도 유의미하였다. 3가지 하위요소 중에서는 평등이 직무만족과 유의미한 관계를 가졌으며 관계의 방향은 정의 방향을 나타냈다. 따라서 평등을 지향하는 가치 수준이 올라갈수록 직무만족이 올라간다고 해석할 수 있다. 1단계에서 직무만족과 유의미한 관계였던 성별, 경력, 사회복지사 자격증 취득시기는 2단계에서도 유의미한 관계를 나타냈고, 1단계에서 유의미한 관계가 나타나지 않았던 연령은 2단계에서 유의미한 관계를 나타냈다.

사회복지 가치 지향이 이직의도에 미치는 영향을 알아본 결과, 1단계에 투입한 통제변수 중에서는 연령, 경력, 사회복지사 자격증 취득시기가 이직의도에 영향을 주는 것으로 나타났다. 이직의도는 연령이 올라갈수록 떨어지고, 경력이 올라갈수록 올라갔다. 그리고 사회복지사 자격증을 국가고시 이후에 취득한 사회복지사의 이직의도가 자격증을 국가고시 이전에 취득한 사회복지사보다 높았다. 2단계에 사회복지 가치 지향을 투입한 결과 R^2은 증가하였고(.02) 통계적으로도 유의미하였다. 따라서 사회복지 가치 지향은 이직의도에 영향을 주는 것으로 볼 수 있다. 사회복지 가치 지향과 이직의도의 관계 방향은 부적인데(-.04), 이것은 동일한 조건에서 사회복지 가치가 올라갈수록 이직의도는 떨어지는 것으로 해석할 수 있다.

사회복지 가치 지향의 3가지 하위요소가 이직의도에 미치는 영향을 알아본 결과, 1단계에서 투입한 통제변수 중에서는 연령, 경력, 사회복지사 자격증 취득시기가 유의미한 관계를 보였다. 이직의도는 연령이 높아질수록 낮아지는 반면, 경력이 높아질수록 높아졌다. 그리고 사회복지사 자격증을 국가고시 이후에 취득한 사회복지사가 자격증을 국가고시 이전에 취득한 사회복지사보다 이직의도가 높았다. 2단계에 사회복지 가치 지향의 하위요소인 자율성, 평등, 온정적 개입을 투입한 결과 R^2은 증가하였고(.04) 통계적으로도 유의미하였다.

하위요소 3가지 중에서 이직의도에 영향을 주는 것은 평등인 것으로 나타났다. 평등과 이직의도의 관계 방향은 부적이고(-.11), 이것은 동일한 조건에서 평등을 지향하는 가치가 올라갈수록 이직의도는 떨어지는 것으로 해석할 수 있다.

제2절 사회복지 가치 척도의 활용방법

본 연구를 통해 개발된 사회복지 가치 척도는 사회복지사의 사회복지 가치 지향 정도를 실증적으로 파악할 수 있게 하여 궁극적으로는 사회복지 가치 관련 연구의 확대에 기여하길 기대한다. 사회복지 가치 척도의 활용방법을 소개하면 다음과 같다.

첫째, 무엇보다도 사회복지사의 사회복지 가치 지향을 실증적으로 파악하기 위해서 사용할 수 있다. 한국어판 POS로 사회복지사의 사회복지 가치 지향을 측정했을 때 사회적 책임감(사회구성원의 안녕에 대한 정부의 책임 강조) 가치를 지향하는 정도가 가장 높았고 개인자유/사회정의(바람직한 행동의 촉진을 위해 처벌 또는 규칙 사용) 가치를 지향하는 정도가 가장 낮음을 알 수 있었다(김용석 · 하지선 · 이은영 · 서정민 · 김종필, 2011). 마찬가지로 사회복지 가치 척도가 측정하는 자율성, 평등, 온정적 개입에 대한 사회복지사의 지향 수준을 파악할 수 있어 국내 사회복지사들이 상대적으로 더 중요하게 고려하는 사회복지 가치를 알 수 있게 된다.

둘째, 사회복지 가치 척도는 사회복지사의 사회복지 가치 지향과 관련 있는 요인들을 확인하는 연구에서 활용될 수 있다. 사회복지사

개개인의 사회복지 가치 지향 수준은 차이를 보일 것으로 예상된다. 그 이유는 사회복지사의 사회복지 가치 지향은 다양한 요인의 영향을 받기 때문이다. 사회복지사 개인의 가치관, 인생경험 등 개인적 요인은 물론이고 교육과 실무 관련 요인 또한 사회복지사의 사회복지 가치 지향에 영향을 미칠 것이다. 본 연구에서는 주로 사회복지사의 사회복지 가치 지향과 관련 있는 요인으로 일반적 특성만을 고려하였으며, 이 특성들 중 주로 학력과 경력이 사회복지 가치 지향과 유의미한 관계를 보였다. 후속 연구에서는 일반적 특성 이외에 학교교육, 실무경험, 가치 관련 슈퍼비전, 실천 분야 등 교육 및 경력 관련 요인들을 충분히 고려한다면 예비사회복지사와 사회복지사의 교육에 적용할 수 있는 실용적 연구결과를 제공하게 된다.

셋째, 앞서 기술한 두 번째 활용방안에서 사회복지 가치 지향은 종속변수가 된다. 사회복지 가치 척도의 세 번째 활용방안에서 사회복지 가치 척도는 독립변수의 역할을 수행할 수 있다. 사회복지사의 사회복지 가치 지향이 윤리적 실천에 미치는 영향을 분석하는 경우가 여기에 해당되는데 관련 연구를 예로 들어 설명할 수 있겠다. 클라이언트의 자기결정에 관한 정신보건사회복지사의 실천경험에 관한 연구(김기덕 · 장은숙, 2008)는 심층면접 자료에 대한 질적 분석을 토대로 사회복지사의 실천경험을 간섭적 온정주의형, 적극적 존중실현형, 소극적 존중실현형으로 구분하였다. 이 연구에 사회복지 가치 척도를 적용한다면, 척도가 측정하는 사회복지 가치에 대한 조사대상자(사회복지사)의 지향 수준이 파악되어 사회복지 가치 지향 수준에 따른 실천유형의 분석이 가능해진다. 구체적으로 설명하면, 자율성 가치를 지향하는 정도가 높은 사회복지사의 실천유형이 적극적 존중실현형에 가깝고 온정적 개입 가치를 지향하는 정도가 높은 사회복지사의 실천유형이 간섭적 온정주의형인지를 확인할 수 있다. 이처럼 사회복지 가치 척도의 활용은 사회복지사의 사회복지 가치 지향과 실제 실천행위와의 관련성에 대한 분석을 가능하게 하여 사회복지사의 사회복지 가치 지향이 실천행위로 표현되는지를 알 수 있게 된다.

제3절 사회복지 교육, 실천, 연구를 위한 제언

첫째, 대학 및 대학원의 '사회복지 윤리와 철학 과목'은 아직까지 선택과목으로 되어 있어 필수과목으로의 전환을 고려해 볼 만하다. 이러한 의무교육을 통해 비사회복지사들이 사회복지 가치를 이수한다는 것은 곧 사회복지사가 전문직업인으로서의 자기 정체성을 확보한다는 것을 인식하게 하는 것이다. 또한 유사한 역할을 수행하는 타 전문직과 차별화를 이룰 수 있는 기준에 있어 사회복지 가치 지향이 중요한 내용임을 알게 하여, 모든 사회복지사는 사회복지실천을 위한 본질인 가치를 이해하고 이수해야 한다는 것을 각인시키는 것이 매우 중요하다.

둘째, 사회복지사를 위한 보수교육이 보다 충실한 내용으로 구성되어야 한다. 예를 들어 가치 지향 수준 향상을 위한 인권, 윤리 등의 가치교육은 정기적이고 지속적으로 필요하다. 특히 사회복지 1차 현장이 아닌 영역에서 근무하는 사회복지사들의 경우 타분야 전문직들과 함께 근무하면서 사회복지가 지향하는 가치를 함양하고 실천하기가 어려워질 수 있으므로 사회복지사 본연의 업무를 수행하기 위해 사회복지 가치를 향상할 수 있는 노력이 더욱 필요할 것이다. 따라서 보수교육에서 사회복지 전문직 가치를 내면화할 수 있는 교육내용이 더욱 보강되어야 한다.

셋째, 슈퍼비전을 통해 사회복지사의 사회복지 가치 지향성이 향상되도록 노력해야 한다. 슈퍼바이저는 슈퍼비전을 통해 슈퍼바이지(직원, 수련생, 실습생 등)가 윤리적 실천을 수행하도록 지도·감독할 책임이 있다(Remer, 2001; 김기덕·최소연·권자영, 2012: 148, 재인용). 이를 위해 슈퍼바이저는 윤리적 갈등상황을 슈퍼바이지와 함께 분석해 보는 방법을 고려할 수 있을 것이다. 정신과적 문제가 있으면서 자녀를 양육하지 못하는 클라이언트가 사회복지사의 개입을 거부하는 경우와 같이 클라이언트의 자율성 존중과 사회복지사의 온정주의 개입이 상충되는 상황처럼 사회복지 실천현장에서 자주 접하게 되는 윤리적 갈등상황들이 있다. 슈퍼바이저는 구체적이고 실제적인 상황들을 슈퍼바이지와 함께 분석함으로써 슈퍼바이지의 윤리적 의사결정 능력을 지원할 수 있을 것이다.

넷째, 사회복지 가치 척도의 활용가치를 높이기 위해서는 척도에 대한 지속적 평가가 이루어져야 한다. 특히 온정적 개입 하위척도의 타당도에 대한 추가적 평가가 필요하다. 사회복지 가치 척도의 타당도 평가를 위해 한국어판 POS와 상관관계를 분석하였다. 자율성, 평등이 한국어판 POS와 갖는 상관관계와 비교할 때 온정적 개입은 상대적으로 약한 관계를 보였다. 그 이유는 앞에서도 언급하였듯이 한국어판 POS가 온정적 개입 가치를 측정하는 문항을 담고 있지 않기 때문인 것으로 추정된다. 즉 기존의 사회복지 가치 척도와 관계분석만으로 온정적 개입 하위척도의 타당도 평가는 충분하지 않다. 타당도 평가를 위해 앞서 소개한 클라이언트의 자기결정에 관한 사회복지사의 실천경험 연구(김기덕·장은숙, 2008)에서 사용한 방법을 사용해 볼 수 있다. 우선 연구에 참여하기로 동의한 사회복지사들을 확보한 후 온정적 개입 하위척도를 사용하여 이들의 온정적 개입 가치 지향 수준을 측정하고 그 다음 클라이언트 자기결정 관련 실천유형을 파악한다. 온정적 개입 하위척도 점수를 독립변수로 실천유형(온정주의형과 존중실현형으로 구분)을 종속변수로 하는 로지스틱 회귀모형을 분석하거나, 온정적 개입 하위척도의 점수가 상대적으로 높은(예: 평균 +1 표준편차) 사회복지사 집단의 실천유형과 척도 점수가 상대적으로 낮은(예: 평균 −1 표준편차) 사회복지사 집단의 실천유형을 비교하는 방법을 고려할 수 있다. 사회복지사의 온정적 개입 하위척도 점수가 높을수록 온정주의형이라면 척도의 예측타당도를 확보하게 된다.

다섯째, 종단연구를 통한 사회복지 가치 지향, 직무만족, 이직의도 간 관계를 분석할 필요가 있다. 본 연구의 결과, 사회복지 가치 지향이 높아질수록 직무만족도는 높아지는 정적관계를 보였고, 이직의도는 낮아지는 부적관계를 나타냈다. 이와 같은 연구 결과는 사회복지 가치 지향, 직무만족, 이직의도 간 관계가 특정 시점에서 어떻게 나타나는지는 제시하지만, 시간의 변화에 따라서 세 가지 요인 간 관계가 어떻게 바뀌는지는 알아내기 어렵다는 한계를 가진다. 사회복지 가치 지향 수준, 직무만족, 이직의도가 시간의 변화에 따라서 수준이 달라진다는 점을 감안할 때, 횡단연구로는 세 가지 요인의 수준 변화 정도, 세 가지 요인 간 관계 변화 등을 입체적이고 종합적으로 파악하기 어렵다. 따라서 소규모라도 종단연구가 가능하도록, 최소 3년 이상의 패널자료를 구축하는 방향으로 본 연구의 내용을 발전시키는 노력이 필요하다. 사회복지 가치 지향, 직무만족, 이직의도 간 관계 파악을 위한 횡단연구와 종단연구가 병행될 경우 사회복지 가치 지향, 직무만족, 이직의도의 변화뿐만 아니라 세 가지 요인 간 관계를 더욱 심도 있게 파악하고 분석하는 토대가 될 것이다.

여섯째, 사회복지사의 활동 영역에 따른 사회복지 가치 지향 수준과 차이점 등을 알아볼 필요가 있다. 현대사회에서 사회복지사의 활동 영역은 확대, 특화되는 추세이며 그에 따른 지식과 기술, 전문직으로서 갖춰야 할 가치의 필요성 또한 높아지고 있다. 따라서 정신보건 등의 임상 영역, 정책 및 제도 개선과 같은 거시 영역 등 다양한 분야에서 활동하는 사회복지사들의 사회복지 가치 지향을 파악하고 비교하는 것은 향후 연구방향에 많은 의미를 줄 것이다.

마지막으로 조사대상자 및 조사지역 범위의 확대가 필요하다. 본 연구는 대표성을 가진 표본추출을 위해서 조사대상자의 실천분야의 다양성, 충분한 표본 수를 고려하였다. 그러나 개인 연구가 가지는 한계로 인해 조사 대상자 선정 시 지역적 다양성을 충분히 반영하지 못하고 수도권 지역으로 한정하였다. 전국 자료를 가지고 사회복지 가치 척도를 평가한다면 척도의 가치는 높아질 것이다. 또한 조사대상자를 일반인까지 포함한다면 우리나라 국민들이 생각하는 사회복지 가치 지향을 파악할 뿐 아니라 사회복지사와 일반인의 가치 지향 수준의 차이를 비교하고 그에 따른 실천적·제도적 함의를 도출할 수 있을 것이다.

부록 1 사회복지 가치 척도

구 분	문 항
자율성	클라이언트의 부적절한 행동으로 서비스를 종결해야 하는 경우, 명확한 사유와 기관의 상황을 클라이언트에게 충분하게 설명해야 한다.
	당사자 활동가가 특정 클라이언트와 지나치게 사적이고 친밀한 관계를 형성하여 다른 클라이언트에게 피해가 된다면 이를 조정해야 한다.
	지역사회 네트워크를 위해 통합사례관리체계가 구축되어 기관 간 클라이언트의 정보가 공유되는 경우, 이를 클라이언트에게 알려야 한다.
	정신질환으로 인해 판단과 의사결정에 어려움을 느끼는 클라이언트에게 최대한 쉬운 용어를 사용하고 예를 들어 설명함으로써 치료에 관해 스스로 결정할 수 있도록 지원해야 한다.
	장애인 채용을 거부하는 사업주들을 설득하고 장애인을 차별하지 않도록 노력을 기울여야 한다.
	노인복지관에서 참여자들의 리더 간담회를 통해 결정된 사항이 윤리적 규정에 어긋난다면, 개입을 통해서 이를 조정해야 한다.
	클라이언트 간의 입장이 다양하여 회의를 통해 결정할 때, 소수의견이 무시당하지 않도록 공평한 발언의 기회를 주어야 한다.
	치료비 지원을 원하는 저소득 클라이언트에게 지원 결정 과정에서 사보험 가입 여부, 재산 등에 관하여 조사가 이루어지며 이에 따라 지원 여부가 결정됨을 알려주어야 한다.
	장애가 있는 클라이언트가 선택한 서비스나 프로그램이 본인의 지적 또는 신체적 능력 때문에 이용하기 어렵다면, 장애를 고려한 적절한 서비스나 프로그램을 선택할 수 있도록 안내해야 한다.
	클라이언트가 자신에게 도움이 되는 서비스나 자원에 접근할 수 있도록 관련 정보를 다양한 방식으로 제공해야 한다.
	장애 청소년에게도 캠프에 관한 정보를 직접 제공하고 참여 여부를 스스로 결정하도록 하는 것이 적절하다.
평 등	동성애자는 성적 선호와 무관하게 사회생활을 할 수 있도록 존중받아야 한다.
	사회 소수자들의 투표행사권이 확대될 수 있도록 노력해야 한다.
	노인요양시설에서 거주하는 두 노인이 결혼을 결심했을 때, 자녀들이 사후(死後) 법적 문제로 결혼을 반대하더라도 사회복지사는 두 노인의 결정을 존중해야 한다.
	동성애자가 다른 사람들의 복지를 저해하지 않는다면 자신이 원하는 것을 할 수 있어야 한다.

	임신한 청소년도 학교에 다닐 권리가 있다.
	클라이언트가 이단의 성향을 가진 종교에 믿음이 있다 하더라도 그 이유로 복지기관 이용에 제한을 두어서는 안 된다.
	청소년의 의사결정능력이 제한적일 수 있지만 이들의 결정을 존중해야 한다.
	상이한 문화권의 종교(예: 이슬람교)를 믿는 청소년이 종교를 이유로 차별받지 않도록 적극적으로 개입할 필요가 있다.
	행정적인 업무가 늘어나더라도 모든 클라이언트에게 기회와 정보를 공평하게 제공해야 한다.
	영양상 문제가 있는 독거노인이 과거에 직원에게 심한 언어적 폭력을 했더라도 도시락 배달 서비스 대상에서 제외되어서는 안 된다.
	노숙인이 영구적인 거주지가 없다는 이유로 취업(고용)이 거부되어서는 안 된다.
온정적 개입	가정폭력 문제로 집을 나온 여성 노숙인이 집으로 돌아가고 싶어하더라도 학대 문제가 해결되지 않았다면 집에 돌아가지 않도록 클라이언트를 설득해야 한다.
	친부로부터 근친 성폭력 피해를 당해 쉼터에 입소한 아동이 친부의 회유에 의해 가정 복귀를 결정한 경우, 결정을 번복하도록 하기 위해 노력해야 한다.
	미성년 청소년이 자신의 남자친구와 성관계를 갖겠다고 말했을 때 사회복지사는 이 청소년을 설득해서 성관계를 갖지 않도록 노력해야 한다.
	심각한 피부염이 있는 장애 아동이 열악한 주거환경으로 위험한 상황에 처해 있다면 부모가 반대하더라도 개입하는 것이 필요하다.
	생활시설의 클라이언트가 동반 입소한 자신의 자녀를 방임하고 사회복지사의 개입을 거절할 경우, 자녀를 위해 클라이언트와 자녀를 분리해야 한다.
	다문화 가족의 아동에 대해서는 부모가 거부하더라도 언어발달 서비스를 제공하는 것이 적절하다.
	정신질환이 있는 노숙인이 치료기관 및 쉼터 입소를 거부하더라도 안전을 위해 서비스를 제공해야 한다.
	의식이 없이 중환자실에 입원한 저소득 클라이언트의 경우, 사회복지사의 판단에 따라 공공지원프로그램의 혜택을 받을 수 있도록 지원 절차를 이행하는 것은 문제가 되지 않는다.
	클라이언트의 자율성을 일시적으로 제한하더라도 클라이언트의 삶에 긍정적인 영향을 미치는 서비스는 제공되어야 한다.
	자녀와 연락이 단절된 치매 노인의 안전한 보호를 위해 노인을 대신하여 요양센터 입소를 결정해야 한다.
	클라이언트가 자신의 음주 문제를 수용하지 않지만 자해나 타해의 위협이 있는 경우, 가족이 동의하지 않더라도 강제 입원시켜야 한다.

응답범주: "전혀 그렇지 않다 1", "그렇지 않다 2", "보통이다 3", "그렇다 4", "매우 그렇다 5". 각 요인별 점수가 높을수록 해당 가치를 지향하는 경향이 상대적으로 높음을 의미함.

부 록 2 설문지

ID: | | | | |

사회복지 가치 척도 개발을 위한 설문조사

안녕하십니까? 설문에 응해 주셔서 고맙습니다.

본 연구는 사회복지 가치 척도를 개발하기 위한 목적을 가지고 있습니다. 설문 문항이 다소 많지만 질문에 대한 정답이나 오답은 없으니 끝까지 성실한 답변을 부탁드립니다.
통계법 제33조에 준거하여 본 설문은 비밀보장의 원칙을 엄수하고 해당 내용은 학문적인 목적 외에는 사용하지 않을 것입니다.
설문에 응해 주셔서 다시 한 번 감사드리며, 귀하의 앞날에 평안과 번영이 깃들기를 바랍니다.

1. 사회복지 가치 관련 문항

가. 각 문항들을 읽고 자신의 의견과 일치하는 내용에 √표하여 주십시오.

	문 항	전혀 그렇지 않다	그렇지 않다	보통이다	그렇다	매우 그렇다
1	서비스에 참여할 의지가 없는 클라이언트에게도 참여 여부를 선택할 수 있도록 서비스의 장단점을 비교할 수 있는 충분한 정보를 제공하여 다양한 선택의 권리를 존중해야 한다.					

2	자해, 타해의 위험이 있는 정신질환을 가진 여성 노숙인이 병원치료를 거부하더라도, 이것이 본인 혹은 타인에게 위협이 됨을 설명하고 치료를 받도록 해야 한다.					
3	동성애자는 성적 선호와 무관하게 사회생활을 할 수 있도록 존중받아야 한다.					
4	복지관을 이용하는 클라이언트가 지적 장애를 가지고 있을지라도 비밀보장 및 사생활 보호에 관한 부분을 당사자에게 알리는 것이 필요하다.					
5	우리 기관에 등록된 클라이언트이지만 다른 기관의 서비스가 더욱 적절할 경우, 다른 기관으로 주 관리기관을 의뢰하는 것이 적절하다.					
6	치매증상으로 직원에게 심각한 폭력을 휘두른 노인에게 기관의 입퇴소 기준에 따라 퇴소절차를 안내해야 한다.					
7	클라이언트의 부적절한 행동으로 서비스를 종결해야 하는 경우, 명확한 사유와 기관의 상황을 클라이언트에게 충분하게 설명해야 한다.					
8	클라이언트가 사회복지 생활시설을 퇴소할 때, 사회복지사는 퇴소 이후의 주거대책을 마련하는 과정에 책임을 져야 한다.					
9	사회 소수자들의 투표행사권이 확대될 수 있도록 노력해야 한다.					
10	노인요양시설에서 거주하는 두 노인이 결혼을 결심했을 때, 자녀들이 사후(死後) 법적 문제로 결혼을 반대하더라도 사회복지사는 두 노인의 결정을 존중해야 한다.					
11	정신질환이 심각한 여성 노숙인이 위험에 노출되어 있을 때 본인이 거부하더라도 건강과 생명을 유지하기 위해서 서비스를 제공해야 한다.					
12	동성애자가 다른 사람들의 복지를 저해하지 않는다면 자신이 원하는 것을 할 수 있어야 한다.					
13	시설을 이용하는 정신장애 클라이언트의 활동 내용을 주치의나 가족들에					

	게 공개할 경우, 클라이언트에게 사전에 알리고 클라이언트가 동의한 내용에 한하여 공개하는 것이 적절하다.					
14	자활사업에서 새로운 업종을 시도할 때에는 반드시 관련 전문가로부터 사전에 조언을 받아야 한다.					
15	당사자 활동가가 특정 클라이언트와 지나치게 사적이고 친밀한 관계를 형성하여 다른 클라이언트에게 피해가 된다면 이를 조정해야 한다.					
16	학교폭력으로 봉사명령을 받은 청소년에게 참여 가능한 모든 프로그램을 안내하고 프로그램 참여 여부에 대해서 사전에 동의를 구해야 한다.					
17	청소년 쉼터 퇴소 후 성인이 된 클라이언트가 위험한 상황에서 연락이 온다면 기관에서 관련 서비스를 연계해 주어야 한다.					
18	임신한 청소년도 학교에 다닐 권리가 있다.					
19	부부갈등으로 상담을 받고 있는 부부가 사회복지사의 결정에 의존하는 경우, 사회복지사는 시간이 걸리더라도 부부 스스로 문제해결 방안을 결정할 수 있도록 지원해야 한다.					
20	가정폭력 문제로 집을 나온 여성 노숙인이 집으로 돌아가고 싶어 하더라도 학대 문제가 해결되지 않았다면 집에 돌아가지 않도록 클라이언트를 설득해야 한다.					
21	클라이언트가 이단의 성향을 가진 종교에 믿음이 있다 하더라도 그 이유로 복지기관 이용에 제한을 두어서는 안 된다.					
22	지역사회 네트워크를 위해 통합사례관리체계가 구축되어 기관 간 클라이언트의 정보가 공유되는 경우, 이를 클라이언트에게 알려야 한다.					
23	병원에서 의료사고가 발생하였을 때, 병원의 입장보다는 클라이언트의 보호를 위해 클라이언트를 옹호해야 한다.					
24	결식아동 바우처서비스 대상 아동이 본래의 취지에 적합하지 않은 물품을					

	구입하더라도 이를 허용해야 한다.					
25	성매매 피해 경험이 있는 지적 장애 청소년에게 서비스를 제공하기 전에 사회복지사의 서비스를 받을 의사가 있는지 당사자에게 충분히 확인하여야 한다.					
26	친부로부터 근친 성폭력 피해를 당해 쉼터에 입소한 아동이 친부의 회유에 의해 가정 복귀를 결정한 경우, 결정을 번복하도록 하기 위해 노력해야 한다.					
27	클라이언트 간 욕구가 상충하는 경우 배분의 원칙을 정하여 이에 근거하여 공정하게 다룬다.					
28	청소년의 의사결정능력이 제한적일 수 있지만 이들의 결정을 존중해야 한다.					
29	미성년 청소년이 자신의 남자친구와 성관계를 갖겠다고 말했을 때 사회복지사는 이 청소년을 설득해서 성관계를 갖지 않도록 노력해야 한다.					
30	상이한 문화권의 종교(예: 이슬람교)를 믿는 청소년이 종교를 이유로 차별받지 않도록 적극적으로 개입할 필요가 있다.					
31	정신질환으로 인해 판단과 의사결정에 어려움을 느끼는 클라이언트에게 최대한 쉬운 용어를 사용하고 예를 들어 설명함으로써 치료에 관해 스스로 결정할 수 있도록 지원해야 한다.					
32	쉼터에서 보호하기 어려운 정신과적 문제가 있는 청소년이 비록 쉼터에 남기를 원한다 해도 더 나은 서비스를 제공할 수 있는 곳에 의뢰해야 한다.					
33	장애인 채용을 거부하는 사업주들을 설득하고 장애인을 차별하지 않도록 노력을 기울여야 한다.					
34	자활 서비스에 대한 클라이언트의 적극적인 의사개진을 위해서는 실무자가 아닌 클라이언트 간의 합의에 의해 대표자를 선발할 수 있도록 해야 한다.					
35	심각한 피부염이 있는 장애 아동이					

	열악한 주거환경으로 위험한 상황에 처해 있다면 부모가 반대하더라도 개입하는 것이 필요하다.					
36	사회복지사는 사회의 빈부격차를 줄이기 위한 적극적인 소득재분배 정책을 지지해야 한다.					
37	면담 중 알게 된 청소년의 흡연 및 성적(性的) 경험을 청소년의 동의 없이는 부모에게 알리지 말아야 한다.					
38	생활시설의 클라이언트가 동반 입소한 자신의 자녀를 방임하고 사회복지사의 개입을 거절할 경우, 자녀를 위해 클라이언트와 자녀를 분리해야 한다.					
39	결혼이주여성들의 역량을 강화하여 이들이 초등학교 학생들에게 각 민족의 다양성을 알리고 그 차이를 인정하도록 하는 프로그램을 지지해야 한다.					
40	교육 프로그램 참여를 통해 정규직 취업 연계 가능성을 안내하였음에도 생계의 문제로 임시직으로 취업하는 경우, 클라이언트의 결정을 존중해야 한다.					
41	노인복지관에서 참여자들의 리더 간담회를 통해 결정된 사항이 윤리적 규정에 어긋난다면, 개입을 통해서 이를 조정해야 한다.					
42	클라이언트 간의 입장이 다양하여 회의를 통해 결정할 때, 소수의견이 무시당하지 않도록 공평한 발언의 기회를 주어야 한다.					
43	치료비 지원을 원하는 저소득 클라이언트에게 지원 결정 과정에서 사보험 가입 여부, 재산 등에 관하여 조사가 이루어지며 이에 따라 지원 여부가 결정됨을 알려주어야 한다.					
44	다문화 가족의 아동에 대해서는 부모가 거부하더라도 언어발달 서비스를 제공하는 것이 적절하다.					
45	행정적인 업무가 늘어나더라도 모든 클라이언트에게 기회와 정보를 공평하게 제공해야 한다.					
46	자녀를 학대하거나 방임했다는 이유로 기관에 의뢰된 부모의 집을 방문					

	하기 전에 부모에게 전화로 연락해야 한다.				
47	장애가 있는 클라이언트가 선택한 서비스나 프로그램이 본인의 지적 또는 신체적 능력 때문에 이용하기 어렵다면, 장애를 고려한 적절한 서비스나 프로그램을 선택할 수 있도록 안내해야 한다.				
48	영양상 문제가 있는 독거노인이 과거에 직원에게 심한 언어적 폭력을 했더라도 도시락 배달 서비스 대상에서 제외되어서는 안 된다.				
49	생명의 위협을 받는 클라이언트가 비밀 보장을 요청하더라도 더 나은 서비스 제공을 위해 클라이언트의 비밀 정보를 공개해야 한다.				
50	이혼을 원하는 클라이언트에게 친권과 양육권 등 법적인 측면 및 관련된 다양한 프로그램을 충분히 설명한 후, 스스로 선택할 수 있도록 해야 한다.				
51	정신질환이 있는 노숙인이 치료기관 및 쉼터 입소를 거부하더라도 안전을 위해 서비스를 제공해야 한다.				
52	의식이 없이 중환자실에 입원한 저소득 클라이언트의 경우, 사회복지사의 판단에 따라 공공지원프로그램의 혜택을 받을 수 있도록 지원 절차를 이행하는 것은 문제가 되지 않는다.				
53	임대아파트 재개발 시 거주 중이던 저소득자에 대한 대책이 고려되지 않고 있다면 사회복지사는 이들을 옹호하기 위한 노력을 해야 한다.				
54	임신 중인 십대 여학생이 임신 중절 수술을 하려는 계획을 알게 되었을 때 사회복지사는 이를 학생의 부모에게 알려주어야 한다.				
55	장애인 활동 바우처사업에 참여하는 당사자는 동의능력이 제한적이므로 보호자의 의견에 따라 서비스를 제공하는 것이 적절하다.				
56	음주 문제가 있는 기초생활수급권자가 수급비 전액을 술 마시는 데 사용할 경우 제3자가 급여 관리를 하여				

	최소한의 의식주를 보장받도록 해야 한다.					
57	클라이언트가 자신에게 도움이 되는 서비스나 자원에 접근할 수 있도록 관련 정보를 다양한 방식으로 제공해야 한다.					
58	클라이언트의 자율성을 일시적으로 제한하더라도 클라이언트의 삶에 긍정적인 영향을 미치는 서비스는 제공되어야 한다.					
59	자녀와 연락이 단절된 치매 노인의 안전한 보호를 위해 노인을 대신하여 요양센터 입소를 결정해야 한다.					
60	장애 청소년에게도 캠프에 관한 정보를 직접 제공하고 참여 여부를 스스로 결정하도록 하는 것이 적절하다.					
61	노숙인이 영구적인 거주지가 없다는 이유로 취업(고용)이 거부되어서는 안 된다.					
62	클라이언트가 자신의 음주 문제를 수용하지 않지만 자해나 타해의 위협이 있는 경우, 가족이 동의하지 않더라도 강제 입원시켜야 한다.					

나. 각 문항들을 읽고 자신의 의견과 일치하는 내용에 √표하여 주십시오.

문 항		전혀 그렇지 않다	그렇지 않다	보통이다	그렇다	매우 그렇다
1	수급자에게 제공되는 모든 급여는 현금으로 지급되어야 한다.					
2	아이들도 어느 정도 나이가 들면 종교를 선택할 권리(무교로 남는 것도 포함하여)가 있다.					
3	근로자가 실업자보다 더 많은 정부지원을 받아야 한다.					
4	불임은 복지 부담을 줄일 수 있는 적절한 방법 중 하나이다.					
5	낙태를 원하는 여성에게 상담을 제공해야 한다.					

6	누구에게나 최저 소득은 보장되어야 한다.					
7	커플(Couples)은 부모가 되는 것을 스스로 결정해야 한다.					
8	정부는 저소득층에 너무 많은 돈을 지출해왔다.					
9	정부는 부를 재분배해서는 안 된다.					
10	정년은 60세에 의무적으로 해야 한다.					
11	여성은 낙태 관련 서비스를 이용할 권리를 가져야 한다.					
12	죽음을 앞둔 사람은 자신의 상황에 대해 고지 받을 권리가 있다.					
13	경찰청은 소수정당에 속한 사람들에 대한 정보를 관리해야 한다.					
14	양육권이 없는 부모에 의한 유괴는 법적인 문제라기보다는 가족의 문제로 보아야 한다.					
15	정부는 가족계획 사업을 지원해서는 안 된다. (※ 가족계획 사업: 의도하지 않은 임신을 예방하기 위해 저소득층 여성과 남성에게 제공되는 임신 또는 출산의 제한 및 조절, 자녀출산 계획과 관련한 정책 사업)					
16	의무 정년제도는 노인의 무능력으로 인해 발생하는 사회적 손실을 줄인다.					
17	수급을 받는 여성들은 더 이상 아이를 갖지 못하도록 해야 한다.					
18	가족계획 서비스는 모든 청소년에게 제공되어야 한다. (※ 가족계획 서비스: 자녀의 임신 및 출산 계획에 관한 지원 서비스)					
19	사형제도는 폐지되어서는 안 된다.					
20	정부는 장애로 인한 소득상실에 대비해 포괄적인 보험체계를 제공해야 한다.					
21	연령을 기준으로 한 의무 정년제도는 없어져야 한다.					
22	사형은 범죄행위를 막는 중요한 수단이다.					
23	지방정부는 주민 권리를 위한 제도를 잘 집행하는지 감시되어야 한다.					

24	노인은 최소한의 정신건강 서비스만을 필요로 한다. (※ 최소한의 정신건강 서비스: 정신건강을 위한 예방, 치료, 재활 서비스 중 정신과적 문제 진단 및 치료 연계 서비스를 의미함)					
25	사회복지사는 부정 수급자로 의심되는 클라이언트 정보를 관리해야 한다.					
26	오로지 의료인만이 연명치료 결정에 관여해야 한다.					
27	임신한 청소년은 퇴학시켜야 한다.					
28	정부 지원금을 받는 학생들이 항의시위에 참여한다면, 지원을 취소해야 한다.					
29	가정법원에서 청소년에게 변호인을 제공할 필요가 없다.					
30	체벌은 공격적인 행동을 하는 청소년들을 지도하는 중요한 수단이다.					
31	실업급여는 경제대란과 같은 상황에서 확대되어야 한다.					
32	수급자에게 현금보다는 바우처나 현물로 주는 것이 더 낫다.					
33	빈부격차는 소득재분배를 통해 감소되어야 한다.					
34	정부는 지역사회가 출소자를 받아들이도록 돕는 일차적 책임을 갖는다.					
35	소수자들의 투표행사권이 확대될 수 있도록 노력해야 한다.					
36	경찰이 수색영장 없이 들이닥치는 것은 개인의 권리를 침해하는 것이다.					
37	가족계획 서비스는 소득에 상관없이 모든 사람들에게 제공되어야 한다. (※ 가족계획 서비스: 자녀의 임신 및 출산 계획에 관한 지원 서비스)					
38	노인은 가능한 한 평소 지내던 환경에서 부양되어야 한다.					
39	입양절차에서 가장 중요한 당사자는 입양아동이다.					
40	가족이란 그들 스스로를 가족이라 생각하고, 보호하고 돌보는 의무를 갖는 둘 이상의 개인들로 정의될 수 있다.					

2. 조직, 경력 및 직무만족 관련

가. 다음은 귀하의 조직, 경력 및 직무만족과 관련된 질문입니다. 각 문항들을 읽고 해당하는 내용을 기재하시거나 √표하여 주십시오.

사회복지분야 총 경력	________ 년 ________개월
현 근무처 근무기간	________ 년 ________개월
현 근무처 종류	① 생활시설 ② 이용시설 ③ 기타
현 근무처 유형	① 종합사회복지관 ② 노인복지 기관 ③ 장애인복지 기관 ④ 아동·청소년 기관 ⑤ 병(의)원·정신보건 기관 ⑥ 부랑인·노숙인 기관 ⑦ 여성·가족(다문화, 한부모, 모부자 등 포함) ⑧ 지역자활센터 ⑨ 법인, 협회, 협의회, 재단 ⑩ 기타(구체적으로 표기:)
현 직위	① 대표 및 상위관리급(국장, 부장 등) ② 중간관리급(과장, 팀장 등) ③ 실무급(대리, 사회복지사 등) ④ 기타( )
급여수준	※ 연봉으로, 만 원 단위로 대답해 주시기 바랍니다. 예) 연봉 약 (2,500)만 원 연봉 약 ( )만 원
주요 담당 업무	① 사회복지 직접 사업 업무 ② 사회복지 사업 지원 업무(행정, 총무, 관리, 자원관리, 홍보 등) ③ 기타(구체적으로 명시:)

나. 다음은 귀하의 직무만족과 관련된 질문입니다. 각 문항들을 읽고 자신의 의견과 일치하는 내용에 √표하여 주십시오.

	문 항	전혀 그렇지 않다	그렇지 않다	보통이다	그렇다	매우 그렇다
1	나는 상급자에 대해 존경심을 가지고 있다.					
2	상급자는 나의 직무 수행에 자율성을 인정해 준다.					
3	상급자는 평소 나에게 관심을 가지고 배려해 준다.					
4	상급자는 나를 공정하게 평가해 준다.					

5	업무와 관련된 사항을 동료와 자유롭게 상의한다.					
6	동료들은 어려운 일이 발생했을 때 서로 잘 도와준다.					
7	동료들과 마음이 잘 맞는다고 생각한다.					
8	현재의 임금으로 생활에 큰 어려움이 없다.					
9	현재의 임금은 나의 노력에 비추어 공정하다.					
10	나의 임금은 동종업계와 비교해 많다고 생각한다.					
11	우리 기관은 다른 기관에 비해 승진이 빠르다고 생각한다.					
12	나의 업무 성과가 승진에 많은 영향을 줄 것으로 기대한다.					
13	나는 승진에 반영되는 근무평가가 공정하게 이뤄지고 있다고 생각한다.					
14	우리 기관은 승진할 기회가 크다.					
15	내가 맡고 있는 일을 자랑스럽게 여긴다.					
16	나는 현재 하는 일을 친한 사람들에게 권하겠다.					
17	내가 맡고 있는 일에 보람을 느낀다.					
18	나는 이직을 진지하게 고민해 본 적이 있다.					
19	현재 수준의 수입이 보장된다면 다른 곳으로 옮길 생각이 있다.					
20	나는 출근 시에 결근하고 싶다는 생각이 종종 든다.					

3. 교육 및 훈련 관련

다음은 귀하께서 받으신 학교 교육 과정과 관련된 질문입니다. 각 문항들을 읽고 해당하는 내용을 기재하시거나 √표하여 주십시오.

사회복지학 전공 여부	학 부	※ 제1전공만 표시해 주세요. ① 사회복지학 전공(아동복지, 청소년복지, 노인복지, 장애인복지 등 유사명칭 포함) ② 관련학과 전공(심리학, 사회학, 직업재활 등) ③ 비전공
	대학원	※ 해당자만 표시해 주세요. ① 사회복지학 전공(아동복지, 청소년복지, 노인복지, 장애인복지 등 유사명칭 포함) ② 관련학과 전공(심리학, 사회학, 직업재활 등) ③ 비전공 ④ 해당 없음
사회복지가치 관련 과목 이수여부		선생님은 학교 교육 과정에서 사회복지 가치 관련 과목을 총 몇 회 이수하셨습니까? ※ 이수하지 않은 경우 '0'이라고 반드시 표기해 주십시오. 학부 ( )회 대학원 ( )회
학 력		① 고졸 이하 ② 2년제 대졸 ③ 4년제 대졸 ④ 석사 과정 중 ⑤ 석사 졸업 ⑥ 박사 과정 중 ⑦ 박사 과정 수료 ⑧ 박사 졸업

□ 최근 1년간 받은 사회복지 가치 관련 교육의 횟수와 시간을 표기해 주십시오.

횟수 ( )회 시간 ( )시간

□ 의료사회복지사·정신보건사회복지사 자격증 취득과 관련하여 수련을 받은 경험이 있습니까?

① 있음 ② 없음

다음은 귀하께서 받고 계신 슈퍼비전과 관련된 질문입니다. 각 문항들을 읽고 해당하는 내용을 기재하시거나 √표하여 주십시오.

□ 기관 내에서 공식적·비공식적 슈퍼비전을 어느 정도 받고 계십니까?

월 ( )회 슈퍼비전 1회당 ( )분

	문 항	전혀 그렇지 않다	그렇지 않다	보통이다	그렇다	매우 그렇다
1	슈퍼바이저는 나의 능력을 최대한 발휘할 수 있도록 동기를 부여한다.					
2	슈퍼바이저는 업무수행 시 당면한 문제를 전문가적인 시각으로 해결할 수 있도록 지도한다.					
3	슈퍼바이저는 업무수행 시 처할 수 있는 어려움과 불안을 극복할 수 있도록 자신감을 준다.					
4	내가 근무하고 있는 기관에서는 슈퍼비전이 적절하게 이루어지고 있다.					
5	슈퍼바이저는 업무수행에 필요한 전문적 가치와 지식, 기술을 지도한다.					
6	슈퍼바이저는 각종 지침이나 관계 규정의 해석, 까다로운 직무 수행 시 실제적인 도움을 준다.					
7	슈퍼바이저는 성과물을 중요하게 생각하지만 성과물이 나오게 되는 과정에도 많은 관심을 갖고 지도한다.					

4. 일반적 사항

다음은 귀하의 일반적인 사항입니다. 해당하는 곳에 √표하여 주십시오.

성 별	① 남 ② 여	연 령	만 ______세
종 교	① 가톨릭 ② 개신교 ③ 불교 ④ 기타 ⑤ 무교		
사회복지사 자격증 급수	① 사회복지사 1급 ② 사회복지사 2급 ③ 사회복지사 3급		
자격증 취득시기	① 국가고시 실시 이전 ② 국가고시 실시 이후		
의료사회복지사 자격증 유무	① 자격증 있음 ② 자격증 없음		
정신보건사회복지사 자격증 유무	① 정신보건사회복지사 1급 ② 정신보건사회복지사 2급 ③ 정신보건수련사회복지사 ④ 기타		

- 설문에 응답해 주셔서 대단히 고맙습니다. -

부록 3 한국사회복지사협회 윤리강령

전 문

사회복지사는 인본주의·평등주의 사상에 기초하여, 모든 인간의 존엄성과 가치를 존중하고 천부의 자유권과 생존권의 보장활동에 헌신한다. 특히 사회적·경제적 약자들의 편에 서서 사회정의와 평등·자유와 민주주의 가치를 실현하는 데 앞장선다. 또한 도움을 필요로 하는 사람들의 사회적 지위와 기능을 향상시키기 위해 저들과 함께 일하며, 사회제도 개선과 관련된 제반 활동에 주도적으로 참여한다. 사회복지사는 개인의 주체성과 자기결정권을 보장하는 데 최선을 다하고, 어떠한 여건에서도 개인이 부당하게 희생되는 일이 없도록 한다. 이러한 사명을 실천하기 위하여 전문적 지식과 기술을 개발하고, 사회적 가치를 실현하는 전문가로서의 능력과 품위를 유지하기 위해 노력한다. 이에 우리는 클라이언트·동료·기관 그리고, 지역사회 및 전체 사회와 관련된 사회복지사의 행위와 활동을 판단·평가하며 인도하는 윤리기준을 다음과 같이 선언하고 이를 준수할 것을 다짐한다.

윤리기준

Ⅰ. 사회복지사의 기본적 윤리기준

1. 전문가로서의 자세

1) 사회복지사는 전문가로서의 품위와 자질을 유지하고, 자신이 맡고 있는 업무에 대해 책임을 진다.
2) 사회복지사는 클라이언트의 종교 · 인종 · 성 · 연령 · 국적 · 결혼상태 · 성 취향 · 경제적 지위 · 정치적 신념 · 정신, 신체적 장애 · 기타 개인적 선호, 특징, 조건, 지위를 이유로 차별 대우를 하지 않는다.
3) 사회복지사는 전문가로서 성실하고 공정하게 업무를 수행하며, 이 과정에서 어떠한 부당한 압력에도 타협하지 않는다.
4) 사회복지사는 사회정의 실현과 클라이언트의 복지 증진에 헌신하며, 이를 위한 환경 조성을 국가와 사회에 요구해야 한다.
5) 사회복지사는 전문적 가치와 판단에 따라 업무를 수행함에 있어, 기관 내외로부터 부당한 간섭이나 압력을 받지 않는다.
6) 사회복지사는 자신의 이익을 위해 사회복지 전문직의 가치와 권위를 훼손해서는 안 된다.
7) 사회복지사는 한국사회복지사협회 등 전문가단체 활동에 적극 참여하여, 사회정의 실현과 사회 복지사의 권익옹호를 위해 노력해야 한다.

2. 전문성 개발을 위한 노력

1) 사회복지사는 클라이언트에게 최상의 서비스를 제공하기 위해, 지식과 기술을 개발하는 데 최선을 다하며 이를 활용하고 전파할 책임이 있다.
2) 클라이언트를 대상으로 연구하는 사회복지사는 저들의 권리를 보장하기 위해, 자발적이고 고지된 동의를 얻어야 한다.
3) 연구과정에서 얻은 정보는 비밀보장의 원칙에서 다루어져야 하고, 이 과정에서 클라이언트는 신체적·정신적 불편이나 위험·위해 등으로부터 보호되어야 한다.
4) 사회복지사는 전문성을 개발하기 위해 노력하되, 이를 이유로 서비스의 제공을 소홀히 해서는 안 된다.
5) 사회복지사는 한국사회복지사협회 등이 실시하는 제반교육에 적극 참여하여야 한다.

3. 경제적 이득에 대한 태도

1) 사회복지사는 클라이언트의 지불능력에 상관없이 서비스를 제공해야 하며, 이를 이유로 차별대우를 해서는 안 된다.
2) 사회복지사는 필요한 경우에 제공된 서비스에 대해, 공정하고 합리적으로 이용료를 책정해야 한다.
3) 사회복지사는 업무와 관련하여 정당하지 않은 방법으로 경제적 이득을 취하여서는 안 된다.

II. 사회복지사의 클라이언트에 대한 윤리기준

1. 클라이언트와의 관계

1) 사회복지사는 클라이언트의 권익옹호를 최우선의 가치로 삼고 행동한다.
2) 사회복지사는 클라이언트에 대하여 인간으로서의 존엄성을 존중해야 하며, 전문적 기술과 능력을 최대한 발휘한다.
3) 사회복지사는 클라이언트가 자기결정권을 최대한 행사할 수 있도록 도와야 하며, 저들의 이익을 최대한 대변해야 한다.
4) 사회복지사는 클라이언트의 사생활을 존중하고 보호하며, 직무수행과정에서 얻은 정보에 대해 철저하게 비밀을 유지해야 한다.
5) 사회복지사는 클라이언트가 받는 서비스의 범위와 내용에 대해, 정확하고 충분한 정보를 제공함으로써 알 권리를 인정하고 존중해야 한다.
6) 사회복지사는 문서 · 사진 · 컴퓨터 파일 등의 형태로 된 클라이언트의 정보에 대해 비밀보장의 한계 · 정보를 얻어야 하는 목적 및 활용에 대해 구체적으로 알려야 하며, 정보 공개 시에는 동의를 얻어야 한다.
7) 사회복지사는 개인적 이익을 위해 클라이언트와의 전문적 관계를 이용하여서는 안 된다.
8) 사회복지사는 어떠한 상황에서도 클라이언트와 부적절한 성적관계를 가져서는 안 된다.
9) 사회복지사는 사회복지 증진을 위한 환경조성에 클라이언트를 동반자로 인정하고 함께 일해야 한다.

2. 동료의 클라이언트와의 관계

1) 사회복지사는 적법하고도 적절한 논의 없이 동료 혹은, 다른 기관의 클라이언트와 전문적 관계를 맺어서는 안 된다.
2) 사회복지사는 긴급한 사정으로 인해 동료의 클라이언트를 맡게 된 경우, 자신의 의뢰인처럼 관심을 갖고 서비스를 제공한다.

Ⅲ. 사회복지사의 동료에 대한 윤리기준

1. 동 료

1) 사회복지사는 존중과 신뢰로서 동료를 대하며, 전문가로서의 지위와 인격을 훼손하는 언행을 하지 않는다.
2) 사회복지사는 사회복지 전문직의 이익과 권익을 증진시키기 위해 동료와 협력해야 한다.
3) 사회복지사는 동료의 윤리적이고 전문적인 행위를 촉진시켜야 하며, 이에 반하는 경우에는 제반 법률규정이나 윤리기준에 따라 대처해야 한다.
4) 사회복지사가 전문적인 판단과 실천이 미흡하여 문제를 야기시켰을 때에는, 적절한 조치를 취하여 클라이언트의 이익을 보호해야 한다.
5) 사회복지사는 전문직 내 다른 구성원이 행한 비윤리적 행위에 대해, 제반 법률규정이나 윤리기준에 따라 조치를 취해야 한다.
6) 사회복지사는 동료 및 타 전문직 동료의 직무 가치와 내용을 인정・이해하며, 상호 간에 민주적인 직무관계를 이루도록 노력

해야 한다.

2. 슈퍼바이저

1) 슈퍼바이저는 개인적인 이익의 추구를 위해 자신의 지위를 이용해서는 안 된다.
2) 슈퍼바이저는 전문적 기준에 의해 공정하게 책임을 수행하며, 사회복지사 · 수련생 및 실습생에 대한 평가는 저들과 공유해야 한다.
3) 사회복지사는 슈퍼바이저의 전문적 지도와 조언을 존중해야 하며, 슈퍼바이저는 사회복지사의 전문적 업무수행을 도와야 한다.
4) 슈퍼바이저는 사회복지사 · 수련생 및 실습생에 대해 인격적 · 성적으로 수치심을 주는 행위를 해서는 안 된다.

Ⅳ. 사회복지사의 사회에 대한 윤리기준

1) 사회복지사는 인권존중과 인간평등을 위해 헌신해야 하며, 사회적 약자를 옹호하고 대변하는 일을 주도해야 한다.
2) 사회복지사는 필요한 사회서비스를 개발하기 위한 사회정책의 수립 · 발전 · 입법 · 집행에 적극적으로 참여하고 지원해야 한다.
3) 사회복지사는 사회환경을 개선하고 사회정의를 증진시키기 위한 사회정책의 수립 · 발전 · 입법 · 집행을 요구하고 옹호해야 한다.
4) 사회복지사는 자신이 일하는 지역사회의 문제를 이해하고, 그것을 해결하는 일에 적극적으로 참여해야 한다.

Ⅴ. 사회복지사의 기관에 대한 윤리기준

1) 사회복지사는 기관의 정책과 사업 목표의 달성, 서비스의 효율성과 효과성의 증진을 위해 노력함으로써, 클라이언트에게 이익이 되도록 해야 한다.
2) 사회복지사는 기관의 부당한 정책이나 요구에 대하여, 전문직의 가치와 지식을 근거로 이에 대응하고 즉시 사회복지윤리위원회에 보고해야 한다.
3) 사회복지사는 소속기관 활동에 적극 참여함으로써, 기관의 성장 발전을 위해 노력해야 한다.

Ⅵ. 사회복지윤리위원회의 구성과 운영

1) 한국사회복지사협회는 사회복지윤리위원회를 구성하여, 사회복지 윤리실천의 질적인 향상을 도모하여야 한다.
2) 사회복지윤리위원회는 윤리강령을 위배하거나 침해하는 행위를 접수받아, 공식적인 절차를 통해 대처하여야 한다.
3) 사회복지사는 한국사회복지사협회의 윤리적 권고와 결정을 존중하여야 한다.

출처: 한국사회복지사협회(www.welfare.net)

부록 4 NASW(미국사회복지사협회) 윤리강령

전 문

사회복지 전문직의 주요 임무는 취약하고 억압받으며 빈곤한 계층의 욕구 및 능력에 특별한 관심을 두면서, 인류의 복지를 증진하고 모든 사람들에 관한 인간의 기본적인 욕구를 충족시키는 데 도움을 주고자 하는 것이다. 사회복지에 대한 역사적이며 정의에 따른 특징은 사회복지 전문직의 초점이 사회환경에 따른 개인의 복지 및 사회복지에 있다는 데에 있다. 사회복지에 근본적인 것은 삶의 문제를 야기하는 환경의 원인에 관심을 두는 것이다.

사회복지사는 클라이언트를 위하여 그리고 클라이언트와 함께 사회정의와 사회변화를 촉진시킨다. '클라이언트'는 개인, 가족, 집단, 기관, 지역사회를 의미한다. 사회복지사는 문화적 다양성과 인종의 다양성에 민감하며, 차별, 억압, 빈곤 및 기타 유형의 사회적 불공평을 없애기 위해 노력한다. 이러한 활동은 직접실천, 지역사회조직, 지도감독(supervision), 상담, 관리, 옹호, 사회적 및 정치적 활동, 정책 개발 및 시행, 교육, 연구조사 및 평가 따위의 형식을 띤다. 사회복지사는 사람들이 자신의 욕구를 다룰 수 있게끔 그들의 역량을 강화시키기 위해 노력한다. 또한 사회복지사는 개인적 욕구와 사회 문제에 대한 조직, 지역사회, 그리고 기타 사회단체의 반응을 증진시키고자 한다.

사회복지 전문직의 임무는 일련의 핵심 가치를 바탕으로 한다. 사회복지사들이 사회복지 전문직의 역사를 통틀어 받아들이게 된 이러한 핵심 가치는 사회복지만의 독특한 목적 및 관점을 이루는 바탕이 된다.

서비스
사회정의
인간의 존엄성 및 가치
대인관계의 중요성
성실(integrity)
능력

이러한 핵심 가치는 사회복지 전문직의 독특성을 반영한다. 핵심 가치와 이러한 가치로부터 나오는 원칙은 인간 경험의 복합성과 관계 상황 안에서 균형을 이루어야 한다.

NASW 윤리강령의 목적

사회복지 전문직의 윤리는 사회복지의 핵심에 놓여 있다. 사회복지 전문직은 그 기본 가치, 윤리원칙, 윤리기준을 명확히 해야 할 책무를 지닌다. NASW 윤리강령은 사회복지사의 행위를 지도하는 이러한 가치 원칙 기준을 설명한다. 이 강령은 직무, 업무환경 또는 대상 인구집단 따위와 상관없이 모든 사회복지사 및 모든 사회복지 학생들에게 적용된다.

NASW 윤리강령의 6가지 목적은 다음과 같다.

(1) 사회복지의 임무는 핵심 가치를 기반으로 한다.

(2) 사회복지 전문직의 핵심 가치를 반영하며, 사회복지실천을 이끄는 데 사용되는 일련의 특정 윤리기준을 수립하는 총괄적인 윤리원칙을 요약한다.

(3) 전문직 의무에 갈등이나 윤리적 불확실성이 발생할 때 사회복지사가 적절한 고려 사항을 규정하는 것을 돕기 위한 목적으로 제정되었다.

(4) 일반 대중이 사회복지 전문직의 책임으로 간주할 수 있는 윤리기준을 제공한다.

(5) 사회복지에 대한 임무 가치 윤리기준 윤리원칙에 생소한 사회복지사에게 지침을 제공한다.

(6) NASW 소송 절차
NASW 소송 절차에 관한 더욱 자세한 정보는 NASW Procedures for the AdJudication of Grievances를 참조하도록 한다.

사회복지 전문직 자체에서 사회복지사가 비윤리적인 행위를 했는지에 대한 여부를 사정하는 데 사용되는 기준을 규정한다. NASW는 NASW 구성원이 제기한 윤리적 불만을 평가하는 공식 절차를 두고 있다. 사회복지사는 이 강령을 실행할 때 서로 협조해야 하고, NASW 소송 절차에 참여해야 하며, NASW의 규율상에 있는 모든 규제나 그에 수반된 제재를 준수해야 한다.

이 강령은 윤리적 쟁점이 빚어질 때 의사결정과 행위를 이끌어 줄 일련의 가치 원칙 기준을 제공한다. 그러나 모든 환경에서 사회복지사의 행위에 관한 일련의 규정이 제공되는 것은 아니다. 이 강령을 적용할 때에는 강령이 고려되는 환경과, 강령의 가치 원칙 기준 사이에 상충될 가능성을 함께 고려하여야 한다. 윤리적 책임은 개인 및 가족의 관계와 같은 모든 인간관계로부터 사회 및 전문직으로 퍼져 나온다.

더욱이, NASW 윤리강령은 어떤 가치, 원칙, 기준이 상충할 때 이들 가운데 어떠한 것이 가장 중요하며 또한 다른 것에 우선하는지에 관해서는 규정하지 않는다. 상충되는 가치, 윤리기준, 윤리원칙을 순서매기는 방법에 대해서는 사회복지사들 간에 상당한 의견의 차이가 발생한다. 어떤 상황에서 윤리적 의사결정을 하는 데에는 사회복지사 각각의 타당한 결정이 반영되어야 하며, 전문직의 윤리기준을 적용하는 동료의 검토과정에서 이러한 쟁점이 어떻게 결정될 것인가 하는 것도 고려되어야 한다.

윤리적 의사결정은 하나의 과정이다. 단순한 해결책만으로는 복잡한 윤리적 쟁점을 해결할 수 없는 수많은 사회복지 사례가 존재한다. 사회복지사는 윤리적 판단이 보장되도록 모든 상황에 적합한 이 강령의 모든 가치, 원칙, 기준을 고려하여야 한다. 사회복지사의 판단과 조치는 이 강령의 규정뿐만 아니라 정신에도 일관되어야 한다.

이 강령에 덧붙여, 윤리적 사고를 위해 유용하게 사용될 수 있는 다른 많은 정보원이 존재한다. 사회복지사는 윤리적 이론과 원칙, 사회복지 이론 및 연구조사, 법률, 규제, 기관의 정책, 기타 관련 윤리강령을 포괄적으로 고려하여, NASW 윤리강령이 여러 윤리강령 가운데 주요한 기준이 됨을 인식해야 한다. 또한 사회복지사는 클라이언트의 윤리적 의사결정, 클라이언트의 개인적 가치, 문화적·종교적 믿음과 관례에 미치는 영향도 인식하고 있어야 한다. 사회복지사는 개인적 가치와 전문직의 가치 사이에서 발생하는 모든 갈등을 인식해야 하며, 이러한 갈등을 확실하게 해소해야 한다. 추가적인 지침으로, 사회복지사는 사회복지 전문직의 윤리 및 윤리적 의사결정에 관한 문헌을 조사하여, 윤리적 딜레마에 빠졌을 때 적절한 참고가 되도록 해야 한다. 여기에는 기관 중심의 윤리위원회 또는 사회복지 기관의 윤리위원회, 규제기관, 윤리적 문제에 정통한 동료, 지도감독자 또는 법률 자문을 통한 상담이 포함된다.

사회복지사의 윤리적 책무가 기관의 정책이나 관련 법률 또는 규제와 상충될 때 갈등이 발생하게 된다. 이러한 갈등이 발생하면 사회복지사는 강령에 명시된 가치, 원칙, 기준에 부합되는 선에서 이러한 문제를 해결하려는 책임 있는 노력을 기울여야 한다. 상충에 대한 적절한 해결책이 현실적으로 불가능한 것으로 보이는 경우, 사회복지사는 판단을 내리기에 앞서 적절한 상담을 이루기 위해 노력해야 한다.

NASW 윤리강령은 이를 채택하거나 적용하는 NASW, 개인, 기관, 조직, 단체에서 참조의 토대로 사용하도록 하기 위한 것이다. 이 강령에 명시된 기준을 위반하는 것이 자동적으로 법적 책임이나 법률 위반을 의미하는 것은 아니다. 이러한 것에 대한 판단은 법률 및 사법절차에 의해서만 이루어질 수 있다. 강령에 대한 위반이 제기되면 동료의 검토 과정을 거치게 된다. 대개 이러한 과정은 법률 또는 행정 절차와는 별개의 것이며, 법률적 검토나 소송 절차와도 분리되어, 사회복지사에 대한 상담 및 징계를 하게 된다.

윤리강령으로 윤리적 행위가 보장되는 것은 아니다. 더욱이, 윤리강령은 모든 윤리적 쟁점이나 논쟁을 해결할 수 없으며, 지역사회의 윤리 안에서 책임 있는 선택을 하려는 노력과 관련된 풍부함과 복합성을 파악할 수도 없다. 대신, 윤리강령은 사회복지 전문직이 열망하며 이들의 행위를 판단하는 가치, 윤리기준, 윤리원칙을 규정한다. 사회복지사의 윤리적 행위는 윤리적 실천을 약속하는 이들의 개인적 책임으로부터 나온다. NASW 윤리강령은 전문직의 가치를 지탱하며 윤리적인 행동을 하기 위한 모든 사회복지사의 책임을 반영한다. 윤리기준 및 원칙은, 선의로 도덕적인 질문들을 구별하고 신뢰할만한 윤리적 판단을 추구하는 정직한 인격자에 의해 적용되어야 한다.

윤리원칙

다음의 포괄적인 윤리원칙들은 사회복지서비스의 핵심 가치, 사회정의, 개인의 존엄성 및 가치, 인간관계의 중요성, 성실성, 능력을 바탕으로 한다. 이러한 원칙들은 모든 사회복지사가 열망하는 이상을 규정한다.

가치: 서비스

윤리원칙: 사회복지사의 주요 목표는 욕구가 채워지지 않은 사람들을 도우며 사회 문제를 해결하고자 하는 것이다.

사회복지사는 개인적인 이익을 초월하여 다른 사람들에 대한 서비스를 고양시킨다. 어떠한 필요에 처해 있는 사람들을 돕고 사회문제를 해결하기 위해 사회복지사는 자신의 지식, 가치 및 기술을 활용한다. 사회복지사는 금전적 소득을 기대하지 않으면서 자신의 전문적 기술을 자발적으로 발휘하도록 권장된다.

가치: 사회정의
윤리기준: 사회복지사는 사회적 불공평에 도전한다.

사회복지사는 사회적 변화 특히, 유약하고 억압받는 사람 및 집단을 위한 사회적 변화를 추구한다. 사회복지사가 추구하는 사회변화를 위한 노력은 빈곤, 실업, 차별, 기타 유형의 사회적 불공평에 그 주된 초점을 맞춘다. 이러한 활동에서는 억압과 문화적, 인종적 다양성에 관한 지식의 민감성을 증진시켜야 한다. 사회복지사는 필요한 정보 서비스 자원에 대한 접근, 기회의 균등, 모든 사람들을 위한 의사결정에 의미 있는 참여를 보장하고자 노력한다.

가치: 개인의 존엄성 및 가치
윤리기준: 사회복지사는 개인의 타고난 존엄성과 가치를 존중한다.

사회복지사는 개인적인 차이와 문화적 및 인종적 다양성을 염두에 두고 이들을 보호하고 존중하는 마음으로 모든 사람을 대해야 한다. 사회복지사는 사회적으로 책임 있는 클라이언트의 자기결정권을 위해 노력한다. 사회복지사는 이들의 욕구를 변화시키고 해결하기 위해 클라이언트의 역량과 기회를 강화시키고자 한다. 사회복지사는 클라이언트 및 더 넓은 사회에 대한 이중적 책임을 인식한다. 이들은 사회복지전문직의 가치, 윤리기준, 윤리원칙에 일관되는 사회적인 책임을 의식하면서, 클라이언트의 이해관계와 더 넓은 사회의 이해관계 사이의 갈등을 해결하기 위해 노력한다.

가치: 인간관계의 중요성
윤리기준: 사회복지사는 인간관계의 본질적인 중요성을 인식한다.

사회복지사는 사람들 사이의 관계가 변화를 위한 중요한 매개체라는 것을 인식한다. 사회복지사는 클라이언트 지원 과정에서 이들을 파트너로서 대우한다. 사회복지사는 개인, 가족, 사회집단, 조직, 지역사회의 복지를 증진·회복·유지하기 위해 사람들 사이의 인간관계를 강화시키고자 한다.

가치: 성실성
윤리기준: 사회복지사는 신뢰성을 줄 수 있게끔 행동한다.

사회복지사는 사회복지전문직의 임무, 가치, 윤리기준, 윤리원칙을 항상 염두에 두며, 이러한 것에 일관되게 실천에 임한다. 사회복지사는 정직하고 책임성 있게 행동하며, 자신이 속한 조직의 입장에서 윤리적인 실천을 증진한다.

가치: 능력
윤리기준: 사회복지사는 자신의 능력이 미치는 범위 안에서 실천을 하며, 자신의 전문기술을 발전 및 강화시킨다.

사회복지사는 자신의 전문지식과 기술을 확충하기 위해 끊임없이 노력하며, 이러한 지식과 기술을 실천에 적용한다. 사회복지사는 사회복지전문직의 지식 기반에 이바지하고자 노력해야 한다.

윤리기준

다음의 윤리기준들은 모든 사회복지사의 사회복지전문직 활동과 관련된다. 이러한 기준들은

(1) 클라이언트에 대한 사회복지사의 윤리적 책임
(2) 동료에 대한 사회복지사의 윤리적 책임
(3) 실천장(practice setting)에 대한 사회복지사의 윤리적 책임
(4) 전문직으로서의 사회복지사의 윤리적 책임
(5) 사회복지전문직에 대한 사회복지사의 윤리적 책임
(6) 더 넓은 사회에 대한 사회복지사의 윤리적 책임을 고려한다.

다음에 나오는 일부의 기준은 전문직의 수행에 대한 강제적인 지침이며, 또 다른 일부는 권장지침이다. 각각의 기준이 강제되는 정도는 제시된 윤리기준의 위반을 검토하는 책임 당사자에 의해 시행되는 전문직 판단에 관한 문제이다.

1. 클라이언트에 대한 사회복지사의 윤리적 책임

1.01 클라이언트에 대한 책임

사회복지사의 주요 책임은 클라이언트의 복지를 증진하는 것이다. 대개 클라이언트의 이해관계가 주요한 것이 된다. 그러나 몇몇의 경우, 더 넓은 사회에 대한 사회복지사의 책임 또는 특정 법적 책임이 클라이언트에 대한 성실성을 대신하며, 따라서 클라이언트는 상담을 받게 된다(예를 들어, 클라이언트가 아동을 학대하거나 자신 또는 다른 사람에게 해가 될 수 있는 위협을 한다는 것을 법률에 의해 사회복지사가 보고해야 하는 경우이다).

1.02 자기결정권

사회복지사는 클라이언트의 자기결정권을 존중하고 증진하며, 클라이언트가 목표를 규정하고 명확화 하도록 지원한다. 사회복지사는 자신의 전문적 판단에 의해 클라이언트의 조치 또는 잠재적 조치가 그들 자신이나 다른 사람들에게 심각하고 예상 가능하며 임박한 위험을 야기할 때에는 클라이언트의 자기결정권을 제한할 수 있다.

1.03 동 의

a. 사회복지사는 적절한 때, 타당한 동의에 근거한 전문직의 관계에 의해서만 클라이언트에 대한 서비스를 제공할 수 있다. 사회복지사는 서비스의 목적, 서비스와 관련된 위험, 제3자 지불요건으로 인

한 서비스의 제한, 관련 비용, 적절한 대안, 동의를 거절 또는 철회할 수 있는 클라이언트의 권리, 동의로 인해 보장되는 시간적 토대를 클라이언트에게 통지할 때 명확하고, 이해할 수 있는 용어를 사용해야 한다. 사회복지사는 클라이언트에게 질문할 수 있는 기회를 제공해야 한다.

b. 클라이언트가 문맹이거나 실천 장에 사용된 주요 용어를 이해할 수 없을 때, 사회복지사는 클라이언트가 이를 이해할 수 있도록 조치를 취해야 한다. 여기에는 자세한 언어적 설명을 클라이언트에게 제공하는 것 또는, 가능한 경우에는 항상 자격 있는 통역가 또는 번역가를 준비하는 것이 포함된다.

c. 클라이언트가 동의할 능력이 없는 경우, 사회복지사는 적절한 제3자로부터 허락을 구하는 것으로써, 클라이언트가 이해할 수 있는 적합한 수준에서 내용을 전달해줌으로써 클라이언트의 이익을 보호해야 한다. 이러한 경우, 사회복지사는 제3자가 클라이언트의 바램과 이익과 부합하는 행동을 하는 것을 확실히 해야 한다. 사회복지사는 동의를 하는 클라이언트의 이러한 능력을 강화하기 위한 합리적인 단계를 가져야 한다.

d. 클라이언트가 강제적으로 서비스를 받게 되는 경우, 사회복지사는 서비스의 본질과 한도, 그리고 서비스를 거부할 수 있는 클라이언트의 권리의 한도에 관한 정보를 제공해야 한다.

e. 전자매체(컴퓨터, 전화, 라디오, TV 등)를 통해 서비스를 제공하는 사회복지사는 이러한 서비스와 관련된 제한사항과 위험사항을 클라이언트에게 알려주어야 한다.

f. 사회복지사는 클라이언트에 대한 녹음 또는 녹화를 하거나, 제3자로 하여금 클라이언트에 대한 서비스를 관찰하도록 허용할 때는

사전에 클라이언트의 동의를 얻어야 한다.

1.04 능 력

a. 사회복지사는 자신이 받은 교육, 훈련, 면허, 인가, 상담, 지도감독을 받은 경험, 기타 관련 있는 전문 경험의 범위 내에서만 그들의 능력을 나타내고 서비스를 제공해야 한다.

b. 사회복지사는 실제적인 영역에서 서비스를 제공해야 하며, 생소한 개입 기술이나 접근방법은 이러한 개입이나 기술에 정통한 자로부터 적절한 연구, 훈련, 상담, 지도감독을 마친 후에만 사용하여야 한다.

c. 새로운 실천영역과 관련하여 일반적으로 인식되는 기준이 존재하지 않을 경우, 사회복지사는 신중하게 판단하고 책임 있는 조치(적절한 교육, 연구조사, 훈련, 상담, 감독 등 포함)를 취하여, 자신의 능력을 보장하며 클라이언트를 보호해야 한다.

1.05 문화적 능력과 사회적 다양성

a. 사회복지사는 인간의 행동과 사회에 관한 문화 및 문화의 기능을 이해하여, 모든 문화에 존재하는 강점을 인식해야 한다.

b. 사회복지사는 클라이언트의 문화에 관한 지식의 기반을 마련해야 하며, 클라이언트의 문화에 민감하고, 사람들 간이나 문화 집단 간의 차이에 민감한 서비스를 준비하는 데 자신이 적합함을 증명할 수 있어야 한다.

c. 사회복지사는 사회적 다양성의 특징, 인종, 민족, 국적, 피부색, 성별, 성적 성향, 연령, 혼인 상태, 정치적 믿음, 종교, 정신적 또는

신체적 장애에 따른 차별의 특징에 대한 교육을 수료해야 하며, 이를 이해하려는 노력을 기울여야 한다.

1.06 이해갈등

a. 사회복지사는 직업적 재량을 펼치고 공정한 판단을 내리는 데 방해가 되는 이해관계의 갈등에 유의하여 이를 방지하도록 해야 한다. 사회복지사는 실질적이거나 잠재적인 이해관계의 상충이 발생할 경우 이를 클라이언트에게 고지해야 하고, 클라이언트의 이해관계를 으뜸으로 놓고 문제를 해결하려는 책임 있는 조치를 취해야 하며, 가능한 한 최대로 클라이언트의 이익을 보호하도록 해야 한다. 어떤 경우에 클라이언트의 이익을 보호하는 것은 클라이언트와의 전문적 관계를 종료하는 것이 요구될 수도 있다.

b. 사회복지사는 어떠한 직업적 관계에 의해서도 불공정한 이득을 취해서는 안 되며, 더욱이 자신의 개인적·종교적·정치적 이익을 위해 타인을 이용해서도 안 된다.

c. 사회복지사는 착취(이용)나 잠재적 해를 입을 수 있는 위험이 있는 클라이언트 또는 과거에 클라이언트였던 사람과 이중 또는 다중의 관계를 맺어서는 안 된다. 이중 또는 다중의 관계가 불가피한 경우, 사회복지사는 클라이언트를 보호하기 위한 조치를 취해야 하며, 명확하고 적절하며 문화적으로 민감한 영역을 설정하는 데 대한 책임을 지게 된다(이중 또는 다중의 관계는 직업적이든 사회적이든 아니면 사업상이든 상관없이, 사회복지사가 클라이언트와 하나 이상의 관계를 맺고 있을 때 발생한다. 이중 또는 다중의 관계는 동시에 또는 연속적으로 발생할 수 있다).

d. 서로 간에 관계를 맺고 있는 한 명 이상의 사람들(예를 들면, 부

부, 가족 구성원들)에 대하여 서비스를 제공할 때, 사회복지사는 클라이언트로 간주되는 모든 당사자와, 서비스를 제공받는 다양한 사람들에 대한 사회복지사의 직업적 책무의 본질을 명확히 하여야 한다. 사람들 사이의 이해관계가 상충될 것을 예상하거나, 잠재적으로 상충의 구실이 될 것으로 예상하는 사회복지사는 관련된 모든 당사자에 대한 자신의 역할을 명확히 해야 하며, 모든 이해관계의 상충을 최소화하기 위한 적절한 조치를 취해야 한다.

1.07 사생활과 비밀보장

a. 사회복지사는 클라이언트가 지니는 사생활 보호의 권리를 존중해야 한다. 사회복지사는 서비스를 제공하거나 사회복지에 대한 평가 또는 연구조사를 수행하는 데 필수적인 경우가 아니고서는 클라이언트에 대한 사적인 정보를 요청할 수 없다. 사적인 정보가 공개되면 비밀보장의 기준이 적용된다.

b. 클라이언트나 클라이언트를 대신하여 동의를 표하는 법적으로 자격을 갖춘 요원으로부터 유효한 동의를 얻음으로써, 적절한 경우에는 사회복지사가 비밀정보를 공개할 수 있다.

c. 사회복지사는 직업상의 이유로 강제된 경우를 제외하고는 전문직의 서비스 과정에서 얻게 된 모든 비밀정보를 보호해야 한다. 클라이언트나 클라이언트와 동일시되는 사람에 대하여 예상할 수 있는 심각하고 임박한 해를 방지하기 위해 정보의 공개가 불가피하거나, 클라이언트의 동의 없이 법이나 규제에 의해 공개가 요구되는 경우에는 사회복지사가 정보를 기밀로 유지할 것이라는 일반적인 기대가 적용되지 않는다. 항상 사회복지사는 바람직한 목적을 달성하는 데 필요

한 최소한의 비밀정보만을 공개해야 한다. 즉, 공개되어야 달성 가능한 목적과 직접적인 관련이 있는 정보만 공개되어야 한다.

d. 가능한 경우 사회복지사는 정보가 공개되기 전에, 비밀정보의 공개 및 잠재적인 결과에 관해 최대한으로 클라이언트에게 통지해야 한다. 이것은 사회복지사가 법적 요건에 근거하거나 클라이언트의 동의에 근거하여 정보를 공개할 때 적용된다.

e. 사회복지사는 비밀의 본질과 비밀보장에 대한 클라이언트의 권리 제한에 관하여 클라이언트 및 기타 이해 당사자와 논의를 하여야 한다. 사회복지사는 비밀정보의 공개가 법적으로 요구되는 상황에 대하여 클라이언트와 논의하여야 한다. 이러한 논의는 사회복지사와 클라이언트의 관계에서 즉시, 그리고 관계의 과정을 통틀어 필요한 경우에 발생한다.

f. 사회복지사가 가족, 부부, 집단에 대하여 상담서비스를 제공할 때는 기밀을 보장하는 각 개인의 권리, 그리고 다른 사람들이 공유하고 있는 정보를 보호하기 위한 책무와 관련하여 당사자들 사이의 동의를 구해야 한다. 사회복지사는 가족, 부부, 집단상담에 참여한 사람들에게 모든 참여자가 이러한 동의를 인정한다는 것을 사회복지사가 보장할 수 없음을 통지해야 한다.

g. 사회복지사는 자신이 상담에 관련된 당사자들 사이의 비밀정보를 공개하는 것과 관련 있는 사회복지사 고용주 기관의 정책을 가족 부부 집단상담과 관련된 클라이언트에게 통지해야 한다.

h. 사회복지사는 클라이언트가 동의하지 않는 한 제3의 지불자에게 비밀정보를 공개할 수 없다.

I. 사회복지사는 사생활이 보장되지 않는 한 어떤 상황에서도 비밀정보에 관한 논의를 할 수 없다. 사회복지사는 복도, 대합실, 엘리베

이터, 레스토랑과 같이 공개적 또는 반(半) 공개적인 장소에서 비밀정보에 관한 논의를 할 수 없다.

j. 사회복지사는 법에 의해 허용되는 한도 내에서 법적 절차가 진행되는 동안 클라이언트의 비밀을 보호해야 한다. 법원이나 기타 법적으로 자격을 가진 단체가 사회복지사로 하여금 클라이언트의 동의 없이 비밀 또는 특권적인 정보를 공개하도록 명령을 내리고 이러한 공개로 인하여 클라이언트에게 해가 가해졌을 경우, 사회복지사는 법원으로 하여금 그 명령을 철회하거나 가능한 한 최소한으로 이러한 명령에 제한을 가하도록 요청해야 하며, 공공이 접근할 수 없도록 봉인된 기록으로 이를 유지하도록 요청해야 한다.

k. 매체로부터 공개 요청을 받은 사회복지사는 클라이언트의 비밀을 보호해야 한다.

l. 사회복지사는 클라이언트에 대한 서면, 전자기록 및 기타 민감한 정보를 보호해야 한다. 사회복지사는 클라이언트에 대한 기록이 안전한 장소에 보관되어 있으며 자격을 갖추지 않은 사람이 접근할 수 없음을 보장하기 위한 타당한 조치를 취해야 한다.

m. 사회복지사는 컴퓨터, 전자우편, 팩스, 전화, 전화 자동응답기, 기타의 전자 또는 컴퓨터 기술을 사용하여 다른 당사자에게 전파된 비밀정보를 유지하고 보장하기 위한 예방 조치를 취해야 한다. 가능한 경우에는 언제든지 신원을 공개하는 것은 피해야 한다.

n. 사회복지사는 클라이언트의 비밀이 보호될 수 있도록, 그리고 기록 및 사회복지 허가를 관장하는 주(州)의 법령에 일관되도록, 클라이언트의 기록을 이전 또는 배치해야 한다.

o. 사회복지사의 실천의 종료, 자격상실, 사망의 경우, 사회복지사는 클라이언트의 비밀을 보호하기 위한 타당한 예방 조치를 취해야 한다.

p. 클라이언트의 학습이나 훈련에 관하여 논의할 때, 클라이언트가 비밀정보의 공개에 동의하지 않는 한 사회복지사는 신원을 공개할 수 없다.

q. 클라이언트에 대해 자문을 구할 때, 클라이언트가 비밀정보의 공개에 동의하지 않거나 이러한 공개에 대한 강제적 필요가 없는 한 사회복지사는 신원을 공개할 수 없다.

r. 앞에서 언급된 기준에 따라 사회복지사는 사망한 클라이언트의 비밀을 보호해야 한다.

1.08 기록에의 접근

a. 사회복지사는 클라이언트가 클라이언트와 관련된 기록에 대한 합당한 접근을 할 수 있도록 해야 한다. 클라이언트의 기록에 대한 접근이 클라이언트에게 심각한 오해나 해(害)를 야기하게 되는 경우, 사회복지사는 기록에 대해 설명을 하고 기록과 관련하여 클라이언트와 상담을 해야 한다. 사회복지사는 이러한 접근이 클라이언트에게 심각한 해를 입힐 수 있는 불가피한 증거가 있는 예외적인 상황에 한해서만 클라이언트의 기록에 대한 접근 또는 이러한 기록의 공개를 제한할 수 있다. 클라이언트의 요청과, 일부 또는 모든 기록을 보유하는 이론적 근거, 이 두 가지 모두는 클라이언트의 파일에 문서화되어야 한다.

b. 클라이언트로 하여금 클라이언트의 기록에 접근하도록 할 때, 사회복지사는 이러한 기록에 포함되어 있는, 확인되거나 논의된 다른 사람의 비밀을 보호하는 조치를 취해야 한다.

1.09 성관계

a. 사회복지사는 이러한 접촉이 합의된 것이든 강제된 것이든 상관없이, 결코 현재의 클라이언트와 성적 행위 또는 성적 접촉을 하는 일이 있어서는 안 된다.

b. 사회복지사는 클라이언트를 이용하거나 클라이언트에게 잠재적 해가 될 수 있는 환경에서, 클라이언트의 친척 또는 클라이언트와 친밀한 대인관계를 맺고 있는 기타 당사자와 성적 행위 또는 성적 접촉을 하는 일이 있어서는 안 된다. 클라이언트의 친척 또는 클라이언트와 친밀한 대인관계를 맺고 있는 기타 당사자와 성적 행위 또는 성적 접촉을 하는 것은, 클라이언트에게 잠재적인 해를 입힐 수 있으며, 사회복지사와 클라이언트가 적절한 직업적 경계를 유지하기 어렵게 만든다. 명확하고 적절하며 문화적으로 민감한 경계를 설정하는 데 대한 책임은 클라이언트나 클라이언트의 친척 또는 클라이언트와 친밀한 대인 관계를 맺고 있는 기타 당사자가 아닌, 사회복지사가 전적으로 지게 된다.

c. 클라이언트에 대하여 잠재적으로 해를 입힐 우려가 있기 때문에 사회복지사는 이전에 클라이언트였던 사람과도 성적 행위나 성적 접촉을 할 수 없다. 사회복지사가 이러한 금지 사항을 어기는 행동을 하거나 특수한 상황임을 내세워 이러한 금지 사항의 예외를 주장하게 되면, 이전에 클라이언트였던 사람이 고의에 의하든 고의가 아니든 이용・강제・기만당하지 않았음을 증명할 전적인 책임을 지게 되는 사람은 클라이언트가 아닌 사회복지사이다.

d. 사회복지사는 이전에 자신과 성적 관계를 가진 바 있는 사람에 대한 임상 서비스를 제공할 수 없다. 이전의 성적 파트너였던 사람에

게 임상 서비스를 제공하는 것은 그 사람에게 잠재적 해를 입힐 가능성을 야기하며, 사회복지사와 그 파트너가 적절한 직업적 경계를 긋기 어렵게 만든다.

1.10 신체적 접촉

접촉(클라이언트를 침대에 눕히거나 쓰다듬는 것과 같은)으로 인해 클라이언트가 심리적인 해를 입을 가능성이 있는 경우, 사회복지사는 클라이언트와 신체적 접촉을 하여서는 안 된다. 클라이언트와 적절한 신체적 접촉을 한 사회복지사는 이러한 신체적 접촉을 통제하는, 명확하고 적절하며 문화적으로 민감한 경계를 설정하는 데 대한 책임을 진다.

1.11 성희롱

사회복지사는 클라이언트에게 성희롱을 해서는 안 된다. 성희롱에는 성적 접근(구애), 성적 유혹, 성교의 요구, 기타 성적인 본성에 관한 언어적 또는 신체적 행위가 포함된다.

1.12 경멸의 용어(욕설)

사회복지사는 클라이언트에 대한 또는 클라이언트에 관한 서면 또는 구두의 의사소통을 하는 데 있어서 경멸의 용어를 사용해서는 안 된다. 사회복지사는 클라이언트에 대한 또는 클라이언트에 관한 모든 의사소통을 할 때, 정확하고 공손한 용어를 사용해야 한다.

1.13 서비스 비용의 지불

a. 사회복지사는 요금을 책정할 때 제공되는 서비스에 비추어 요금이 공정하고 합리적이며 적절함을 보장해야 한다. 클라이언트의 지불능력에 대한 고려도 되어야 한다.

b. 사회복지사는 전문직 서비스에 대한 대가로 재화나 용역을 받아서는 안 된다. 서비스 준비 특히, 서비스가 포함된 것을 교환하는 것은 이해의 상충, 착취, 사회복지사와 클라이언트의 부적절한 경계설정을 야기할 가능성이 있다. 사회복지사는 다음과 같은 매우 제한된 경우에 한해서만 물질의 교환에 참여하거나 이것을 밝혀야 한다. 즉, 지역사회 사회복지사들 사이에서 허용된 관례라는 것이 증명되고, 서비스의 준비에 필수적인 것으로 간주될 때, 그리고 강제력 없이 협상될 때, 클라이언트의 동의로 클라이언트가 시작할 때이다. 전문직 서비스에 대한 대가로 재화나 용역을 받게 되는 사회복지사는 이러한 교환이 클라이언트에 대해서나 직업적 관계에 해롭지 않음을 증명하는 데 대한 전적인 책임을 진다.

c. 사회복지사는 자신의 고용주나 기관을 통해서 이러한 유용한 서비스를 받을 자격을 갖춘 클라이언트에게 그 서비스를 제공한 대가로 사적인 수수료나 기타의 보답을 요구할 수 없다.

1.14 의사결정 능력이 없는 클라이언트

사회복지사가 분별력 있는 의사결정을 내릴 능력이 없는 클라이언트를 대신할 때는 이러한 클라이언트의 권리와 이익을 보호할 수 있는 적절한 조치를 취해야 한다.

1.15 서비스의 중단

무용성(unavailability), 재배치, 질병, 장애 또는 사망과 같은 요인에 의해 서비스가 중단된 경우, 사회복지사는 서비스의 지속성을 보장하기 위한 적절한 노력을 기울여야 한다.

1.16 서비스의 종료

a. 서비스 및 관계가 더 이상 필요하지 않거나 클라이언트의 욕구나 이익에 더 이상 효과가 없는 경우, 사회복지사는 클라이언트에 대한 서비스 및 클라이언트에 대한 직업적 관계를 종료해야 한다.

b. 사회복지사는 여전히 서비스 욕구에 처해 있는 클라이언트가 방치되지 않도록 적절한 조치를 취해야 한다. 사회복지사는 비정상적인 상황에서만은 즉시 서비스를 취소하고, 이 상황의 모든 요인에 대한 주의 깊은 고려를 하여, 이에 따른 역효과를 최소화하기 위한 노력을 기울여야 한다. 필요한 경우, 사회복지사는 서비스가 지속되도록 적절한 조치를 취하는 데 지원을 하여야 한다.

c. 클라이언트에 대한 계약상의 서비스가 금전적으로 명확하게 제공되었거나, 클라이언트가 자신 또는 다른 사람에게 급박한 위험을 야기하지 않는 경우 그리고 현재 지불되지 않은 임상적 그리고 기타의 결과가 초래되어 클라이언트와 논의가 이루어진 경우, 서비스를 제공할 때마다 비용을 청구하는 세팅의 사회복지사는 지불을 연체한 클라이언트에 대한 서비스를 종료할 수 있다.

d. 사회복지사가 클라이언트와 사회적·금전적 또는 성적 관계를 추구하고자 서비스를 종료할 수는 없다.

e. 클라이언트에 대한 서비스를 종료 또는 중단하고자 하는 사회복지사는 즉시 이를 클라이언트에게 통지해야 하며, 클라이언트의 욕구 및 특권에 따라 서비스의 이전, 다른 전문직 종사자에 대한 서비스 의뢰, 또는 서비스가 지속되도록 하는 방법을 강구해야 한다.

f. 이직을 하고자 하는 사회복지사는 서비스의 지속에 대한 클라이언트의 적절한 선택 사항 및 이러한 선택으로 인한 이익 및 위험 사항을 클라이언트에게 통지해야 한다.

출처: 미국사회복지사협회(NASW) 윤리강령 원문: www.naswdc.org
번역본 출처: www.parksimon.com/welfare/d2-2.htm

| 참고문헌 |

권육상, 1999, 『사회복지실천론』, 학문사.

김경호 · 방희명, 2010, "클라이언트 폭력이 사회복지사의 직무만족에 미치는 영향", 『한국사회복지행정학』, 12(3): 40-74.

김기덕, 2002, 『사회복지 윤리학』, 나눔의집.

김기덕 · 장은숙, 2008, "클라이언트의 자기결정에 관한 정신보건사회복지사의 실천 경험에 대한 연구", 『사회복지연구』, 39: 88-113.

김기덕 · 최소연 · 권자영, 2012, 『사회복지 윤리와 철학』, 양서원.

김기태 · 김수환 · 김영호 · 박지영, 2000, 『사회복지 실천론』, 양서원.

김선희, 2014, "사회복지사의 의사결정참여가 이직의도에 미치는 영향: 조직몰입의 매개효과를 중심으로", 『한국사회복지행정학』, 16(2): 1-25.

김영란 · 박미은 · 서미경, "실천적 갈등상황에서 사회복지사들의 윤리적 선택에 관한 연구", 『사회복지연구』, 17(4): 1-28.

김용민, 2010, "사회복지관 조직풍토가 사회복지사의 전문성에 미치는 영향에 관한 연구", 성균관대학교 대학원 박사학위논문.

김용석 · 하지선 · 이은영 · 서정민 · 김종필(2011), "한국어판 사회복지 가치 지향 척도(Professional Opinion Scale)의 신뢰도와 타당도 평가", 『한국사회복지학』, 63(3): 157-185.

김용석 · 김석준 · 손동균 · 김한욱 · 조윤령, 2013, "사회복지 가치 지향과 조직몰입 간 관계", 『정신보건과 사회사업』, 41(1): 32-60.

김융일 · 조홍식 · 김연옥, 2000, 『사회복지 실천론』, (주)나남.

김인숙, 2004, "한국 사회복지실천의 정체성", 『한국사회복지학회 춘계학술대회 자료집』, 33-53.

김혜란 · 홍선미 · 공계순, 2005, 『사회복지실천기술론』, 나남출판.

김혜영 · 석말숙 · 최정숙 · 김성경, 2010, 『사회복지실천론』, 공동체.

노혜련 · 김수영 · 양민옥 · 이호경, 2011, "사회복지실천교육의 평가와 과제: 사회복지사의 경험과 인식을 중심으로", 『한국사회복지교육』, 15: 51-86.

문영주, 2010, "사회복지 서비스 전달체계 개편이 사회복지전담공무원의 역할 스트레스와 직무만족에 미치는 영향", 『사회연구』, 2:9-35.

_____, 2011, "사회복지사의 개인적 동기가 이직의도에 미치는 영향: 다중몰입의 매개효과를 중심으로", 『사회복지연구』, 42(2): 493-523.

배의식 · 류지선 · 박해긍, 2013, "사회복지사의 직무만족과 이직의도 영향 요인에 관한 연구: 이용시설과 생활시설 사회복지사 비교 연구", 『한국사회복지학』, 65(1): 59-81.

백은령 · 김선아 · 양숙미 · 엄미선 · 윤철수, 2006, 『사회복지실천론』, 대왕사.

성희자 · 권현수, 2013, "사회복지전담공무원의 직무긴장, 소진, 이직의도와의 관계: 민간부문 사회복지사와의 비교를 중심으로", 『사회과학연구』, 24(3): 361-383.

심재룡, 2013, "사회복지사의 가치지향과 직무 만족도 관계 연구", 가톨릭대학교 석사학위논문.

양옥경 · 김정진 · 서미경 · 김미옥 · 김소희, 2005, 『사회복지 실천론』, (주)나남.

엄명용 · 노충래 · 김용석, 2005, 『사회복지 실천기술의 이해』, 학지사.

엄명용 · 김성천 · 오혜경 · 윤혜미, 2011,『사회복지실천의 이해』, 학지사.

엄한주, 2001, "요인분석 모형의 이해와 적용: 주성분모형과 공통요인모형의 방법론적 비교", 『한국체육측정평가학회지』, 3(1): 101-130.

오혜경, 2004, "사회복지실천의 가치와 윤리에 관한 연구", 『사회복지리뷰』, 9: 115-143.

윤은자 · 권영미 · 안옥희, "간호전문직관 측정도구 개발", 『대한간호학회지』, 35(6): 1091-1100.

이봉주 · 유태균 · 김기덕, 2014, "한국 사회복지교육, 무엇을 지향하고 가르칠 것인가?", 『한국사회복지학회 추계학술대회 자료집』, 17-50.

이순묵, 2006, 『요인분석의 기초』, 서울: 교육과학사.
이정호 · 김수영, 2002, 『사회복지학 기초지식』, (주)학지사.
이준우 · 이화옥 · 임원선, 2006, 『사례와 함께하는 사회복지 실천론』, 인간과 복지.
이인재 · 김성우, 2010, "자활실무자 직무만족 및 이직의도 연구", 『한국사회복지행정학』, 14(2): 1-25.
이효선, 2002, "사회복지 기본가치와 보편적 윤리의 관계성에 관한 연구: 칸트를 넘어 하버마스까지", 『한국사회복지』, 6: 47-61.
장수미 · 최정숙 · 박형원 · 김주현 · 홍현미라 · 이혜경 · 이영선 · 한인영(2010), 『사회복지실천기술론』, (주)학지사.
전선영, 2004, "사회복지 교육과 사회복지 가치 및 옹호의 관계에 관한 연구", 서울여자대학교 박사학위논문.
전선영, 2005, "사회복지 가치를 매개로 한 사회복지 교육과 옹호태도 및 전략의 인과관계분석", 『한국사회복지학』, 57(4): 35-65.
전재일, 1998, 『사회복지실천의 이해』, 사회복지개발연구원출판부.
전재일 · 이종복 · 조운희 · 이준상 · 이애재 · 이성희, 2002, 『사회복지 실천론』, 형설출판사.
정진철 · 양백 · 김태진, 2011, "금융기관 서비스종업원의 분배공정석과 윤리제도화, 윤리분위기와 직무태도의 관계성에 관한 연구", 『금융지식연구』, 59-86.
최소연 · 장현숙, 2012, "다문화가족지원센터 사회복지사의 업무관련특성과 소진 및 이직의도의 관계", 『한국지역사회복지학』, 43: 297-318.
최옥채, 2010, 『사회복지 실천론』, 양서원.
표갑수 · 김혜정, 2012, "사회복지종사자의 직무만족이 복지의식에 미치는 영향", 41: 39-59.
홍선미, 2011, "사회복지실천의 가치지향분석; 미국의 사회복지역사를 중심으로", 『상황과 복지』, 31: 193-223.

Abbott, A. A., 1988, Professional Choices: Values at Work, Silver

Spring, MD: National Association of Social Workers.

__________, 1999, "Measuring Social Work Values: A Cross-Cultural Challenge for Global Practice", International Social Work, 42(4): 455-470.

__________, 2003, "A Confirmatory Factor Analysis of the Professional Opinion Scale: A Values Assessment Instrument", Research on Social Work Practice, 13(5): 641-666.

Banks, S., 2001, Ethics and Values in Social Work(2ed), PALGRAVE.

Bartlett, H. M., 2003, "Working Definition of Social Work Practice", Research on Social Work Practice, 13: 267-270.

Biestek, F., 1957, The Cawework Relationship, Chicago: Loyolar University Press.

Cheng, A. S., and Fleischmann, K. R., 2010, "Developing a Meta-Inventory of Human Value", American Society for Information Science Silver Springs, MD, USA.

Clark, C, 2000, Social Work Ethics: Politics, Principles and Practice, Palgrave.

Congress, E. P., 1999, Social Work Value and Ethics: Identifying and Resolving Professional Diemmas, 강선경・김욱 역, 2005, 『사회복지가치와 윤리』, 시그마프레스(주).

Costello, A. B., and Osborne, J. W., 2005, "Best Practices in Explortary Analysis: Four Recommendations for Getting the Most From Your Analysis", Practical Assessment, Research and Evaluation, 10(7): 1-9.

Csikai, E. L., and Rozensky, C., 1997. "'Social Work Idealism' and Students Perceived Reasons for Entering Social Work", Journal of Social Work Education, 33: 529-538.

Crabtree, C. R., 2000, "Who are Really Are: An Analysis of the Relationship between Professional Attainment and Social Work

Value", Doctoral Dissertion, The University of Texas at Arlington.

Devellis, R. F., 2003, Scale Development: Theory and Applications (2nd ed), Thousand Oaks: SAGE Publications.

Dominelli, L., 2007, Social Work: Theory and Practice for a Changing Profession, Cambridge, 한인영 · 김성천 역, 2007, 『세계화와 사회복지실천』, 학지사.

Esping-Anderson, G., Welfare States in Transition: National Adaptation in Global Economics, 한국사회복지연구회 역, 1999, 『변화하는 복지국가: 글로벌 경제에의 적응』, 서울: 인간과 복지.

Fabrigar, L. R., Wegener, D. T., MacCallum, R. C., and E. J. Strahan., 1999, "Evaluating the Use of Exploratory Factor Analysis in Psychological Research", Psychological Methods, 4: 272-299.

Gordon, W. E., 1965, "Knowledge and Value: Their Distinciton and Relationship in Clarifying Social Work Practice", Social Work, 10(3): 32-39.

Greeno, E. J., Hughes, A. K., Hayword, R. A., and Parker, K. L., 2007, "A Confirmatory Factor Analysis of the Professional Opinion Scale", Research on Social Work Practice, 17(4): 482-493.

Hair, J. F., Black, W. C., Babin, B. J., Anderson, R. E., and Tatham, R. L., 2006, Multivariate Data Analysis(6th ed), Upper Saddle River, NJ: Pearson Education Inc.

Henson, R. K., and Roberts, J. K., 2006, "Use of Exploratory Factor Analysis in Published Research: Common Errors and Some Comment on Improved Practice", Educational and Psychological Measurement, 66(3): 393-416.

Howard, T. U., and Flaitz, J., 1982, "A Scale to Measure the Humanistic Attitudes of Social Work Students", Social Work Research & Abstracts, 11-18.

Johnson, L. C., and Yanca, S. J., 2004, Social Work Practice: A Generalist Approach, 한인영 · 장수미 · 최종숙 역, 2006, 『사회복지 실천론: 일반주의 관점』, 서울: 하나의학사.

Leiby, L., 1985, "Moral Foundations of Social Welfare and Social Work: A Historical View", Social Work, 30: 323-330.

Levy, C. S., 1973, "The Value Base of Social Work", Journal of Education for Social Work, 9: 34-32.

__________, 1976, Social Work Ethics, New York: Human Sciecne Press.

__________, 1984, "Values and Ethics", In S. Dillick, ed., Value Foundations of Social Work: 17-29, Detroit: School of Social Work, Wayne State University.

Lewis, H., 1972, "Morality and the Politics of Practice", Social Casework, 53(July): 404-417.

Loewenberg, F. M., and Dolgoff, R., 1996, Ethical Decision for Social Work Practice(5ed), 서미경 · 김영란 · 박미은 역, 2000, 『사회복지 실천윤리』, 양서원.

McMahon, M. O., 1996, (The) General Method of Social work Practice: a Generalist Perspective, 오창순 · 윤경아 · 김근식 역, 2001, 『사회복지실천론(통합적관점)』, 아시아미디어리서치.

Meyer, J. P., and Allen, N. J., 1991, A Three-Component Conceptualization of Organizational Commitment, Human Resource Management Review, 1(1): 61-89.

Pike, C. K., 1994, "Development of the Social Work Values Inventory", Doctoral Dissertation, The University of Alabama.

Polit, D. F., and Beck, C. T., 2006, "The Content Validity Index: Are You Sure You Know What's being Reported? Critique and Recommendations", Research in Nursing and Health, 29: 489-497.

Pugh, G. L., 2011, "Hospital Social Workers' Perceptions of Ethical Environemnt: Results from a National Sample", Unpublished Doctoral Dissertation, Michigan State University.

Pumphrey, M., 1959, The Teaching of Values and Ethics in Social Work Education, New York: Council of Social Work Education.

Remer, F. G., 1994, "Socia work Value and Ethics", In F. G. Remer, ed., The Foundations of Social Work Knowledge, New York: Columbia University Press.

____________, 2000, Social Work Value and Ethics, 고미영 · 최경원 · 황숙연 역, 2002, 『사회복지실천의 가치와 윤리』, 사회복지실천연구소.

Rescher, N. 1969, Introduction to Value Theory, Englewood Cliffs, N. J.: Prentice Hall.

Rokeach, M., 1973, The Nature of Human Values, New York: Free Press.

Sheafor, B. W., and Horejsi, C. R., 2008, Techniques and Guidelines for Social Work Practice(8ed), 남기철 · 정선욱 · 조성희 역, 2010, 『사회복지실천 기법과 지침』(개정 2판), 나남.

Thompson, N., 2000, Understanding Social Work: Preparing for Practice, Palgrave.

Ulrich, C., O'Donnell, P., Taylor, C., Farrar, A., Danis, M., and Grady, C., 2007, Ethical Climate, Ethics Stress, and the Job Satisfaction of Nurses and Social Workers in the United States, Social Science Medicine, 65(8): 1708-1719.

Varley, B. K., 1963, Socialization in Social Work Education, Social Work, 8: 102-109.

Victor, B., and Cullen, J. B., 1988, The Organizational Bases of Ethical Work Climates. Administrative Science Quarterly, 33(1): 101-125.

Wakefield, J. C., 1988a, "Psychotherapy, Distributive Justice, and Social Work, Part Ⅰ: Distributive Justice as a Conceptual Framework for Social Work", Social Service Review, 62(2): 187-210.

Zastraw, C., 1995, The Practice of Social Work(5th ed), California: Wadsworth Publishing Company.

| 찾아보기 |

아 | 산 | 재 | 단 | 연 | 구 | 총 | 서

1 전환기의 중국경제
김윤환 외 | 단국대 경제학과

2 폴란드 경제의 변천 개혁과 그 전망
김광수 | 숭실대 경제학과

3 재소한인
이광규 외 | 서울대 인류학과

4 소련산림과 임업
홍성천 외 | 경북대 임학과

5 아세안의 정치경제
김국진 외 | 외교안보연구원

6 태국의 사회변동과 경제발전
최석만 외 | 전남대 사회학과

7 중국의 사회경제 통계분석
신한풍 외 | 고려대 통계학과

8 중국의 정치와 경제
박두복 외 | 외교안보연구원

9 동유럽의 개혁과 시장경제의 도입
허만 외 | 부산대 사범대학

10 동유럽의 개혁운동
박영신 | 연세대 사회학과

11 현대 러시아 연구
기연수 외 | 한국외대 노어과

12 전략적 선택과 기업의 국제경쟁력
이장호 | 서강대 경영대학

13 협동사회의 정착과 정부의 역할
이종범 외 | 고려대 행정학과

14 한국 제조기업 생산성의 동적 분석
노부호 외 | 중앙대 경영대학

15 분배의 정의
변형윤 외 | 서울대 경제학과

16 도덕적 행동의 강화
이훈구 외 | 연세대 심리학과

17 관료부패와 통제
김해동 외 | 서울대 행정대학원

18 한국경제의 내실 있는 성장
정창영 외 | 연세대 경제학과

19 한국국민정신운동의 역사와 발전방향
박수명 외 | 부산대 사범대학

20 한국대학생의 가치성향과 상담효과
이영희 외 | 숙명여대 교육학과

21 가출청소년과 학교관리체제
안창규 외 | 부산대 교육학과

22 동북아 정세변화와 한・일관계
한승조 외 | 고려대 정치외교학과

23 언론과 부정부패
정대철 외 | 한양대 신문방송학과

24 한국의 고등학교 교육
이원호 외 | 부산대 교육학과

25 가족과 방송
김학수 외 | 서강대 신문방송학과

26 재정개혁의 전망과 재산세제의 개편 과제
오연천 | 서울대 행정대학원

27 청소년을 위한 전자게임 프로그램의 규제 및 평가체계 개발
박혜원 외 | 울산대 가정관리학과

28 정신장애자 가족의 사회심리적 특성
이근후 외 | 이화여대 의과대학

29 가족의 관계역동성과 문제인식
이광규 외 | 서울대 인류학과

30 현대인과 한국전통음식
승정자 | 숙명여대 식품영양학과

31 기업의 초고속정보통신망활용
안중호 | 서울대 경영학과

32 지역발전을 위한 교육자치제의 개선방안
김남순 | 조선대 사범대학

33 전환기의 공무원 가치관
조경호 | 울산대 행정학과

34 지방자치와 사회복지의 과제
김영모 | 중앙대 사회복지학과

35 WTO체제하의 지방중소기업 지원정책
최명주 외 | 계명대 통상학부

36 현대한국의 시민운동
이효선 | 중앙대 사회학과

37 기업 세계화의 단계 및 정도의 측정
허영도 외 | 울산대 경영학과

38 가족복지를 위한 가족주치의 시범사업의 효과
이혜리 외 | 연세대 가정의학교실

39 한국대학생의 삶의 만족도
김재은 외 | 이화여대 교육심리학과

40 지역경제와 지역산업구조의 개편방향
정기화 외 | 전남대 경제학부

41 중국기업의 소유형태별 경영특성
노철화 외 | 부산대 무역학과

42 남북한의 인성・사상교육
한승조 외 | 고려대 정치외교학과

43 연계적 뇌기능 조언을 위한 의료용 멀티미디어 시스템의 설계
유선국 | 연세대 의용공학교실

44 다민족국가의 민족문제와 한인사회
최협 외 | 전남대 인류학과

45 저소득층지역 청소년 여가문화와 소집단 활성화
박문수 외 | 서강대 사회학과

46 삶의 질의 국제비교와 지역간 비교분석
이재기 외 | 울산대 경제학과

47 21세기 지역주민의 삶의 질
양종회 외 | 성균관대 사회학과

48 삶의 질에 대한 국가간 비교
조명한 외 | 서울대 심리학과

49 외국인 노동자의 노사관계와 사회적 적응
석현호 외 | 성균관대 사회학과

50 한국의 사법제도와 발전 모델
정종섭 | 건국대 법학과

51 고령화사회와 중상층 노인의 사회활동
조성남 외 | 이화여대 사회학과

52 한국의 서비스 시장 개방정책
한홍렬 | 한양대 경제학부

53 한국과 AFTA간의 교역증진 및 경제 협력방안
손일태 외 | 경희대 경제통상학부

54 물류비 절감을 위한 무역업체의 정보화전략
이영수 외 | 경북대 경제통상학부

55 사회주의 체제전환과 사회정책
오정수 외 | 충남대 사회복지학과

56 남북통일 이후 농업생산체계 개편
홍성규 외 | 건국대 농업경제학과

57 국제화와 세계화
하영선 외 | 서울대 외교학과

58 IMF 개혁정책의 평가와 한국경제의 신(新) 패러다임
조동근 | 명지대 경제학과

59 구조개혁과 실업대책
박동운 | 단국대 경제무역학부

60 21세기 신노사관계
심윤종 외 | 성균관대 사회학과

61 학교에서의 집단 따돌림
이춘재 외 | 가톨릭대 심리학과

62 한국노인의 정신건강실태와 건강증진
조맹제 외 | 서울대 의과대학

63 혁명과 개혁 속의 중국 농민
김광억 | 서울대 인류학과

64 중국의 경제환경과 한국기업의 진출 전략
지용희 외 | 서강대 경영학과

65 김대중 대통령의 시스템 사고
김동환 | 중앙대 공공정책학부

66 실업과 가족해체
최일섭 외 | 서울대 사회복지학과

67 합리적 부채비율 조정방안
오상근 | 동아대 경제학과

68 한국 중산층의 생활문화
문숙재 외 | 이화여대 소비자·인간발달학과

69 계층간 갈등상태에서 최적소득세
김진욱 | 건국대 경상학부

70 글로벌 경쟁력 제고를 위한 기업전략과 조직구축
이만우 외 | 고려대 경영학과

71 의료보험과 국민연금의 관리효율화를 위한 통합방안
사공진 외 | 한양대 경제학부

72 정부개혁의 과제와 전략
박우서 외 | 연세대 행정학과

73 책임운영기관 제도에 관한 비교분석
김근세 | 가톨릭대 행정학과

74 새로운 패러다임하에서의 한국기업의 바람직한 지배구조
최운열 외 | 서강대 경영학과

75 현대 한국사회의 계층구조
양춘 외 | 고려대 사회학과

76 한국의 산업정책과 산업구조조정
강인수 | 숙명여대 경제학부

77 기업구조조정
김석진 | 경북대 경영학부

78 지식경영을 위한 인적자원 개발 및 관리체계
장영철 | 경희대 경영학부

79 뉴 비즈니스 모델
전성현 | 국민대 정보관리학부

80 중산층의 정체성과 소비문화
함인희 외 | 이화여대 사회학과

81 외국관광객 유치를 위한 마케팅 전략
박상규 | 강원대 경영학과

82 한국인의 세대별 문학의식
이동순 | 영남대 국문과

83 공공부문의 효율성 평가와 측정
김재홍 외 | 울산대 사회과학부

84 한국 청소년의 정치의식과 형성요인
김광웅 외 | 숙명여대 아동복지학과

85 한국 대학생의 정치의식
배한동 | 경북대 윤리교육과

86 산업의 정보화와 산업발전
이기동 | 계명대 통상학부

87 한국 제조업의 고용조정 분석
이종원 외 | 성균관대 경제학부

88 지식자산에 대한 경영전략적 평가모형 개발
배재학 외 | 울산대 컴퓨터 · 정보통신공학부

89 관광사업을 위한 한국적 이미지의 휴식복 개발
채금석 | 숙명여대 의류학과

90 한국 정치제도의 개혁
신정현 | 경희대 사회과학부

91 e비즈니스와 아웃소싱 전략
정승화 외 | 연세대 경영학과

92 집단 따돌림의 진단 및 치료방안
홍준표 | 중앙대 인간생활환경학과

93 16대 총선과 낙선운동
조기숙 | 이화여대 국제대학원

94 부동층 유권자 행태 분석
진영재 | 연세대 정치외교학과

95 사이버 공동체의 성공요인
이재관 | 숭실대 경영학부

96 온라인 소비자 행동의 이론과 실증
윤성준 | 경기대 경영학부

97 글로벌 시대 정약용 세계관의 가능성과 한계
차성환 | 한일장신대 역사사회학과

98 러시아의 체제전환 과정에서 나타난 국가의 역할과 그 전망
이상민 외 | 부산대 정치외교학과

99 남북한의 경제발전 수준과 산업구조 비교, 그리고 경제교류 협력방향
주성환 | 건국대 경제학과

100 집단따돌림과 교육해체
한준상 | 연세대 교육학과

101 공적연금제도의 효율성과 개선방안
유금록 | 군산대 행정복지학부

102 벤처기업-대기업의 성공적인 협력 모델
나중덕 | 경산대 경영학과

103 북한의 재외동포정책
조정남 외 | 고려대 정치외교학과

104 사이버 공동체 형성의 역동적 모형
장용호 | 서강대 신문방송학과

105 기업이론과 기업의 소유지배구조
김일태 외 | 전남대 경제학부

106 가축분뇨 자원화를 위한 공동이용조직에 대한 농가선호도 분석
유덕기 | 동국대 생명자원경제학과

107 개혁정책과 전문가 집단
이경원 외 | 제주대 행정학과

108 현대 한국사회의 이중가치체계
신수진 외 | 이화여대 가정관리학과

109 한국의 산업구조 변화와 기업집단 다각화 전략
김용학 외 | 연세대 사회학과

110 지식정보사회의 경제적 모형 설정 및 사례 연구
김범환 | 배제대 경영정보학부

111 변호사징계제도
오종근 | 한림대 법학부

112 인터넷 특허법
김순석 | 광주대 법학과

113 e-비즈니스 시대의 금융 및 재정정책의 새로운 패러다임
이종욱 | 서울여대 경제학과

114 청소년의 하위문화와 정체성
조성남 | 이화여대 사회학과

115 디지털금융시대의 금융구조변화와 정부규제 및 정책
이충열 | 고려대 경제학부

116 지식경영을 위한 기업의 조직설계방안
김경수 외 | 전남대 경영학과

117 전자금융의 발달과 경제정책의 새로운 패러다임
이명훈 | 명지대 경제학과

118 동아시아의 안보와 유엔체제
강성학 편저 | 고려대 정치외교학과

119 유료 치매노인 그룹홈의 개발과 관련 정책
최정신 외 | 가톨릭대 소비자 · 주거학과

120 소비자 지향적 문화산업 정책
홍영준 | 호남대 광고홍보학과

121 국제 · 국가 · 지방 환경규제의 연계
정준금 외 | 울산대 행정학과

122 현행 회사 합병 · 분할제도의 평가와 개선방안
옥무석 외 | 이화여대 법학과

123 배려지향적 도덕성과 정의지향적 도덕성
정옥분 외 | 고려대 사범대학

124 기업구조조정에 대한 채권금융기관 및 금융감독기관의 역할과 책임
이중기 | 한림대 법학과

170 백범 김구의 지적 계발과정 탐색
문용린 | 서울대 교육학과

171 태평양전쟁 발발 이후 일제의 인적 지배와 그리스도교계의 대응
윤선자 | 전남대 사학과

172 거버넌스 상황에서 갈등관리를 위한 대체적 분쟁해결제도
서순복 | 광주대 법정학부

173 시장경제의 유형과 민주주의
최배근 | 건국대 경상학부

174 일본고전소설 총론
김현정 | 국립한국전통문화학교

175 국어 교육을 위한 국어 문법론
이관규 | 홍익대 국어교육과

176 율곡의 군주론
전세영 | 부산교대 윤리교육과

177 동북아시아 환경협력
정서용 | 명지대 법학과

178 기후변화협약과 기후정책
신의순 외 | 연세대 경제학과

179 인터넷과 국제 학술정보 네트워크-하이퍼링크 분석
박한우 | 영남대 언론정보학과

180 국내 기업복지의 활성화 방안
최수찬 | 연세대 사회복지대학원

181 세계화와 인간안보
김우상 외 | 연세대 정치외교학과

182 세계문화유산 종묘 이야기
지두환 | 국민대 국사학과

183 한국 평생교육의 사회철학적 과제
곽삼근 | 이화여대 교육학과

184 강점모델
정순둘 | 이화여대 사회복지학과

185 글로벌시대의 계약법
박영복 | 한국외대 법과대학

186 배심제와 시민의 사법참여
안경환 | 서울대 법학과

187 동북아공동체
김재한 | 한림대 정치외교학과

188 정치 참여와 탈물질주의
김욱 | 배재대 정치외교학과

189 퍼지전문가회로망을 이용한 금융기관의 사이버 기업여신결정 지원시스템의 개발
권혁대 | 목원대 경영학과

190 환경정책과 환경법
송인성 | 전남대 지역개발학과

191 포스트모던 시대의 평생교육학
한숭희 | 서울대 교육학과

192 현대 한국인의 세대경험과 문화
박길성 외 | 고려대 사회학과

193 서구의 근로연계복지
김종일 | 건국대 사회복지학과

194 사회복지운동론
현외성 | 경남대 사회복지학과

195 외국의 역모기지 사례
유선종 | 건국대 부동산학과

196 옛이야기와 어린이문학
이지호 | 진주교대 국어교육학과

197 노인사회복지관광의 정책과제와 방안
김창수 | 경기대 관광학부

198 복지서비스의 민간위탁 시스템 분석
김순양 | 영남대 행정학부

199 새로운 빈곤층의 대두와 정부의 정책과제
김진욱 | 건국대 경제학과

200 문화행정론
김정수 | 한양대 행정학과

201 스칸디나비아 노인용 코하우징의 계획과 적용
최정신 외 | 가톨릭대 생활과학부

202 북한의 자연생태계
공우석 | 경희대 지리학과

203 통계로 이해하는 러시아
전홍찬 | 부산대 정치외교학과

204 사회복지법인의 경영과 회계
이동규 | 충남대 회계학과

205 의약분업 정책과정
차흥봉 | 한림대 사회복지학과

206 지역공동체와 평생교육
오혁진 | 동의대 평생교육학부

207 아동보호서비스의 실제
한미현 | 백석대 사회복지학부

208 그린마케팅
박재기 | 충남대 경영학부

209 아동권리와 아동복지
이혜원 | 성공회대 사회복지학과

210 국제 이주와 인도인 디아스포라
김경학 | 전남대 인류학과

211 질병과 의료의 사회학
조병희 | 서울대 보건대학원

212 북한이탈주민의 사회통합을 위한 지역복지실천의 모색
이기영 | 부산대 사회복지학과

213 치매노인케어론
조유향 | 초당대 간호학과

214 노인상담입문
서혜경 외 | 한림대 대학원 사회복지학과

215 '통일 이후 통일과정'으로서의 독일 통일영화
이준서 | 이화여대 독어독문학과

216 중국의 사회보장
오정수 | 충남대 사회복지학과

217 환경자원의 경제적 가치와 환경오염의 사회적 비용
김재홍 | 울산대 사회과학부

218 사회복지프로그램의 경제적 평가방법
박창제 외 | 상주대 사회복지학과

219 자유의지와 결정론
안건훈 | 강원대 철학과

220 심리학자들이 쓴 행복한 결혼의 심리학
채규만 외 | 성신여대 심리학과

221 현대 해석학 강의
양해림 | 충남대 철학과

222 한국인의 주거 빈곤과 공공주택
하성규 | 중앙대 도시 및 지역계획학과

223 IMF 경제위기와 한국 출산력의 변화
김두섭 | 한양대 사회학과

224 동아시아의 영토분쟁과 국제법
이석우 | 인하대 법학부

225 독일 복지국가와 사회복지서비스
정재훈 | 서울여대 사회사업학과

226 사회복지사를 위한 실용 비모수통계
엄명용 | 성균관대 사회복지학과

227 피해자학 연구
이윤호 | 동국대 경찰행정학과

228 광고언어창작론
박영준 외 | 부경대 국어국문학과

229 환경규제 패러다임의 전환
한철 | 한남대 법학과

230 고령사회의 노동환경변화와 고용시스템의 문제점 및 법적 대응
고준기 | 국립군산대 법학과

231 세계화와 소득불평등
이성균 외 | 울산대 사회과학부

232 유비쿼터스 사회의 이해
안중호 외 | 서울대 경영학과

233 국제환경책임법론
박병도 | 건국대 법학과

234 한국의 선거와 민주주의
윤종빈 | 명지대 정치외교학과

235 한국 시민운동의 구조와 동학
조대엽 외 | 고려대 사회학과

236 또래관계
송영혜 | 대구대 재활심리학과

237 해외 한국기업과 현지인 노동자
석현호 외 | 에스콰이아학술문화재단

238 독일 국가복지에서 민간복지단체의 역할과 의미
차성환 외 | 한일장신대 사회복지학부

239 청정공학
조정호 | 동양대 생명화학공학과

240 한국전통연희론
심상교 | 부산교육대 국어교육학과

241 정신장애와 가족
서미경 | 경상대 사회복지학부

242 빈곤통계의 작성과 활용
김주환 | 동국대 정보통계학과

243 인터넷과 한국정치
강원택 | 숭실대 정치외교학과

244 북한의 시장경제이행
정영화 외 | 서경대 법학과

245 시스템사고로 본 지속가능한 도시
문태훈 | 중앙대 도시및지역계획학과

246 실버산업과 유비쿼터스 컴퓨팅
고일상 | 전남대 경영학부

247 재활상담과 사례관리
나운환 | 대구대 직업재활학과

248 영유아교육기관에서의 장애 이해 교육
유수옥 | 우석대 유아특수교육과

249 장애의 사회적 의미와 사회통합
박수경 | 대진대 사회복지학과

250 경제분석의 수리적 기초
조인성 | 공주대 경제통상학부

251 비영리부문의 비교연구
김승현 | 서울산업대 행정학과

252 고등교육경제학
반상진 | 전북대 교육학과

253 과학윤리교육의 이론과 방법
조희형 | 강원대 과학교육학부

254 결혼이민자가족의 이해
김오남 | 대불대 사회복지학과

255 동아시아 국가의 공공부조
신동면 | 경희대 사회과학부

256 특수아동 진단 및 평가
이나미 | 대불대 특수교육과

257 계약형 사회복지와 권리옹호시스템
이명현 | 경북대 상주캠퍼스 사회복지학과

258 실내공기질 및 위해성 관리
양원호 | 대구가톨릭대 산업보건학과

259 충남 방언 문법
한영목 | 충남대 국어국문학과

260 교육권론
노기호 | 군산대 법학과

261 도시경관계획론
임승빈 | 서울대 조경・지역시스템공학부

262 교통의 새로운 패러다임
김형철 | 경원대 도시계획 · 조경학부

263 노인의 삶의 질 향상을 위한 주거환경 디자인
천진희 | 상명대 디자인대학 실내디자인전공

264 사회복지와 문화
박병현 | 부산대 사회복지학과

265 장애인복지의 이론과 실제
이선우 | 인제대 사회복지학과

266 창의성 개발을 위한 디자인교육 콘텐츠
김선영 | 인천가톨릭대 조형예술대학 환경디자인학과

267 구성주의 사회복지 실천 기술론
고미영 | 서울신학대 사회복지학과

268 장애아교육학
김기흥 | 부산교육대 유아교육과

269 지역사회복지와 자원부문
한상진 외 | 울산대 사회학과

270 환경관리회계
육근효 | 부산외국어대 회계학부

271 인권 관점에서 보는 장애인복지
유동철 | 동의대 사회복지학과

272 정신증상
송지영 | 경희대 의과대학병원 신경정신과

273 사이버공간의 사회심리학
이성식 외 | 숭실대 정보사회학과

274 노인에 대한 사회적 돌봄과 돌봄 서비스의 질 보장
최희경 | 신라대 가족노인복지학과

275 아동 심리치료의 실제
신현균 | 전남대 심리학과

276 사회복지와 위험관리
노충래 | 이화여대 사회복지전문대학원

277 국제 탄소시장의 이해
양승룡 | 고려대 식품자원경제학과

278 타자의 초상
신문수 | 서울대 영어교육과

279 한국정치와 환경정치
나정원 | 강원대 정치외교학과

280 북한이주민
윤인진 | 고려대 사회학과

281 음주의 사회경제적 비용
정우진 외 | 연세대 보건대학원

282 지방정치와 동북아 도시거버넌스
박재욱 | 신라대 행정학과

283 노숙인 복지론
남기철 | 동덕여대 사회복지학과

284 유럽통합과정과 지역협력
이규영 | 서강대 국제대학원

285 사회복지재정 연구
지은구 | 계명대 사회과학대학 사회복지학과

286 지역사회 교육개혁을 위한 시민사회 조직의 참여
김영화 | 홍익대 교육학과

287 복지사회를 대비한 국민연금의 구조개혁
박영석 외 | 서강대 경영학부

288 한미 FTA 지재권 협상에 따른 의약품 분야 사회후생 변화
오근엽 | 충남대 무역학과

289 산업입지, 환경 그리고 지역경제
이기동 외 | 계명대 국제통상학과

290 감성지능 개발을 통한 삶의 질 향상
김경수 외 | 전남대 경영학부

291 교육복지론
이용교 외 | 광주대 사회복지학부

292 인간과 행복에 대한 철학적 성찰
박찬국 | 서울대 철학과

293 유럽연합의 사회통합 사례와 교훈
이무성 | 명지대 정치외교학과

294 민영화와 사회후생
이상호 | 전남대 경제학부

295 북한의 교육학 체계 연구
최영표 외 | 동신대 교육대학원

296 한국 지속가능발전의 구조와 변동
정대연 | 제주대 사회학과

297 우리나라의 공익 연계 마케팅에 관한 연구
임승희 | 전주대 경영학부

298 시각장애인복지론
김영일 | 조선대 특수교육과

299 그린에너지와 환경촉매
정석진 | 경희대 화학공학과

300 취약학교 초등학생을 위한 온라인 보건 교육 프로그램
박경옥 | 이화여대 보건관리학과

301 신탁제도를 통한 고령자의 보호와 지원
최수정 | 서강대 법학전문대학원

302 사회적 약자계층에 대한 실태분석 및 정책방안
이은우 외 | 울산대 경제학과

303 한류 문화와 동북아 공동체
최혜실 | 경희대 국어국문학과

304 노동유연화와 해고보호법
권혁 | 부산대 법학전문대학원

305 사회복지 위험관리의 이해
박미은 | 한남대 사회복지학과

306 의료기관의 회계와 세무
노준화 | 충남대 경영학부

307 여성인적자원의 전문성 확보를 위한 경력개발
백지연 | 이화여대 국제사무학과

308 정신병리
강선경 | 서강대 신학대학원

309 바다의 반란 적조
윤양호 | 전남대 해양기술학부

310 한국 장애인 복지 발달사
이성규 | 서울시립대 사회복지학과

311 서양예술 속의 동양 탐색
진상범 | 전북대 독어독문학과

312 한국인의 도덕성 발달 진단
문용린 | 서울대 교육학과

313 영국정치와 국가복지
고세훈 | 고려대 공공행정학부

314 인간학적 사유를 여는 중도·중복장애 교육학
이숙정 | 단국대 특수교육과

315 개별화 교육과정
이소현 | 이화여대 특수교육과

316 인간의 긍정적 성품
권석만 | 서울대 심리학과

317 지방자치와 지역여성의 전망
이혜숙 | 경상대 사회학과

318 한국 현대 노년소설 연구
전흥남 | 한려대 교양학부

319 정보격차 해소를 위한 창의적 정보교육 프로그램
이영준 외 | 한국교원대 컴퓨터교육과

320 한국 가족과 젠더
손승영 | 동덕여대 교양학부

321 한국의 복지혼합
김진욱 | 서강대 신학대학원

322 사회자본과 자원봉사
김태룡 외 | 상지대 행정학과

323 농촌교육복지연구
박삼철 | 단국대 교양학부

324 사회정체성 평가 차원에 대한 국제 비교조사
이명진 | 고려대 사회학과

325 캐나다 복지국가 연구
조영훈 | 동의대 사회복지학과

326 한국의 소수자운동과 인권정책
전영평 외 | 서울대 행정대학원

327 한국과 미국의 보육서비스 전달체계와 품질 비교분석
김근세 외 | 성균관대 국정관리대학원

328 한국사회의 소득불평등과 국민 의료이용
이용재 | 호서대 사회복지학과

329 정보시대의 인간안보
조화순 | 연세대 정치외교학과

330 가족의 사회경제적 특성과 아동발달
김광혁 | 전주대 사회복지학과

331 초·중·고등학생의 학업소진 진행과정 및 경로분석
이상민 | 고려대 교육학과

332 다문화사회의 사법통역
이지은 | 이화여대 통역번역대학원

333 동아시아 지역주의
유현석 | 경희대 정치외교학과

334 환경친화적 공공시설관리와 지역공동체의 삶의 질
이소영 | 중앙대 실내디자인·주거환경학과

335 의료보험의 법정책
김나경 | 성신여대 법과대학

336 양극화 시대 가족해체와 청소년의 적응에 관한 한국과 미국의 비교 연구
오승환 외 | 울산대 사회복지학과

337 기업의 사회적 책임과 지역경제사회발전 연구
허영도 외 | 울산대 경영학부

338 노인의 삶의 질 향상을 위한 온라인 소셜 네트워크 구축 방안
김진우 | 연세대 경영학과

339 청소년 생활역량
윤명희 외 | 동의대 평생교육학과

340 외국인 배우자의 다양성과 국제결혼의 안정성
김두섭 | 한양대 사회학과

341 정보인권의 규범구체화
이민영 | 가톨릭대 법학과

342 한국 사회복지실천의 고유성
최성재 외 | 서울대 사회복지학과

343 스웨덴의 환경책임 실천모형
최희경 | 경북대 행정학부

344 자율운동과 주거공동체
윤수종 | 전남대 사회학과

345 한국인의 공공봉사동기
김상묵 | 서울과학기술대 행정학과

346 한국 이혼가정 아동의 성장
김혜숙 | 경인교육대 교육학과

347 동양 사상과 노인 복지
홍승표 외 | 계명대 사회학과

348 노동과 사회보장의 연계
오문완 | 울산대 법학과

349 학습장애 위험군 아동의 조기선별을 위한 읽기검사 표준화 연구
김애화 외 | 단국대 특수교육학과

350 신·재생에너지에 기초한 녹색성장과 사회통합
김인호 | 이화여대 법학전문대학원

351 문화교류역량과 다문화 경영이 기업 경영성과에 미치는 영향
임병학 외 | 부산외대 경영학부

352 빈곤영유아의 발달과 적응
정익중 외 | 이화여대 사회복지학과

353 민사법질서와 인권
양천수 | 영남대 법학전문대학원

354 성년후견제도와 사회복지제도의 연계
신권철 | 서울시립대 법학전문대학원

355 한국 다문화사회의 이방인
김순양 | 영남대 행정학과

356 현대 시민사회와 소비자계약법
이병준 | 한국외대 법학전문대학원

357 개인의 사회적 정보보호를 위한 공공 정보서비스 개선 연구
장항배 | 상명대 경영학과

358 여성교육투자에 대한 교육경제학적 탐색
백일우 외 | 연세대 교육학부

359 사회적 기업과 지속가능한 지역발전
임업 외 | 연세대 도시공학과

360 다문화가정 구성원에 대한 투트랙 한국어 교육방안 연구
박시균 | 군산대 국어국문학과

361 아시아의 빈곤과 한국기업의 역할
한인수 | 충남대 경영학부

362 유치원 · 초등학교 연계 환경교육
박희숙 | 공주대 유아교육학과

363 비정규 고용과 사회정책
구인회 외 | 서울대 사회복지학과

364 사생활의 자유에 관한 비교법적 연구
이창현 | 서강대 법학전문대학원

365 다중융합 환경 기반의 미디어스킨을 활용한 문화콘텐츠 디자인 적용방안에 관한 연구
오문석 외 | 광운대 미디어영상학부

366 북한이탈주민 여성의 성인식 관련 기초조사
한인영 외 | 이화여대 사회복지학과

367 노인주택 파노라마
유선종 | 건국대 부동산학과

368 시설보호 청년의 적응
정선욱 | 덕성여대 사회복지학과

369 다수 집단과 소수 집단의 심리
김혜숙 | 아주대 심리학과

370 바이오 휴머니티
권택영 | 경희대 영어학부

371 프랑스 다문화교육의 이해
이경수 | 상명대 불어교육과

372 한 · 중 서비스산업의 비교분석과 교역 확대 방안
김상호 | 리츠메이칸 아시아태평양대 국제경영학부

373 현대의학에 있어서 생명의 시간과 인간의 존엄
김학태 | 한국외대 법학전문대학원

374 0~3세 영유아의 영상물 과몰입 실태조사 및 정신건강증진 프로그램 개발과 적용
이경숙 | 한신대 재활학과

375 복지국가의 조세와 정치
양재진 외 | 연세대 행정학과

376 청소년기 자살행위 실태와 관련 요인
박선희 | 경희대 간호과학대학

377 기술혁신에 따른 지역 간 정보격차
최정혜 외 | 연세대 경영대학

378 한국 사회의 이중구조와 생애주기적 불평등
안상훈 편 | 서울대 사회복지학과

379 소비자의 친환경행동에 영향을 미치는 사회적 · 경제적 가치에 대한 고찰
송재기 | 텍사스테크대 경영학과

380 어머니 양육행동 관련 변인들과 유아 사회정서행동 간의 구조모형 분석
심숙영 | 숙명여대 원격대학원

381 조선족 여성, 동남아시아 여성 그리고 새터민의 적응 유형 분석 및 삶의 질 향상 방안 모색
정태연 | 중앙대 심리학과

382 세계의 연금, 한국의 연금
허만형 | 중앙대 공공인재학부

383 노인요양원과 문화 변화
최재성 | 연세대 사회복지학과

384 시민사회와 국제개발협력
손혁상 | 경희대 공공대학원

385 복지국가의 변화와 빈곤정책
김윤태 | 고려대 사회학과

386 다문화가정의 미디어 이용과 사회적 자본의 관계
진창현 | 경기대 경영학과

387 사회진출 대졸 초년생의 탄력성 변화 양상
이상민 | 고려대 교육학과

388 사회자본과 경제발전 그리고 정부의 질
도수관 | 대구가톨릭대 행정학과

389 망명과 귀환이주
서장원 | 고려대 독일문화학과

390 근거기반실천과 사회복지
김유진 | 경북대 사회복지학부

391 인터넷상 정보 유통에 대한 새로운 저작권 규율 방향 모색
박준석 | 서울대 법학전문대학원

392 한국 사회의 인종차별적 담화구조
이창수 | 한국외대 통역번역대학원

393 사회복지사의 사회복지 가치 지향
김용석 | 가톨릭대 사회복지학과

아 | 산 | 재 | 단 | 연 | 구 | 보 | 고 | 서

1 한국인의 도덕성 연구
배해수 | 고려대 국문학과

2 산업화와 청소년 진로
이원호 | 울산대 교육학과

3 공동체의식과 시민운동
김영섭 | 한양대 행정학과

4 한국청년의 삶의 의미 충족도와 만족적 태도
안정수 | 경희대 철학과

5 중국조선족의 사회발전과 한·중관계의 위상
손장권 | 고려대 사회학과

6 해송림 "솔껍질깍지벌레"의 천적 및 주요 종의 생태
김규진 | 전남대 농생물학과

7 사회정의와 실천윤리
박종대 | 서강대 철학과

8 동구개혁의 영향
김달중 | 연세대 정치외교학과

9 한국청소년의 의식세계
김문조 | 고려대 사회학과

10 고강도 철근 콘크리트 구조의 실용화
정현수 | 중앙대 건축학과

11 신기술의 연관형태 및 출현예측의 구조모형
권철신 | 성균관대 산업공학과

12 민간기업의 연구개발을 위한 조세정책
권영훈 | 한양대 경제학부

13 기술개발 활성화방안
송승구 | 울산대 화학공학부

14 부패의 현상과 진단
이문조 | 영남대 정치외교학부

15 연구투자의 지역적 편중화와 부산지역의 기초과학연구 활성화방안
윤웅찬 | 부산대 화학과

16 GATT의 신구 덤핑방지협정과 그 대응방안
전창원 | 동국대 무역학과

17 한국사회의 도덕성 제고를 위한 진단과 처방
황경식 | 서울대 철학과

18 새로운 노사관계 방향
이진규 외 | 고려대 경영학과

19 21세기 동북아 정세예측과 한국의 전략적 대응방안
최평길 외 | 연세대 행정학과

20 소련의 한국에 대한 정책목표분석
신승권 | 한양대 정치외교학과

21 메모리 커패시터용 $Pb(Zr_xTi_{1-x})O_3$ 강유전체 박막의 제작과 특성
장지근 외 | 단국대 전자공학과

22 러시아 국제법학의 전통
김용구 | 서울대 외교학과

23 유럽연합의 현황과 전망
김동현 외 | 성균관대 행정학과

24 중국의 정치동원
송영우 외 | 건국대 정치외교학과

25 산업적 활용을 위한 이동로보트 시스템의 개발
박민용 외 | 연세대 전자공학과

26 중국조선족의 정치사회화과정과 동화적 국민통합의 방향
전인영 외 | 이화여대 사회생활학과

27 공적부조의 이론과 실제
최일섭 외 | 서울대 사회복지학과

28 대외통상환경의 변화와 법제개편
서헌제 | 중앙대 법학과

29 기업금융의 국제화
최생림 | 한양대 경영학부

30 자동차부품공업의 노사관계
김호진 외 | 고려대 행정학과

31 산업화 과정에서의 한국가족의 실태와 전망
정창수 외 | 성균관대 사회학과

32 공무원 가치관 실태와 정립방안
배병룡 외 | 경상대 행정학과

33 해외귀국청소년의 국내적응연구
이장영 | 국민대 사회학과

34 초고속정보통신망에서 LAN서비스 제공방안
이재용 | 연세대 전자공학과

35 WTO체제의 정책적 대응
김병진 외 | 경희대 행정학과

36 유럽의 통합정치
최수경 외 | 충남대 정치외교학과

37 유기질폐기물을 이용한 고단백사료원 인 조류의 생산공정
최정우 외 | 서강대 화학공학과

38 초고속정보통신망의 수용성과 정책방향
박영상 외 | 한양대 신문방송학과

39 중국의 강남사회와 한중교섭
조영록 외 | 동국대 사학과

40 세계화시대의 사회·문화의식
신행철 외 | 제주대 사회학과

41 국내 외국인 노동자의 문제와 대책
성규탁 외 | 연세대 사회복지학과

42 노인인력 활용정책과 프로그램
김정후 외 | 강원대 법과대학

43 한일간 학술교류 현황과 활성화방안
정홍익 외 | 서울대 행정대학원

44 계량모형에 의한 한일 경제관계의 이해
김명직 외 | 한양대 경제학부

45 직장인의 음주행태와 삶의 질
진기남 외 | 연세대 보건행정학과

46 유통정보 시스템의 구조와 설계
정용길 | 충남대 경영학과

47 남북통일 이후 사회통합을 위한 교육의 역할
안기성 외 | 고려대 교육학과

48 대중음악에 심취한 청소년들의 심리적 특성
김인경 외 | 연세대 인간행동연구소

49 멀티미디어 시스템을 활용한 교육환경의 개선방안
김한일 | 제주대 컴퓨터교육학과

50 탈냉전기 한일관계의 쟁점
최상룡 | 고려대 정치외교학과

51 자치시대 새로운 '삶의 질' 지표의 모색
김형기 외 | 경북대 경제통상학부

52 유럽통합의 역내외 협력과 갈등
이호재 외 | 고려대 정치외교학과

53 21세기를 대비한 신노사관계
김재원 | 한양대 경제학부

54 대학의 시간제학생 등록제
안규철 외 | 전남대 교육학과

55 21세기에 대비한 방송통신정책
한진만 외 | 강원대 신문방송학과

56 주민참여를 통한 혐오시설 관리운영방안
박균성 외 | 경희대 법학부

57 여성의 정치적 권리인식과 정치참여
전경옥 외 | 숙명여대 정치외교학과

58 한국인 위장질환과 식생활·환경요인 및 *H. pylori* 감염과의 관계
이양자 외 | 연세대 식품영양학과

59 학생과 시민의 자원봉사활동
윤정일 외 | 서울대 교육학과

60 동북아 환경문제와 지역환경협력의 모색
신연재 외 | 울산대 정치외교학과

61 노인 자원봉사활동을 통한 사회통합 프로그램 개발
김동배 | 연세대 사회복지학과

62 물류정보 시스템
김태현 | 연세대 경영학과

63 전자식 문서교환을 이용한 항공화물 운송체계
민재형 | 서강대 경영학과

64 청소년과 성
이근후 | 이화여대 의과대학

65 민족통합과 무궁화호 위성의 남북한 공동활용방안
방정배 | 성균관대 신문방송학과

66 채식주의가 20대 여성의 영양상태와 에스트로겐 대사에 미치는 영향
성미경 | 숙명여대 식품영양학과

67 가상정보공간을 통한 지역개발 활성화 전략
유재천 외 | 한림대 언론정보학부

68 조산아 관리현황 및 정책수립 방안
박상기 외 | 조선대 의과대학

69 남북한관의 의식조사와 통일교육 개선 방안
김동규 외 | 고려대 북한학과

70 동양 전통 자연사상 탐구
장동순 | 충남대 환경공학과

71 초고속정보망의 시뮬레이터 구현
한기준 | 경북대 컴퓨터공학과

72 유통원가 시스템의 유효성
정다미 | 명지대 경영학과

73 국악과 문화관광의 만남
정익준 외 | 동아대 국제관광통상학부

74 기업의 지식경영 활용사례
김창은 | 명지대 산업공학과

75 선진국과 한국의 직업교육·훈련제도의 특성과 한계
정주연 | 고려대 경제학과

76 제주지역 성인 여성의 자원봉사활동
이상철 외 | 제주대 사회학과

77 M&A와 문화충돌 관리
박원우 | 서울대 경영학과

78 폐금속광산 인근 주민들의 중금속 오염실태
정종학 외 | 영남대 의학과

79 북한 농촌·농업실태와 인력자원개발 시스템을 통한 북한 농민의 구호방안
박성열 | 건국대 교육공학과

80 중소 소매점의 경쟁력과 소매성과
채명수 외 | 한국외대 무역학과

81 고령자를 위한 쾌적한 실내온도와 착의량의 설정
정운선 | 안동대 의류학과

82 지역문화 이벤트 PR
박종민 | 경희대 언론정보학부

83 인터넷 지역정보화의 실태와 전략
유평준 외 | 연세대 행정학과

84 여성 삶의 질 향상을 위한 사회교육 활성화 방안
김양희 | 중앙대 가족복지학과

85 벤처기업과 벤처금융
강대석 외 | 충남대 무역학과

86 구조조정기에 있어서 실업대책과 사회안전망 구축
박천익 | 대구대 경제학과

87 한국 유아의 조기교육
이명조 외 | 한국외대 교육대학원

88 남북한 경제공동체 형성전략
이상만 | 중앙대 경제학과

89 지방자치회계의 투명성과 주민의 알 권리
권찬태 외 | 경북대 경영학부

90 정치지도자의 정책리더십
이해영 | 경일대 행정학과

91 경제위기와 한국인의 복지의식
신광영 외 | 중앙대 사회학과

92 북한의 노동
김강식 | 한국항공대 경영학과

93 우리나라 중소기업의 정보기술 활용 현황과 경쟁력 강화를 위한 제안
정승호 | 부산외대 정보시스템학과

94 인간배아복제의 법적 · 윤리적 문제점과 그 해결방안
최병규 | 한경대 법학부

95 가치변화에 따른 투표행태
조찬래 외 | 충남대 정치외교학과

96 인터넷 경매에서의 계약체결과 소비자 보호
이기수 외 | 고려대 법과대학

97 세계화시대 남북한 통합의 방향과 과제
윤민재 | 서울대 사회발전연구소

98 글로벌 시대 지방정부의 문화마케팅 전략
박흥식 | 중앙대 행정학과

99 대졸여성실업의 실태분석 및 대학-노동 시장 간 효율적 연계방안
이은우 외 | 울산대 사회과학부

100 그린 투어리즘의 분석
이응진 | 대구대 관광학부

101 지방자치단체장의 부정부패
오일환 | 한양대 아태지역연구센터

102 산업화가 유교체제하 중국여성의 지위에 미친 영향
천성림 | 배재대 사회과학연구소

103 움직이는 말하기
유혜숙 외 | 나사렛대 교양학부

104 장애학생을 위한 특수교육공학의 활용
김용욱 | 대구대 중등특수교육과

105 지식기반사회의 평생교육 이해와 평생교육 프로그램 개발
박성열 | 건국대 교육공학과

106 N세대의 미술교육
김동철 | 대구교육대 미술교육학과

107 노후계획과 투자
권택호 | 여수대 국제통상학과

108 영화산업
양영철 | 경성대 연극영화학부

109 동유럽의 변혁과 언론의 역할
정대수 | 경남대 정치언론학부

110 환율, 임금, 물가가 국제경쟁력 및 수출입산업에 미치는 영향
하인봉 | 경북대 경제통상학부

111 일본기업의 기술혁신 전략
위정현 | 중앙대 상경학부

112 노후보장정책과 역저당연금제도
조덕호 외 | 대구대 행정학과

113 유비쿼터스 라이프와 미래 사회
김석수 | 한남대 멀티미디어공학과

114 죽음과 관련된 생명윤리적 문제들
구인회 | 가톨릭의과대 인문사회과학교실

115 경제적 세계화와 빈곤문제, 그리고 국가
김준현 | 한일장신대 인문사회과학부

116 한국의 세계불교유산
김종명 | 한국학중앙연구원 한국학대학원

117 복지레저서비스론
고태규 | 한림대 국제학부

118 자생적 철학체계로서 인간중심철학
선우현 | 청주교대 윤리교육과

119 전략적 통합과 한반도 평화체제
김승채 | 고려대 정책대학원

120 환경사법론
전경운 | 경희대 법학부

121 인터넷 자료를 통해 본 한국의 이혼 문화와 사회복지
성정현 외 | 협성대 사회복지학과

122 유럽연합의 사회정책에 관한 연구
문진영 | 서강대 신학대학원 사회복지학과

123 여성건강의 통합적 관점
김혜원 | 관동대 간호학과

124 복잡계 네트워크 과학
강병남 | 서울대 물리천문학부

125 경제적인 3세대 전원주택 개발
박근준 | 호서대 건축공학과

126 사회복지와 인적자원개발
이상일 | 인제대 국제경상학부